杭州市哲学社会科学规划课题

—

浙大城市学院城市文化创新传播研究基地重点课题
"数据新闻：从内容创新到算法革命"（2019JD55）

数据新闻

新闻

从内容创新到算法革命

范红霞

—— 著 ——

ZHEJIANG UNIVERSITY PRESS
浙江大学出版社
·杭州·

图书在版编目（CIP）数据

数据新闻：从内容创新到算法革命 / 范红霞著. —
杭州：浙江大学出版社，2023.5（2024.9重印）
　　ISBN 978-7-308-23744-4

　　Ⅰ．①数… Ⅱ．①范… Ⅲ．①数据处理－应用－新
闻学－研究 Ⅳ．①G210.7

中国国家版本馆CIP数据核字（2023）第076581号

数据新闻：从内容创新到算法革命

SHUJU XINWEN:CONG NEIRONG CHUANGXIN DAO SUANFA GEMING

范红霞　著

策划编辑	陈　翩
责任编辑	陈　翩
责任校对	丁沛岚
责任印制	范洪法
封面设计	雷建军
出版发行	浙江大学出版社
	（杭州市天目山路148号　　邮政编码　310007）
	（网址：http://www.zjupress.com）
排　　版	杭州林智广告有限公司
印　　刷	杭州钱江彩色印务有限公司
开　　本	710mm×1000mm　1/16
印　　张	16.5
字　　数	250千
版 印 次	2023年5月第1版　2024年9月第2次印刷
书　　号	ISBN 978-7-308-23744-4
定　　价	68.00元

CONTENTS 目 录

绪　论

一、数据新闻的实践创新及研究勃兴

进入 21 世纪，伴随着移动互联网、社交媒体、物联网、传感器、无人机、人工智能等的演进，整个社会每天生产着海量的结构化或半结构化的数据。大数据已经渗透到每一个行业和职能领域，日益成为重要的生产资源。发轫于大数据的数据新闻，改变了新闻内容的生产形式和分发模式。从 2013 年起步至今，中国的数据新闻方兴未艾，在实践与研究层面都呈蓬勃发展态势。数据新闻融合了新闻学、传播学、计算机科学、统计学、艺术学等多个学科的理念和方法论，不仅革新了新闻的生产流程，也塑造了一种新的思维方式。数据、新闻和算法的结合，不仅引发了新闻内容和传播方式的变革，更重要的是建构了技术与社会之间塑造与驱动、创新与维系的相互博弈关系。本书希望通过理论层面的梳理和媒体实践的考察，将研究焦点放在数据和算法上，深入分析大数据时代的新闻生产、价值逻辑、信息规制和公民素养等方面的革命性变化。

二、研究思路与问题聚焦

本书从探讨数据新闻带来的变化入手，在梳理数据新闻发展历程和观念演进的基础上，探寻这种"因时而变"的新型新闻样式如何在内容形式、制作方法、生产流程和传播发布上实现全面的更新，探索这种全新的新闻模式如何影响传播的业态、媒体的生态和社会的形态。一方面，对于这种变化，本书抱以乐观的态度加以肯定，指出这种"重数据、重知识、可视化、交互化"的新闻形态，可以有效纠正传统新闻存在的政治色彩浓厚、套话空话多、写作程式刻板、语言枯燥乏味、缺乏人情味等弊端。另一方面，本书以批判的眼光审视新媒介技术的快速发展和媒介对人生活的全面渗透，指出它会导致一种技术专制和"囚徒困境"。表现在新闻传播领域，"信息茧房""过度适配""数字监控""机器依赖"和隐私泄露，以及信息低俗化、娱乐化和谣言散播等问题，冲击了新闻业的健康发展。本书力求以客观的科学精神，在深入分析当前数据新闻实践的利弊得失基础上，提出大数据时代的"数字之道"，即大数据时代的数字伦理、算法规制与数据素养的尺度与原则。

三、内容框架、研究方法与主要观点

（一）内容框架

本书除绪论外，共分九章，主要内容及框架介绍如下。

第一章"数据新闻：从讲故事到可视化的新闻范式变迁"探索数据新闻在叙事模式和操作理念上的变化。

第二章"由术入道：国内外的数据新闻实践与研究"对国内外的数据新闻实践及其作品进行梳理和分析，确立生产规范和专业的技术标准，探索新闻专业主义在大数据时代的现实基础。

第三章"数据开放：我国的数字实践与规制路径"分析信息公开制度和信息化水平对数字城市和数字政府建设的作用与影响，指出其中可能存在的数据过度收集和滥用风险，并重点探讨了数据治理的规则与路径。

第四章"宽视善知：数据新闻的叙事策略与价值耦合"阐释了"数据驱动"作为一种新型的新闻叙事策略，推动了知识的分享与共创，这是建设知识型社会的基础。借助可视化技术，这种叙事策略实现了新闻价值的多样化、个性化，有助于用户拓宽视野，提高利用和整合知识的效能。

第五章"算法革命：数据挖掘与算法新闻的崛起"介绍数据采集、数据分析、数据挖掘和内容协同过滤中常用的几种算法，分析算法时代新闻业发生的变革。

第六章"可视化：'图'个明白与交互式图表应用"对当前应用较为广泛

的可视化手段和工具进行介绍，通过案例分析，指明其中的优势和不足。

第七章"技术牵引：新技术与数据新闻发展"分析了VR、传感器、无人机和人工智能技术与新闻报道的融合，重点探讨了AIGC潮流下的内容变革与认知革命。

第八章"降维与重构：数据新闻的变化、挑战与应对"分析数据监控、滥用和信息过度适配造成的"数字圆形监狱"和"信息茧房"等问题，以及大数据时代"数字守门人"的角色分配和权力流动，讨论人工智能和机器写作给传统的新闻专业主义带来的冲击，进而探讨作为新闻使用主体的用户，在个人认知层面和社会交互层面产生了何种变化。

第九章"数据之道：从算法伦理到数据素养"讨论算法歧视、算法滥用和"黑箱效应"等问题，梳理"数据陷阱"在数据新闻中的表现，并对数据新闻专业教育进行了思考与总结。

总之，本书在框架设计和内容组织方面不求全面，但求查漏补缺、独树一帜，希望在剖析现状、提出问题、挖掘细节方面做出独特的阐释和探索，提出新颖的见解和主张。

（二）研究方法

一是文献分析。围绕研究主题查阅相关资料，梳理国内外研究数据新闻发展现状、实践探索、理论形态等的文献，从实践创新和理论创新两个维度梳理数据新闻的发展脉络和研究走向。

二是调研访谈。选取今日头条、腾讯新闻、澎湃新闻、新华社融媒体中心、人民日报社新媒体中心、浙江日报报业集团融媒体中心进行实地调研，对相关人员进行访谈，获得第一手资料，从而直观了解国内的数据新闻实践现状和成绩。

三是案例分析。通过对典型的数据新闻作品的分析，结合笔者在数据新闻教学中的亲身经历和经验，对某个具体问题形成较为深入、透彻的认识，以扎实的案例分析弥补理论阐释的抽象和"蹈空"，力求言之有物、有的放矢，发挥"致良知"的作用。

四是跨学科研究。本书结合新闻学、传播学、社会学、计算机科学、艺术学、心理学等学科的相关知识和理论，深入分析数据新闻在内容组织、呈现形式、计算模型、社会功能、心理认知等方面的变革及其意义，做到文理交融，既有科学论证又有人文关怀。

（三）主要观点

本书对数据新闻的发展历史、国内外实践、内容与形式、核心因素、伦理问题、法律规制和公民素养等逐一进行描述、阐释与分析。本书旨在说明，在当前大力提倡媒介融合的语境下，数据新闻可以通过内容革命、技术迭代和平台经营，帮助传统媒体实现转型与融合，实现从业务层面到平台层面的有效打通，找到新的增长点；同时，坚持"技术中立"的立场，探索公民的信息权利和数据素养及数字伦理问题，希望能够延伸数据新闻研究的"纵深感"，形成实践者所认同的行为准则和价值尺度。

四、理论创新与应用价值

首先，本书从数据新闻发展的前沿动态入手，梳理国内外研究的前期成果，搭建数据新闻理论体系。其次，本书将"数据"和"算法"作为两个重要的研究对象，阐明"数据驱动"在叙事策略上的体现。最后，本书对"数字圆形监狱""信息茧房""信息蛛网""数字守门人"等概念进行了深度解读，可以为相关研究提供启发。

在应用价值层面，本书运用跨学科的理论视角分析问题，注重文理融合，打破学科边界，有助于开阔研究视野，对实际工作中的跨界与创新也具有参考价值。同时，本书对于"数字之道"的分析，有助于启发决策者改进数据立法规制，提高公众的信息安全意识和数据素养。

第一章

数据新闻：
从讲故事到可视化的新闻范式变迁

第一节　从数据新闻到数字新闻学

从新闻最初的定义和特点来看，新闻作为传递信息的一种手段，其信息特征以及时新性、重要性等所谓新闻价值要素无疑是报道者首先考虑的因素。除了本身所含有的信息价值之外，新闻能够吸引受众注意的就是文本叙事的风格和技巧了。因而，"如何讲故事"在新闻叙事中是一个被反复探讨的话题。无论是被新闻业者和学者津津乐道的"华尔街日报体"、"普利策新闻奖"获奖作品，还是在中国长盛不衰的"南周体""新华体"，以及其他得时代风气之先的如报告文学、深度报道等新闻体裁，都以其独树一帜的叙事手法和纯熟的文字技巧引领一时风骚。20世纪90年代到21世纪的头10年，可谓传统新闻的黄金时代。与风云激荡的时代相辉映的，正是英雄辈出的"新闻江湖"。在叙事统领文字的时代，新闻取代了文学，成为中国人文化生活中富有生机、具有民主气息的信息工具。

风云陡转。随着我们进入移动互联网和大数据时代，"数据"很快取代"信息"，成为一个炫目的名词，并且在不同的行业和风口激荡，对新时代的新闻业也产生了巨大的荡涤作用。从故事到数据的新闻核心要素地位变化，究竟蕴含着怎样的时代变迁？数据新闻的本质与未来如何？我们能否从其渊源、实践、行业及产业变化中抽丝剥茧、见微知著，洞察其社会意义与发展趋势？这是本书试图解决的问题。

数据新闻源于20世纪60年代在美国兴起的计算机辅助报道（computer-assisted report，简称CAR），其主要是指在新闻工作中使用计算机技术，特别是利用数据库进行分析报道。在20世纪60年代，菲利普·迈耶（Philip Mayer）创造了一个新的术语"精确报道"（precision journalism，也称"精确新闻学"），也就是在新闻业中使用统计学和社会科学方法。[1] 而数据新闻 [data journalism；也被称为数据驱动新闻（data-driven journalism）] 的概念最初是由《华盛顿邮报》的软件工程师阿德里安·哈罗瓦提（Adrian Holovaty）于2006年提出的。被称为"互联网之父"的蒂姆·伯纳斯-李（Tim Berners-Lee）在此基础上做出了大胆的预言："数据驱动新闻是未来趋势。"[2] 他的这个说法经媒体广泛传播，使"数据新闻"开始进入政府、媒介和公众的视野。后来，研究者对这个概念又不断加以补充和阐释。

"计算新闻"是另一个与数据新闻密切相关的领域。它被描述为"将计算思维和计算机技术应用于新闻活动中，包括信息收集、组织和意义构建、传播和呈现，以及对新闻信息的传播和公众反应"[3]。计算新闻结合了来自社会科学的算法、数据和知识，使记者能够通过对结构化和非结构化信息的分析，更好地洞察事件背后的真相和错综复杂的关系，也能实现"讲一个好故事"的目的。有研究者把数据新闻定义为在数据中寻找公众感兴趣的故事，并以最合适的方式呈现这些故事。在数据新闻中，数据是来源，而计算方法和应用程序是帮助记者工作的工具。[4]

研究者基本上认可《数据新闻手册》对"数据新闻"的界定——"用数据处理的新闻"，并认为与其他类型的新闻相比，数据新闻的区别"或许在于将传统的新闻敏感和使用数字信息讲述一则好故事的能力相结合而带来新的可能性"。简单来说，也就是"数据新闻能够帮助记者使用数据图表讲述一个

---

[1] Meyer P. Precision Journalism: A Reporter's Introduction to Social Science Methods[M]. Bloomington: Indiana University Press, 1973.

[2] 方洁. 数据新闻概论：操作理念与案例解析 [M]. 北京：中国人民大学出版社，2015：1.

[3] Gynnild A. Journalism Innovation Leads to Innovation Journalism: The Impact of Computational Exploration on Changing Mindsets[J]. Journalism, 2013(6): 713-730.

[4] Heravi B. Teaching Data Journalism[M]// Mair J, Keeble R L, Lucero M, et al. Data Journalism: Past, Present and Future. Suffolk: Abramis Academic Publishing, 2017.

错综复杂的故事"。①《2013 世界报业创新报告》将数据新闻明确界定为："依赖数据标准化采集、整理、分析和查询结构化和非结构化的数据库以确定模式、趋势、统计偏差和异常现象的新闻业。其可以用大量详细依据支持传统新闻业，有时甚至可以预测未来行为模式或事件。"②吴小坤通过检索国内外数据新闻方面的文献，提取了 59 种关于数据新闻的定义，在此基础上，给出了自己的界定："数据新闻是基于数据分析和计算机技术的可视化新闻样式，在新闻叙事中使用数据呈现原本仅靠文字所难以呈现的内容，或者通过数据分析发现问题，并进而挖掘出新闻故事。"③方洁将数据新闻定义为：既是"基于数据的抓取、挖掘、统计、分析和可视化呈现的新型报道方式"，也是一种新型的报道体裁。④

在上述各种定义中，虽然内容不一而足，但是共同点有以下几方面：第一，强调以数据为中心，围绕数据开展新闻报道。第二，对数据的处理较之过去更为复杂。从质上说，所依托的是大数据；从量上讲，涉及的数据体量庞大，因而数据的处理无法仅仅凭借人工，而更多地要借助计算机来进行提取、统计和分类；从效果上说，更加重视视觉呈现，信息图表取代文字成为报道的"主角"。第三，对算法规则和编码程序的依赖日益突出，智能化色彩显著。尤其是新的数据收集、数据挖掘和分析技术的出现，带来了社会科学研究范式的转变。计算科学与其他学科的交叉融合和创新发展，先后衍生出计算社会学、计算心理学、计算新闻学以及计算传播学等。继数据新闻之后，算法新闻越来越成为人们耳熟能详的新名词之一。

数据新闻的勃兴，自然要归功于大数据的外部话语⑤，更重要的是，从 20 世纪 90 年代中期开始，随着互联网和相关统计软件的推广，记者在数据和信息的处理上越来越追求精确和深度挖掘，以揭示零散的数据背后蕴含的整体

① Gray J, Bounegru L, Chambers L. The Data Journalism Handbook: How Journalism Can Use Data to Improve the News[M]. Sebastopol: O'Reilly Media, Inc., 2012: 2.
② CLAUDE. 2013 世界报业创新报告 [M]. 张志佑，王锐俊，译. 北京：中国书籍出版社，2014：2.
③ 吴小坤 . 数据新闻制作简明教程 [M]. 上海：复旦大学出版社，2018：6.
④ 方洁 . 数据新闻概论：操作理念与案例解析 [M]. 2 版 . 北京：中国人民大学出版社，2019：3.
⑤ 钱进，周俊 . 从出现到扩散：社会实践视野下的数据新闻 [J]. 新闻记者，2015（2）：60-66.

意义和变化。它与传统的调查性报道也不尽相同。调查性报道重在通过数据搜集和挖掘的过程，揭示现象背后的意义。同时，调查性报道更注重叙事的完整性和情节的生动性。数据新闻的全球领军人、英国《卫报》"数据博客"前主编西蒙·罗杰斯（Simon Rogers）认为，"引爆"数据新闻运动的不仅是市场需求，还包括一些其他因素，如：互联网时代数据的广泛运用；家用电脑上操作简便的电子表格软件；可视化的兴起让数据更易理解；一些重大新闻报道离不开数据统计的支持。[①]在大数据时代，对数据价值的发掘、使用和交易得到前所未有的重视。《大数据时代》的作者维克托·迈尔-舍恩伯格（Viktor Mayer-Schönberger）曾经乐观地预测，数据列入企业资产负债表只是时间问题。当数据成为一种财富、资产和国家资源时，数据新闻越来越成为媒介融合时代的宠儿和风向标。

不同于传统报道仅仅交代简单的数字，或者以单一图表作为文字内容的补充说明，数据新闻借助各类数据采集和分析工具挖掘散落在社会现象中的具有新闻价值的资讯信息和意义文本。所以，数据新闻首先是新闻形态上的创新，包括可视化图表、视频动画、新闻游戏、虚拟仿真图像等个性化表达方式；其次是新闻内容上的创新，即通过数据挖掘和文本意义的解读，最大限度地消除信息的不确定性；最后，它也代表了新闻生产范式上的革命，即由"事实或意义的陈述"走向"算法应用和控制"——一种更加智能化和个性化的传播方式。

尤其要指出的是，数据新闻重视用户的互动性和参与性。这是因为用户的行为、偏好、兴趣和知识需求，是重要的数据来源；同时，通过用户众包、个性化定制等手段，可以发掘新闻与个人生活的关联，让新闻真正做到"与我有关"。数据新闻还打破了由性别、职业、地域、阶层、族裔、国别、宗教信仰、文化背景等社会差异所导致的知识壁垒，营造多元化的信息接收和使用场景，让人们自由出入于信息（知识）的海洋，"应用丰富的、交互式的可

---

① 西蒙·罗杰斯. 数据新闻大趋势：释放可视化报道的力量 [M]. 岳跃，译. 北京：中国人民大学出版社，2015：22.

视化效果展示新闻事实，把数据与社会、数据与个人之间的复杂关系用可视化手段向公众展示出来，以客观、易于理解的报道方式激发公众对公共议题的关注与参与"①，这是数据新闻作为一种实践创新的本质意义所在。

借助媒介融合的大趋势，数据新闻逐渐由实验形态发展为一种实践创新，并努力走向常态化。虽然它更多的是以可视化新闻的方式来呈现一种新闻的视觉化和数字化转向，但是，所有的形式创新，从某种程度上来说，都预示着其技术逻辑和行动本质的渐变。借助托马斯·库恩（Thomas S. Kuhn）的范式革命概念，也能由表及里地看到新闻范式的变迁。如常江等人所指出的，数字新闻学逐渐成为新闻学的"第五范式"②。这种新的范式要求学术界在价值内核、基本概念、研究实践和批判理论等多个维度建设新的理论体系。③

第二节　从可视化新闻到算法新闻

可视化新闻的创新之处在于，将可视化技术引入新闻文本进而革新叙事方式。

一、可视化技术的概念与分类

（一）可视化技术的概念

可视化是技术领域的一个概念。在计算机学科中，利用人眼的感知能力对数据进行交互的可视表达以增强认知的技术，称为可视化。可视化的三个分支分别是科学可视化、信息可视化和可视化分析。④科学可视化侧重于通用数据、交互技术、大数据、科学、工程、商业领域中的可视化，如生活中常见的地图、气象图、CT检查单等。信息可视化侧重于时空数据、文本数

---

① 郭晓科.大数据[M].北京：清华大学出版社，2013：30.
② Ahval S S. Theories of Journalism in a Digital Age: An Exploration and Introduction[J]. Digital Journalism, 2015(1): 1-18. 常江，田浩.论数字时代新闻学体系的"三大转向"[J].山西大学学报（哲学社会科学版），2021（4）：44-50.
③ 常江.数字新闻学：一种理论体系的想象与建构[J].新闻记者，2020（2）：12-30，31.
④ 吴小坤.数据新闻制作简明教程[M].上海：复旦大学出版社，2018：8.

据、跨媒体数据、多变量数据的可视化。此类数据比较抽象，以非结构化数据为主，如金融交易数据等。它还与现代视觉设计、信息图表相关，后者如在Excel表格中生成的饼图、柱形图、折线图、直方图等。数据新闻中经常用到信息可视化技术。可视化分析是一种技术手段，它以可视交互界面为基础进行分析推理，主要研究人的感知和认知能力与数据处理过程的关系。运用可视化分析可以解决生活中的决策问题，比如，股民研究K线图，判断股价起跌，总结炒股规律；房地产中介根据一段时间内的房价变动曲线，总结选房买房经验。

可视化技术建立在人的视觉感知与认知能力之上，数据单位的颜色、亮度、色调，不同颜色之间的搭配，以及不同数据单位之间的排列结构，都会导致人脑产生不同的认知。格式塔理论认为，知觉到的东西大于眼睛见到的东西。人脑会对视觉传达的信息进行复杂的加工，产生主观上的感受。例如，在一个平面空间内，左侧由多个单独的正方形不规则聚合，右侧只有一个正方形单独排列，那么在通过人眼观察把信息传达给大脑后，大脑会认为，左侧多个聚合的正方形构成了一个整体，右侧单独排列的正方形是一个单独的个体。通过总结人类观察与认知上的普遍规律而得出的经验与原则，是可视化技术发展的前提。

（二）可视化技术的分类

就可视化符号承载的信息内容而言，可视化可分为空间标量场可视化、地理信息可视化、层次和网络数据可视化等。在这些可视化类别中，不同的新闻题材与筛选后的数据可以找到内容与技术上的契合点，以展现更符合美学要求和视觉原则的可视化内容。

空间标量场可视化分为一维标量场可视化、二维标量场可视化、三维标量场可视化。一维标量场可视化是最简洁且容易操作的可视化技术，它往往通过一个平面内两条或多条带有数值标码的相交垂直线段，以及表示数量或数量变化的散点、曲线、直方来呈现一个变量的变化趋势或多个变量之间的关系。比如，用一条横轴表示时间，一条竖轴表示温度，在每个时间数据点上找到对应的温度数据点，以突出散点或连成曲线的方式，就可以呈现不同时间段与之对应的温度，并发现温度随时间变化的趋势。二维标量场可视化在医疗领域被运用于X光片中，在日常生活领域则多用于地图的绘制，如彩色映射和等高线的绘制可以用来表示高度的变化。而在三维标量场中，数据的分布更复杂，它常用来构建具体的物理模型或数学模型。

地理信息可视化较之其他类型的可视化，更契合数据新闻各方面的特点。大区域的、涵盖所有地理空间的地图是处理诸如政治新闻、战争新闻等重要题材的优质载体，其不同时期的变化能够得到更直观的呈现。比如，2019年末新冠疫情发生后，在中国以及世界各个国家迅速蔓延、肆虐，来自于约翰斯·霍普金斯大学的全球新冠疫情地图，让网民直观了解疫情形势。另外，该校还绘制了每日新增病例增减走势的折线图，对比各个地区和国家的疫情形势以及情况，让人一目了然。当一个国家当日新增的COVID-19病例少于前一天时，折线图显示该国正在拉平曲线。在病例总数的趋势线上，一条下降的曲线意味着每日新增病例数量减少的趋势。而且，使用交互式图表，显示了受影响最严重的国家（地区）的每日新增病例数字。用这种方式显示的事实，简洁、直观且令人印象深刻。

电子地图也是常用的地理信息可视化手段。2021年，澎湃新闻的《美数课》栏目发布了一篇题为《超百万人逃离乌克兰，他们都去哪儿了？》的报道，文中用箭头和数字指出了乌克兰难民逃离的路线和方向。这篇可视化报道不仅反映了乌克兰难民的境遇，也直观表现了战争对平民的伤害。在传统的新闻报道中，记者可以通过文字来描摹战争细节和具体情形，但这往往不利于读者对宏观形势和时局的把握。而数据新闻能够利用可视化图表进行多维的呈现，在人们的认知体系中建构完整的形象。

可视化图表也有助于呈现事物对比的情况。图1-1被称为"南丁格尔玫瑰图"。它清楚地展示了非战争死亡人数和战争伤亡人数之间的对比，让人直观感受到战争的残酷性。

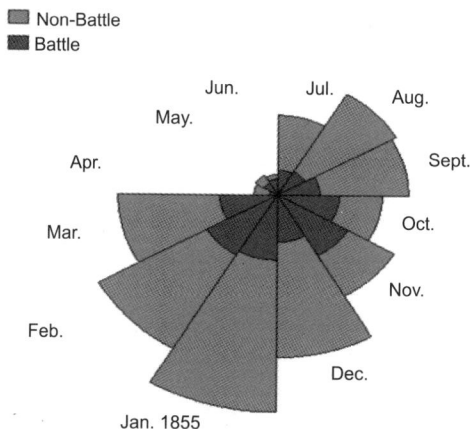

图 1-1　南丁格尔关于英军死亡率统计的玫瑰图

（图片来源：https://www.datavis.ca/gallery/historical.php。）

1858 年，在目睹克里米亚恶劣的卫生条件后，弗洛伦斯·南丁格尔
（Florence Nightingale）撰写了长达 1000 页的机密报告《关于英国军队保
健、效率和医院管理事项的纪要》（*Notes on Matters Affecting the Health,
Efficiency and Hospital Administration of the British Army*）。其中使用了被她称
为"Coxcombs"的几张图表，清楚地表明死于非战争原因（"不卫生条件"）
的士兵人数远远多于在战争中牺牲的士兵。她也被誉为"使用社会统计学和
数据可视化方法唤醒沉睡数字的数据先驱"①。

层次和网络数据可视化常用来表现具有树状结构或复杂网状关系的诸多
事物。圆形点与线段是层次和网络数据可视化图表的基本元素。通常而言，
较大的点代表事物关系中占主导地位的因素，较小的点代表事物关系中影响
力较弱的因素，线段的粗细则代表各个因素之间相关性的强弱。

实际上，受众并不会去分辨一篇数据新闻报道具体采取了哪些可视化手
段，而只会关注新闻有没有清晰地传递信息，有没有解疑释惑。但对于数据
新闻实践者而言，找到精确、翔实、权威的数据，以及设计恰当和醒目的可

---

① 　西蒙·罗杰斯. 数据新闻大趋势：释放可视化报道的力量 [M]. 岳跃，译. 北京：中国人民大学出版社，
2015：60.

视化形式，是其关注的重点。可视化技术之所以成为数据新闻的核心，不仅因为它能对数据进行高度集成而又界限清晰的展现，更由于它建立在人眼接收信息与大脑处理信息的普遍规律之上，能够更好地发掘数据背后的价值，增强数据的延伸性与可操作性。

二、可视化技术在新闻中的运用

数据新闻中的可视化类型可以分为以下几种：文本分析、时间表（轴）、静态地图、动态地图、信息图表、动画、视频、音频等。[1] 相较于传统新闻（以文字、图片为主要呈现方式），数据新闻的制作要投入更长的时间，其收集与筛选数据、理解与分析数据、处理与呈现数据的过程不可谓不复杂。这也意味着，一方面，数据新闻的时效性往往处在较低的水平；另一方面，其新闻价值更多元、可读性更强。

传统新闻擅长描述事件的发展脉络，数据新闻擅长呈现一种"形势"中的各要素及其复杂关系。因此，数据新闻一般很少用来报道突发事件[2]，而大多用于呈现宏观的、持续性长的、涵盖内容繁杂的各类现象、问题与重大事件。得益于可视化技术给新闻行业带来的巨大改变，相较于传统新闻报道中以数字、文本为载体的"数字新闻"，当下的数据新闻充分运用了集合程度高、颜色丰富、感官冲击力强的图形与表格，更能发挥数据的价值。而且，在这种新闻文本中，数据取代文字，成为报道内容和逻辑线的关键构成因素。因此，它也往往被学者称为"数据驱动新闻"[3]。此外，数据新闻能够实现数据的二次利用，不仅惠及普通受众，而且可以为相关行业（诸如经济、卫生、教育、科技、环保、体育、交通等）提供最新的、专业程度高的参考资料。比如，2022 年 6 月，全球范围内出现异常高温天气。非洲北部、中东地区、

---

① Megan K. Data Journalism in the UK: A Preliminary Analysis of Form and Content[J]. Journal of Media Practice, 2015(1): 55-72.
② 当然也有例外。在 2011 年英国骚乱事件和 2015 年天津滨海新区爆炸事故中，媒体就使用了数据新闻的方式来做报道，真实再现灾难现场和事件过程，非常具有震撼力。
③ 许向东. 数据新闻：新闻报道新模式 [M]. 北京：中国人民大学出版社，2017：17.

中亚、南亚大陆、北美洲中西部、欧洲南部，蒙古国和中国西北部，以及澳大利亚南部等地，都出现了50℃以上的地表高温。在风云气象卫星传回的云图上，可以看到那些陷入"高热"的区域。事实上，全球变暖的趋势近年来逐渐加强，而观测数据与科学模型预测的结果也非常一致。

全球变暖对全体人类来说都是巨大的灾难，需要各国政府团结合作，构建人类命运共同体。不管是数据挖掘还是数据分析，最终呈现的结论都指向了这个唯一的答案。数据比长篇大论的说教来得更加直观、更有说服力，它正在成为改变世界的一股新力量。

可视化是当前数据新闻的主要报道形式。只不过，当我们使用可视化的手段来呈现事实，试图讲述一个"好故事"时，也要遵循一些基本原则。其一，"不要成为数据流行的受害者"。这意味着我们在设计中有必要丢弃花哨的剪贴画、图表和字体，而专注于信息本身。其二，"简单胜过美观"。"少即是多"的原则放在哪里都不会过时，尤其是在这个注意力分散、碎片化传播的时代，越是简洁的表达，越能吸引受众的眼球。

所以，我们倡导的数据新闻，应该是利用数据来陈述事实、说明问题、论证观点，而不是简单地罗列数字，更不是以过于华丽的图表夺人眼球，让人忽略了事实与问题本身。

三、算法新闻

随着大数据及人工智能技术在社会各行业的深入运用，众多的资讯平台纷纷出现。为争夺用户流量，它们大量引入算法技术进行内容集成和分发，这也成为行业的通行做法。2006年，路透社使用算法为其网站编辑财经新闻，标志着算法新闻首次进入媒介视野。[1]"算法新闻"这个概念随之被提出。2009年，算法新闻在实践层面开始迅速推进，如美国西北大学智能信息实验室研发出一款自动化新闻写作软件StatsMonkey，谷歌公司利用算法技术向用

---

[1] Tomasula S. Introduction to Focus: 00. 0 Machine Writing[J]. American Book Review, 2014(2): 3-7.

户提供个性化搜索服务。美国在线、《洛杉矶时报》、《纽约时报》、《华盛顿邮报》等媒体纷纷引入和推广自动化写作软件，以提高新闻发布效率。从 2015 年开始，新闻写作机器人在微博、微信、今日头条等社交媒体客户端落地，使用户的信息获取方式从电脑端向移动终端迁移，其信息消费的"密码"也能轻而易举地被算法破解。与此同时，算法也改变了新闻生产的规则——过去由新闻从业者自主生产的内容，不得不服膺于计算机技术规定的分发原则，并且由算法来评判内容质量的优劣和传播的"可供性"程度。

关于算法新闻的定义，目前的说法不一而足。有人从内容生产的角度来界定，认为算法新闻的生产包括输入阶段（从数据库中选择电子数据）、处理阶段（利用自然语言生成技术使相关数据集具有语义结构）、输出阶段（在一定范围内通过线上或线下平台发布最终文本）。[1]马特·卡尔森（Matt Carlson）则从计算技术的角度出发，将其定义为："一种技术导向的新闻，其中心在于将算法技术应用于信息收集、信息感知和信息呈现的新闻实践中。"[2]也有人着眼于新闻分发，认为算法新闻主要是指利用算法技术进行新闻推荐："基于用户的行为数据，通过算法预测用户感兴趣的信息和话题，并快速完成新闻内容与用户兴趣的匹配，实现精准的个性化推送。"[3]还有学者将算法新闻视为一种策展行为：一方面，新闻资讯平台根据算法判断完成对新闻信息的捕捉、控制和排序；另一方面，新闻资讯平台对意见性信息进行去粗取精的选择，呈现有代表性的意见和观点，实现促进公共意见交流的行为。[4]作为一个新生事物，算法新闻往往被视为传统新闻与现代计算科学相结合的产物。因此，所谓算法新闻，更多的是指通过数据科学与新闻活动的协作而生产出来的一种新型的数字化新闻产品。在新闻生产过程中，公众的接受和传播行为也被纳入新闻内容的生产与传播过程。

---

① Dörr K N, Hollnbuchner K. Ethical Challenges of Algorithmic Journalism[J]. Digital Journalism, 2017(4): 404-419.
② Carlson M. Automating Judgment? Algorithmic Judgment, News Knowledge, and Journalistic Professionalism[J]. New Media & Society, 2018(4): 1755-1772.
③ 张帆. 生产、演进与传播：算法新闻学的知识图景 [J]. 暨南学报（哲学社会科学版），2022（2）：11-21.
④ 陈昌凤，师文. 智能算法运用于新闻策展的技术逻辑与伦理风险 [J]. 新闻界，2019（1）：20-26.

如果仅仅从生产技术的角度考量，自动化新闻（或者说机器人新闻）有时也被归入算法新闻的行列。①它是指一种建立在算法、人工智能程序以及自然语言衍生技术基础上的新型新闻生产模式，其主要特征是新闻的文字及部分视觉内容可由算法直接和自动生成，整个新闻生产过程只需要很少的人工干预，甚至完全不需要任何人工干预。②在国内较早从事算法新闻研究的学者看来，算法新闻并非一个准确的概念，其实它的内容本质与传统新闻并无差别，且依然要遵守新闻的真实性、客观性、趣味性等基本的新闻价值标准。只不过，它的表达形式、技术基础和承载平台发生了变化。计算机技术参与到新闻生产过程中来，其最重要的作用是改变了平台分发的信息传播模式。目前的算法新闻使用了两种非中心式分发方式：一种是依托社交网络进行的传播分发；另一种是基于智能算法对信息和人进行匹配的算法型分发。当前甚至还出现了两种分发技术合流的趋势，即"社交＋算法"双重分发模式，使得信息和人之间的连接关系，从过去的"信息—媒体—人"变成了"信息—互联网平台—人"。③当然，这种转变不仅改变了新闻内容的生产形式和传播模式，也重新塑造了社会的信息空间与传播权力格局。未来，数据、算法和新闻业的运行模式将深度融合，进一步改变媒体的社会功能和信息价值，数据、新闻及其相关活动也会塑造新的信息权力关系。

---

① Dorr K. Mapping the Field of Algorithmic Journalism [J]. Digital Journalism, 2016(6): 700-722.
② 常江 . 数字时代的新闻业：文化视角与欧美经验 [M]. 开封：河南大学出版社，2021：34.
③ 塔娜，唐铮 . 算法新闻 [M]. 北京：中国人民大学出版社，2019：5-7.

第二章

由术入道：国内外的数据新闻实践与研究

如今，在数据新闻的实践和研究领域已经达成了一个基本共识，即数据新闻是在精确新闻和计算机辅助报道的基础上发展起来的。20 世纪六七十年代，迈耶提出了"精确报道"的概念，并系统性地完善了"精确新闻学"这一理论学说，出版了专著，从方法论上确立了一种新的新闻生产范式。精确新闻是指记者运用社会统计方法，对社会现象进行深入调查分析，利用丰富权威的数据来提供令人信服的事实。在当时，电子计算机技术的长足发展使人们能够利用计算机处理大量的数据信息和进行可视化分析。1967 年，迈耶借助调查研究和计算机分析，揭露了发生在美国密歇根州底特律市的"第十二街骚乱"的真相，用数据和事实证明低收入者和受教育程度低下的人并非骚乱的主要参与者，指出骚乱发生的根本原因是人们对社会形势的不满，从而打破了公众对特定群体的偏见。这篇报道也成为计算机辅助报道的经典案例。从 20 世纪 80 年代开始，数据分析的方法越来越多地应用到新闻调查和报道中。1989 年，美国老牌新闻院校密苏里大学新闻学院成立了美国计算机辅助报道协会（The National Institute for Computer-Assisted Reporting，简称 NICAR）。新闻学院还开设了计算机辅助报道的课程，将电子表格、数据库管理和数据分析软件等引入新闻报道中，培养数据新闻方向的记者和人才。

从 2005 年开始，在数据开放运动的推动下，新闻报道中越来越普遍地运用数据分析和可视化手段，且运用方式日趋成熟。2006 年，哈罗瓦提正式提出"数据新闻"一词。在英国《卫报》的倡导和践行下，数据新闻逐渐成为一种新兴的新闻报道潮流。数据新闻自 2018 年后开始引入更多的新技术，如无人机、传感器、自动化新闻程序、区块链、虚拟主播等，其内涵和外延正在不断丰富。时至今日，数据新闻已经不仅是一种利用数字技术产制新闻的方法、思路和新闻体裁，更代表着算法崛起时代的工具理性和"可编程未来"的发展趋势。数据新闻最有可能在深度报道和预测性报道领域大放异彩。科西莫·亚可托（Cosimo Accoto）就反复强调说："预测的生成是信息经济学的正经事。"①他认为，我们不仅需要管理当前信息过载的问题，更需要管理未来世界的不确定性。而新闻的作用原本就在于消除不确定性。所以，未来对于预测性报道的需求会更加旺盛，媒体平台上也会提供更多的关于事件和人类行为的预测新闻。

第一节　国外主流媒体的数据新闻实践

一、英国《卫报》的"数据博客"

英国《卫报》是世界上较早开展数据新闻实践的媒体之一，在数据新闻创新领域成绩斐然，别具一格。2009 年，《卫报》开创了"数据博客"，这成为数据新闻发展史上的一个里程碑。"数据博客"是一个新闻博客，每日更新，将数据信息可视化。它的主题涵盖政治、经济、社会、体育、战争、环境等不同领域。在可视化形式上，它既有图表、地图，也有互动效果图等，既有量化数据也有质性数据，以及两者并包的混合数据。"数据博客"倡导用数据"讲一个好故事"，增加新闻内容的丰富性和可信度。它的数据新闻实践后来也被世界其他媒体争相效仿。比如，用气泡图制作《2050 年世界人口水平变化预测》，用谷歌融合数据表（Google Charts）制作《世界上 160 个国家针对特定宗教的骚扰和恐怖事件分布的热力图》，以及采用混合数据与图表报

---

① 科西莫·亚卡托. 数据时代：可编程未来的哲学指南 [M]. 何道宽，译. 北京：中国大百科全书出版社，2019：139.

道 2010 年墨西哥湾漏油事件等（上述案例都收录于罗杰斯的著作《数据新闻大趋势：释放可视化报道的力量》中），至今仍然是可视化新闻的经典模板。

"数据博客"的发起人、数据新闻领域的开山鼻祖罗杰斯也承认，2009年《卫报》的"数据博客"上线后，曾经被人质疑："数据算是新闻吗？"在他看来，数据新闻的意义在于，"呼吁大家用一种全新的方式来看待世界"[①]；数据新闻的报道形式，让记者的职业角色也发生了转变——"记者还是官方数据的看门人"，"记者会撰写跟数字相关的报道，发布给对原始的统计数据毫无兴趣的公众。而今天我们的角色正在向解释者转变——帮助人们理解数据"。[②]他还以幽默的口吻指出，有时候发布数据仅仅是因为"数据本身很有趣"。当然，更重要的原因是，罗杰斯和他的团队发现，对"数据博客"感兴趣的更多的是普通读者。越来越多的人开始对新闻背后的原始数据产生兴趣，比如碳排放、东欧移民、阿富汗发生的死亡事件，甚至是甲壳虫乐队在他们的歌里使用"爱（love）"的次数（613 次）。而《卫报》利用维基解密的数据对伊拉克战争的报道更是让数据新闻"一战成名"，在世界范围内引起了巨大的轰动。这恰恰说明，人们不再满足于了解"故事"，而更加在意其背后的数据所反映的事实。

二、BBC 的数据新闻

BBC（英国广播公司）使用数据为用户提供服务和工具的起源可以追溯至 1999 年。当时，BBC 根据英国政府每年公布的学校排名数据制作了一张学校排名表，公众可以根据邮编来查询学校的排名情况和教学水平等。[③]虽然BBC 也一直在尝试"用数据做新闻"，但是直到大数据时代的到来以及可视化技术发展到一定的程度，BBC 才得以制作真正意义上的数据新闻。

---

① 西蒙·罗杰斯. 数据新闻大趋势：释放可视化报道的力量 [M]. 岳跃，译. 北京：中国人民大学出版社，2015：2.
② 西蒙·罗杰斯. 数据博客背后的故事 [EB/OL]. [2022-12-01]. http://datajournalismhandbook. org/chinese/index. html.
③ 董雯. 英国广播公司 BBC 数据新闻研究 [D]. 保定：河北大学，2014.

BBC向来以制作广播电视节目见长，因此，在可视化制作水平上远远领先于报纸媒介。在每年的全球数据新闻奖评选中，BBC都有众多数据新闻作品入围。如2012年的首届全球数据新闻奖中，英国总共有13篇新闻作品入围，其中，BBC的作品就有6篇，几乎占据了半壁江山。

强大的实力来自强大的制作团队。BBC有专业的数据新闻团队，成员约20人，包括数据记者、设计师和程序员等。BBC开创的"视觉新闻"经常采用的形式有数据地图、信息图表、数据漫画、个性化新闻等；常用的数据分析工具包括Excel、Google Charts、MySQL、Access数据库等，还有Illustrator、Photoshop、Flash等图像与动画制作软件。程序员则会使用ActionScript、Python、Perl等编程语言来完成数据处理的相关工作。

BBC的数据新闻旨在用数据来实现以下目标：帮助读者找到对个人有重要意义的信息；报道一些重大却鲜为人知的新闻；帮助读者更好地理解一些复杂的问题。① 从这些目标上，我们也可以看到BBC对于新闻传播的公共性的阐释和坚持。因而，BBC的数据新闻实践也体现了"为公众服务"②的理念。这一理念在BBC的数据新闻作品中都得到了贯彻。从"学校排行榜"到后来推出的一个通常不为公众所知的庞大数据库《每条道路上的每例死亡》（用户通过使用邮编进行搜索，就能找到过去十年中每起道路事故发生的具体位置），再到"学生贷款计算器"的新闻应用，以及"NHS（英国国家医疗服务体系）之冬"的报道项目（探究冬季流感暴发给国家医疗服务体系带来的压力，以及患者的就诊体验等），这些数据新闻作品都受到民众的好评和支持。BBC也是最早发起众包新闻的媒体，通过"用户生产内容"（UGC）、受众互动社区和大众媒体的共同参与，保障新闻节目的影响力和主题的多元化。而且，所有的数据都对公众开放，用户可以在BBC的网站上看到所有的数据新闻作品，以及所使用数据的来源。同时，BBC也提供一些数据新闻制作工具。

---

① 贝拉·赫里尔，安德鲁·莱姆德菲尔. BBC的数据新闻 [EB/OL]. [2022-12-30]. http://datajournalismhandbook. org/chinese/index. html.
② 刘斌，邹欣. 数据新闻时代的公共服务与用户本位：以BBC数据新闻为例 [J]. 传媒，2016（14）：28-31.

这些实践活动，真正让公众感受到了新闻"与我有关"，以及新闻为市民服务、为公共福祉服务的立场，从而让BBC赢得了广泛的赞誉。

除了依靠自身的数据新闻团队，BBC也积极开展"数据外包"业务，与专业化的调查团队合作，利用信息专家的服务获得所需数据，为公众提供高质量的数据新闻。比如，BBC的时事节目《全景》（*Panorama*）与其新闻调查中心合作，花费数月时间，收集了有关公共部门薪酬的数据，不仅制作了一部电视纪录片，还在网上推出了特别报道《公共部门薪酬：一些数字》，并从行业分析的角度，对所有已公布的数据进行了可视化处理。[①]这种方式提升了调查性报道的准确性和全面性，既能清楚地告诉受众"是什么"，又能明确地解释"为什么"，帮助受众理解社会现象和问题的本质。

同时，BBC的数据新闻团队非常重视用户体验。他们倡导用视觉化的方式来阐释复杂的问题，并辅以简明易懂的文字。其中，对数据新闻"易读性"的一个重要考量就是：能够鼓励和引导用户去关注新闻网站，阅读新闻报道，而不是让用户被数字吓倒。他们认为数据新闻是帮助人们了解世界的新工具，而不是令人望而却步的沟壑。在BBC的新闻实践中，"公众利益"是一个反复被提及的名词，即注重报道的方向和深度，实现公共价值。这个准则被其奉为圭臬，而数据新闻的形式只是其贯彻"为公众服务"理念的新工具。正因为对新闻品质和新闻专业主义的极致追求，BBC为世界媒体同行树立了一个标杆。

三、《纽约时报》的数据新闻

2007年，《纽约时报》成立了"互动新闻技术部"，开始探索将数据技术应用于新闻报道中，并在奥运会等重大事件中采用这种新型的报道方式。2014年，《纽约时报》获得全球数据新闻奖"全球最佳数据新闻网站"荣誉，成为全球数据新闻发展的标杆，代表行业最高的发展水平。2014年，《纽约

---

① 贝拉·赫里，安德鲁·莱姆德菲尔. BBC 的数据新闻 [EB/OL]. [2022-12-30]. http://datajournalismhandbook. org/chinese/index. html.

时报》上线新栏目 *The Upshot*[①]，专门用于发布数据新闻作品。该栏目设立的初衷，是成为数据新闻平台。它也的确不负众望，每年发布数百篇数据新闻作品，为《纽约时报》网站带来了可观的流量，也赢得了良好的大众口碑。2017 年 12 月，《纽约时报》发布了数据新闻作品《我们询问了 615 名男性关于他们的工作举止》（"We asked 615 men about how they conduct themselves at work"），主题是职场性骚扰问题。该报道在 2018 年获得了普利策新闻奖"公众利益服务奖"。[②] *The Upshot* 的新闻主题沿袭了《纽约时报》严肃主流大报的风格，主要有政治、商业、科技、体育、公共卫生、文化艺术等选题，秉承了其一贯的严肃新闻的选择标准。但经过数年发展后，受到各种新媒体的冲击，*The Upshot* 的风格逐渐从严肃新闻向视觉新闻转变，新闻的形式也从交互式信息图表向地图、热力图、视频直播、动画、音频、VR 新闻等可视化类型延伸。

随着移动互联网和智能手机的普及，新闻用户越来越多地从 PC 端向移动端迁移。移动端逐渐成为现代人最重要的新闻获取渠道。为适应这种趋势，2014 年《纽约时报》针对手机用户开发了一些移动新闻程序，如 NYT Now、NYT Cooking、NYT Opinion 等。然而，NYT Opinion 因未能吸引足够订阅用户已下架，其他移动应用程序也在不断调整中。

在用户从电脑端向移动端迁移的过程中，数据新闻也面临很大的挑战。因为很多可视化设计效果基于电脑端技术才能获得，放到移动端，要么画面卡顿、显示不全，阅读体验不佳，要么因为技术适配困难无法完整呈现全部信息。而且，因为屏幕尺寸和交互方式不同，适用于电脑屏幕的数据新闻作品无法做到与手机屏幕的"无缝衔接"。对数据新闻作品进行调整或重新设计，使之满足年轻一代手机用户的即时性、碎片化、互动性等信息阅听习惯，无疑会增加制作成本。但这种探索和改变对《纽约时报》来说势在必行。从传统媒体到网络媒体，再到移动媒体，新闻业态和消费生态变迁带来的挑战

---

① 网址：https://www.nytimes.com/section/upshot。
② 刘佳伦. 财新网、《纽约时报》与《卫报》的数据新闻内容研究 [D]. 广州：暨南大学，2021.

和压力，不唯《纽约时报》要应对，全世界所有的媒体行业都要正视。

2016 年，《纽约时报》启动了数字化转型计划，宣称要进行全媒体融合传播，将业务重心向移动端转移，同时上线了短视频、网络直播等新的传播模式。在媒介化社会里，为了争夺日益稀缺的注意力，媒体往往更加关注流量，强调"轻量化设计"，追逐社会热点和社交媒体上的头条信息，而减少了对政治新闻等严肃话题的报道。正如媒介学者所指出的："新闻保质期短许多年来一直是媒介的一个特征，但当我们进入'时间压缩'的生活状态之后，这种媒介特征与数字化的速度，与无数其他使人分心和紧急迫切的事务，纠葛缠绕在一起，使得政治信息吸引读者、'黏住'读者的可能性急剧降低。"① 在碎片化阅读以及快餐式、娱乐化的时代，数据新闻并无特别的优势。针对日益细分和多元化的读者市场，《纽约时报》在数据新闻方面的实践能否守住"初心"，或者找到持续发展的动力？我们拭目以待。

四、社交媒体与平台算法：元宇宙里的数据新闻

随着 5G 技术、智能手机和社交媒体的普及，移动阅读逐渐成为当下主流的信息接收方式，而 Facebook、Twitter、TikTok 等数字平台成为重要的传播场域。2014 年，Facebook 的每月活跃用户达到 13 亿人，每季度营收达到 30 亿美元。每天有 6.5 亿人在移动设备上使用 Facebook，5 亿人使用 WhatsApp，2 亿人使用 Instagram。2017 年，Messenger 的月活跃用户数已突破 9 亿人。② 截至 2022 年 4 月，Facebook（2021 年 10 月更名为 Meta）全球用户中的日活跃用户已经接近 30 亿人。③ 改名为 Meta 后，"元宇宙新闻"展示出来的虚拟社会的技术图景确实令人向往。2021 年，TikTok 在应用商店的下载量超过 Facebook，成为全球总下载量最高的应用。这是近年来中国最成功的国际传

---

① 罗伯特·哈桑. 注意力分散时代：高速网络经济中的阅读、书写与政治 [M]. 张宁，译. 上海：复旦大学出版社，2020：164.
② 黄峥. 国际一流媒体的大数据竞争策略 [J]. 对外传播，2017（3）：58-60.
③ Facebook 用户超 30 亿，依旧是社交平台大哥，微信还有机会反超？ [EB/OL]. （2022-04-26）[2022-12-30]. https://baijiahao.baidu.com/s?id=1731173228118673629&wfr=spider&for=pc.

播案例。① 《纽约时报》专栏作家茜拉·奥维德（Shira Ovide）指出："TikTok 正在为下一代活跃分子提供新的讲故事的方式，并挑战了全球互联网秩序。"②

陈昌凤、黄家圣将"元宇宙新闻"的特征归纳为交往式和沉浸式，并从五个维度分析其实现的目标。一是开发基于浏览器的网络体验（普通上网即可），使用户可以跨设备打开沉浸式故事。二是进一步探索交互模式。如随着用户对交互性产生新期望，交互式故事讲述需要思考如何使用户按照自己的节奏体验新闻场景。三是在讲故事中探索使用地理空间信息的新方法。四是呈现可视化人体运动。通过动作捕捉传感器、计算机视觉、计算摄影、立体视频捕捉等，在浏览器中渲染逼真的人体动作。五是探索基于浏览器的多模式体验。提供关于沉浸式内容的选择，用户可以在不同格式之间无缝切换。③ 数据新闻将消融在元宇宙的多重维度里，并且在感官、体验、认知、行动等多个方面满足用户多元化的信息需求。

元宇宙技术带来了新的传播范式、技术应用、算法、UGC、信息体验等，虚实交融、沉浸交互是下一代互联网的实践特征，未来的世界遍布数据、传感器和算法，以及人工智能。那将是一种新的社会感知系统，一种全然不同于当下的社会现实。随着云计算、数字孪生、万物互联、人工智能等技术的不断发展，媒体生产过程也将得到大幅调整，元宇宙沉浸式媒体或将成为媒体融合转型的重要方向。④ 而当下正在进行的数据新闻探索和媒介融合创新，未来或许会转化为人人都必须具备的一种数据素养和信息技能。

① 张龙，曹晔阳.数据主权、数字基础设施与元宇宙：平台化视域下的国际传播 [J].社会科学战线，2022（6）：166-175.
② Ovide S. TikTok (Yes, TikTok) Is the Future[N]. New York Times, 2020-06-03.
③ 陈昌凤，黄家圣."新闻"的再定义：元宇宙技术在媒体中的应用 [J].新闻界，2022（1）：55-63.
④ 武金鑫.简析元宇宙热潮下主流媒体的应对之道 [J].中国广播电视学刊，2022（6）：33-37.

第二节　国内媒体的数据新闻实践

随着大数据时代的来临，数据新闻的热潮由国外传入国内。我国数据新闻实践最早要追溯到 2012 年 1 月国内主流门户网站之一网易创立《数读》专栏。这是国内最早开辟的数据新闻专栏，由此拉开了国内媒体探索数据新闻本土化的序幕。[①] 在此之后，国内各大门户网站、中央媒体和地方媒体纷纷开设自己的数据新闻栏目，将其作为开启数字媒体新闻改革的新引擎。如新华网的《数据新闻》、搜狐网的《数字之道》，新浪网的《图解天下》、人民网的《图解新闻》，中央电视台推出的"据说"系列新闻节目（如《"据"说两会》《"据"说春运》等），澎湃新闻的《美数课》，《新京报》的《图个明白》《有理数》等，在 2016—2017 年掀起了一股不小的潮流。2018 年后，这股热潮慢慢退却，数据新闻更多地以可视化新闻和融合新闻的面目，在媒介融合的呼声中平稳发展。截至 2022 年，新浪网、搜狐网的数据新闻栏目已悄然隐退，剩下的几家媒体中的数据新闻报道也减少了更新频率，报道形式主要是网页长图、动画、信息图表以及"图表+图片+视频"等，报道内容以数字解说新闻事件或现象居多，而依托数据挖掘的深度报道寥寥无几。当然，这些数据新闻实践创新对当下的新闻改革和新闻研究有着重要的借鉴和参考意义。笔者选择其中一些优秀案例进行介绍。

一、新华网的《数据新闻》栏目

主流媒体中较早开设数据新闻栏目的，首推新华网。其 2012 年开设的《数据新闻》栏目，以信息图表、视频、动画等可视化形式解读新闻，令人耳目一新。2014 年底，《数据新闻》专栏推出《打虎拍蝇记》，汇集了党的十八大以来 700 多名落马官员的相关数据，引发广泛关注。2015 年，该栏目获评中国新闻奖"中国新闻名专栏"。从 2016 年开始，新华网把无人机

---

① 方洁，高璐. 数据新闻：一个亟待确立专业规范的领域——基于国内五个数据新闻栏目的定量研究 [J]. 国际新闻界，2015（3）：105-124.

拍摄视频引入数据新闻，丰富了数据可视化的内涵和表现力。2017年，该专栏推出的红军长征全景交互地图《征程》荣获第27届中国新闻奖一等奖。新华网《数据新闻》栏目凭借其雄厚的内容实力、精良的可视化制作水平、丰富而权威的数据来源，被称为"国内数据新闻的开拓者"。从其发布的数据新闻作品的整体质量和数量上看，无论是视觉表现力、新闻题材的丰富性还是制作水平，新华网都处于行业领先的水平。从该栏目的可视化形式来看，主要的呈现方式是信息图，大部分作品采用的是网页长图，部分作品是单张信息图。这类作品的交互性和生动性虽然不如动态图表，但在信息承载量方面更胜一筹，一张图就能够说清楚事情的来龙去脉，将其中的数据与蕴含的意义以条分缕析的方式清晰地呈现出来。包括手机交互、图文交互、PC交互在内的数据交互作品，虽然数量比较少，但是在质量上凸显了新华网数据新闻团队在可视化设计方面的深厚功底。一个按钮、一次滑动，不仅使内容呈现变得生动活泼，还增强了用户的参与感和新闻体验，增加了作品的吸引力。另外，新华网的《数据新闻》栏目有一个"数视频"版块，它把数据可视化与视频形式结合起来，聚焦时事热点与重大事件，通过对海量数据的系统梳理和可视化呈现，让读者从宏观视角获得纵深体验。与深度报道相比，它是轻量级阅读，通俗易懂；与动态新闻相比，它在信息和知识的纵深性、延展性上又增色不少。简言之，它实现了"悦读"和"易读"的有效结合。如关于中国城镇化建设的报道《中国城镇化：既要"留得下"也要"过得好"》（见图2-1）[①]，用一个动态视频浓缩了1960—2019年中国城乡人口比例变化，可以看到城镇人口在全国总人口中的占比从1960年的16%锐增到2019年的60%。

[①]　中国城镇化：既要"留得下"也要"过得好" [EB/OL]．（2021-10-15）[2022-12-30]．http://www. news. cn/datanews/20211015/C99905851F80000171A120504E557300/c. html.

图 2-1　1960—2019 年中国城镇化率的变化情况

二、财新网的《数字说》栏目

2012 年，财新网创建了《数字说》栏目，由程序员出身的黄志敏带领团队组建了数据可视化实验室，把《数字说》打造成为全国首屈一指的数据新闻品牌。在团队成员的努力下，《数字说》推出了一系列令人瞩目的数据新闻作品，使财新网一时"洛阳纸贵"，并且让数据新闻这样一种对国人来说充满陌生感的新闻样态走向常态化和专业化，引领了新闻改革创新的潮流。《数字说》的新闻主题按照类别可分为政治、经济、IT、社会、民生、环境等。其数据来源包括高校和科研机构、政府部门、其他媒体、社交平台等，以前三者为主。数据来源的多元化，保证了信息获取的全面、公正和权威性。

《数字说》团队的领头人黄志敏也是国内较早开始尝试开发移动端数据新闻的人。他和团队致力于开发 HTML5 形式的数据新闻作品，解决了 PC 端和手机端的网页兼容性问题。黄志敏认为："用 HTML5 发布的作品可以轻易地通过朋友圈分享，对传播有很大帮助。HTML5 的学习成本和开发成本较低，方便人们通过微信等平台进行学习。"① 他也是极具产品意识的人。他和所在的媒体财新网敏锐地察觉到了数据的价值，开始开发付费的数据产品"财新通"，采用"会员制+订购"的方式，出售包括数据新闻在内的数字内容和其他数据资源，如行业研究报告、企业数据库、金融数据库、财新指数等。因为财新网在时政、经济和金融领域内的深度报道的品质有口皆碑，"付费阅读、优质优价"的营销策略也受到认可，有不少读者愿意买单。2018 年，财新数据新闻中心斩获了全球数据新闻奖的"最佳数据新闻团队奖"。

新冠疫情暴发是一个拐点。根据王怡溪、徐向东等人对疫情期间的数据新闻所做的内容分析，数据可视化报道有利于新冠疫情相关信息的传播，而且在这一特殊时期，数据新闻能够传递更具有人性温度和社会责任感的信息。② 各媒体与平台也多以数据和可视化图表的形式来跟进报道新冠疫情。有研究者对财新网的《数字说》、《纽约时报》的 *The Upshot* 和英国《卫报》的数据博客进行了比较。有如下发现：在选题方面，医疗卫生类比较多，灾难事故、环境卫生类比较少；在报道内容方面，以揭示事物发展现状与趋势的报道最多，统计排名类次之；在报道倾向上，中立报道相对较多，正面报道偏少；在数据处理方面，静态可视化最多，动态可视化最少，且静态可视化报道中柱状图和折线图使用较多；在数据来源方面，单来源、多来源和无来源的情况都存在，《数字说》较多使用政府部门的数据以及自采数据，*The Upshot* 主要采用学术机构的数据，"数据博客"较多使用政府和学术机构的数据；而在数据清晰度、数据处理水平和数据分析深度上，《数字说》逊色于 *The Upshot* 和"数据博客"。③ 但是，财新网的《数字说》已经可以说是国内数据新闻实践的专业标杆了。

① 黄志敏 . 程序员获新闻奖，你怎么看？——解读财新网可视化数据新闻 [J]. 中国记者，2015（1）：89-91.
② 王怡溪，许向东 . 数据新闻的人文关怀与数据透明：对新冠疫情报道中数据可视化报道的实践与思考 [J]. 编辑之友，2020（12）：69-75.
③ 刘佳伦 . 财新网、《纽约时报》与《卫报》的数据新闻内容研究 [D]. 广州：暨南大学，2021.

三、新京报的《新图纸》《图个明白》栏目

2012 年，新京报推出了《新图纸》栏目。该栏目"旨在把简单枯燥、零散隐蔽的新闻信息数据加以整理，以信息图表、插图漫画、新闻制图的形式传递给读者，实现读者的轻阅读、重思考"[①]。同时，在版式设计上，重视制图，以"艺术品"的标准来进行版面的可视化设计。2013 年，新京报又推出数据可视化专栏《图个明白》，希望赋予数据新闻中的图表生命和灵魂，使其能够讲述精彩的新闻故事，也希望实现"数据可视化""数据价值观化"和"数据思想化"。这种定位如何落地呢？以《新图纸》栏目为例，对于突发事件类制图，通过三维软件进行现场还原，勾勒运动轨迹，对事件发生过程进行图解，让读者第一时间了解新闻发生的过程和来龙去脉等。此类制图涵盖了车祸、地震、营救等突发事件及航空科技等领域。如北京"7·21暴雨"发生后，新京报在版面制图上，利用地理位置示意图将 77 名遇难者名单在地图上进行分区域标注和梳理，通过图表直观体现伤亡情况，读者可以清晰地看到"夺命"区域，这也有助于有关部门在日后的城市防灾减灾规划设计上进行调整和优化，对城市基础设施生命保障薄弱环节进行强化。这一系列的报道在世界新闻设计大赛（SND）中获得"灾难报道奖"，同时也获得了中国新闻设计大赛的日常报道金奖。评委认为："其体现出的整合信息的能力超越了同城所有的媒体。这个设计也是当今报纸设计业信息化制图以及杂志化趋势的明显代表。"[②]

新京报的《新图纸》和《图个明白》栏目没有把制图局限在新闻版面，而是将信息可视化的优势充分运用于不同题材的信息传播中。新京报版式设计部美编赵斌认为："信息可视化其实也就是表现数据背后的故事，让读者获得更多的信息。数字、图形、颜色都是获得信息的重要手段。"[③]

① 曹保印.变数据为艺术 赋图表以灵魂 [M]// 新京报传媒研究院.新京报传媒研究（第 4 卷）.北京：新世界出版社，2014：4.
② 书红，许英剑.《新京报》的新闻可视化探索 [M]// 新京报传媒研究院.新京报传媒研究（第 4 卷）.北京：新世界出版社，2014：7.
③ 赵斌.客观记录与理性表达：大数据时代的图表设计 [M]// 新京报传媒研究院.新京报传媒研究（第 4 卷）.北京：新世界出版社，2014：23.

四、澎湃新闻的《美数课》栏目

2015 年，上海报业集团的新媒体综合平台澎湃新闻也开设了数据新闻栏目《美数课》，重点是在数据可视化方面开展探索。其栏目宗旨是：数字是骨骼，设计是灵魂。澎湃新闻的数据新闻把重点放在可视化设计方面，同时数据新闻的定位是依托信息，但是又不止于信息传播。在这样的栏目定位下，其选题和立意的多元化，或者说是"驳杂性"，也就不难理解了。《美数课》栏目设置版块众多，其中"图解""数说"为其主干版块，"冷知识"为其特色科普类版块。

《美数课》栏目按照新闻选题，大致可以分经济、民生、政治、公共卫生、环境和其他等六类。2020 年以来又增加了疫情防控、冬奥会（体育赛事类）和俄乌战争等内容。其中，国内政治新闻的选题占比较大。在数据来源方面，以政府机构、非政府组织和其他媒体的数据为主要来源，少量数据来自高校和研究机构的数据库。另外也有澎湃新闻自己采集的数据，以及利用数据分析软件多方收集、整合而形成的独家数据资源。在可视化类型方面，主要包括图表、图解、时间轴、关系网、数据地图、动画视频等类型。[①]

五、DT 财经的数据新闻

DT 财经为阿里巴巴与第一财经 2015 年合办的数据平台，其理念为"你想读的，我们有数"。DT 财经在栏目上设置了《数据侠计划》《数据洞察》《数据报告》《数据可视化》四大分区，其中，《数据报告》为深度数据新闻栏目。DT 财经还设置了重点民生栏目《地铁 1 公里》《NEXT 情报局》。在 DT 财经的数据新闻中，信息图表占据重要位置，其新闻议题以民生类报道为主。

DT 财经的数据新闻栏目有以下特点。

第一，两大重点项目定位准确清晰。《地铁 1 公里》为城市大数据研究项目，以地铁站点为坐标，通过采集地铁辐射圈内多源数据，提供观察城市商

---

① 孙莹. 澎湃新闻"美术课"栏目的数据新闻研究 [D]. 兰州：兰州大学，2017.

业格局和人群活跃情况的新视角；《NEXT情报局》为消费大数据研究项目，专注于结合大数据洞察中国消费趋势。两大项目的选题与其定位密切相关，如《地铁1公里》只做与地铁相关的数据新闻。

第二，注重专业化。《数据侠计划》为数据精英提供专业平台，内容专业程度高。这满足了专业人员的新闻需求，但也缩小了其受众面，使用户集中于小众精英。

第三，注重趣味性。《地铁1公里》和《NEXT情报局》的选题与民众生活息息相关，以普通民众为主体，将衣食住行作为选题的主要切入点，文章内容接地气。如推出"NEXT50"系列研究，以客观严谨的态度，结合各大电商平台海量用户评价数据，对消费升级浪潮中新崛起的50个热门品类进行量化评价，带领受众"科学"升级。

第四，设置H5互动界面，受众参与度高。如《赶紧收藏！这是上海有史以来最全的赏花地图》通过H5形式，使受众成为事件的触发点，受众在上海地图上点击花卉名称，其分布情况就会立刻呈现。这类互动环节大大优化了用户的体验。

第五，数据来源的商业性更强。在数据来源上，与《数读》《美数课》等侧重于政府机构、国际组织等不同，DT财经的数据更多地来自企业公开资料和平台数据库，美团、阿里巴巴、苏宁等企业是其主要的数据来源。因为DT财经是阿里巴巴和第一财经共同成立的平台，阿里巴巴为其提供了大量数据支持。此外，自带的数据库资源为其数据整合提供了更具竞争力的优势。DT财经主要是从微博、小红书等社交平台抓取数据，数据信息更加"接地气"，但商业性数据的质量难免参差不齐，为事实核查带来了一定的困难。

六、小结

国内的数据新闻实践与欧美不同：考虑到移动端阅读的普及，在制作数据新闻产品时，发布者提供了面向移动端的产品应用。新华网《数据新闻》专栏中的版块"政经事"，其作品可以在不同平台进行传播和分享，如新华网的官方微博、新浪微博、微信公众号等，并且在详情页中附有二维码，用户扫码后就可以同步到手机。同时，在《数据新闻》专栏页面上也设有"PC交互"和"手机交互"模块，其根据平台的特征开发对应的内容产品，便于针对细分市场进行下沉式传播。财新网的《数字说》栏目，实现了电脑端和移动端的数据互通，能直接显示评论数量，还可以一键转发和分享。澎湃新闻的《美数课》栏目有网页版和手机App的客户端，其内容产品可以在电脑端和移动端同步发布、阅读和分享，对作品的点赞、评论和转发等流量数据，是对两个端口数据的汇总。[①]其他如网易《数读》、新浪网的《图解天下》等栏目发布的作品，都从电脑端延伸到了移动端，用H5或者短视频、动画的形式制作和发布，有效地打破了不同传播渠道之间的隔阂，有助于新闻可视化技术的融合创新和新闻作品影响力的提升。

综合对国内多家媒体的数据新闻栏目和作品的主题与内容的分析，我们发现国内的数据新闻实践呈现以下特征。

第一，新闻主题的选择尚有局限。由于数据新闻制作周期比较长，且更加偏重数据处理与技术呈现方面的考量，数据新闻更擅长操作话题性新闻，虽然其在一些突发事件当中也不乏亮眼的表现，但基本上以"特色菜"为主、以"软新闻"为主，难以做到常态化，栏目的更新频率也不高。事件性新闻的缺失体现了我国数据新闻时效性不足，挖掘深度不够。而且，其发展受限于人才和技术，这是绕不开的"软肋"。毕竟，事件性数据新闻需要媒体提供强大的技术支撑和人才支撑，且制作周期长，需动用大量的媒体资源。在收益无法得到保证的前提下，媒体出于利益的考虑，对于此类更具深度的报道形式持谨慎态度。2020年开始，媒体更多地采用图像、视频和直播的方式，打造沉浸式、融合型新闻，相比于数据新闻，此类新闻上手快、制作和发布过程简单，可以做到实时跟进，也符合传统媒体一贯的"套路"。但这也使数

① 王好彬，罗书俊，周文彪.财经数据新闻传播力的实证分析[M]//王琼，苏宏元.中国数据新闻发展报告（2016—2017）.北京：社会科学文献出版社，2018：120.

据新闻的表现空间被极度挤压，曾经火爆一时的数据新闻逐渐沉寂。

第二，可视化手段单一。媒体过多使用基础性图表和静态可视化手段，创新性和交互性不足，直观性和现场感不足。静态信息图表制作简单、成本较低，而交互性的可视化手段需要较高的开发成本和技术门槛。同时，数据新闻团队普遍缺少程序员，因而无法对海量数据进行深度挖掘和分析，导致数据新闻中最具优势的类型——调查性报道或预测性报道明显不足，而受众对简单的"图解新闻"也产生了审美疲劳。当供需两侧对低层次的数据新闻都失去新鲜感后，数据新闻"风头"受挫、陷入困境也就在所难免。

数据新闻未来的发展方向，一是数据的深度挖掘与分析处理，二是开发交互式新闻应用。交互式的信息图表能够吸引读者参与内容生产，搭建资讯供需双方的沟通桥梁，增加用户的黏性和忠诚度。从提升新闻品质的角度来说，交互式图表能够拓宽数据展示维度，实现数据新闻的内容扩充，打破时空限制，给人们提供预见性、趋势性的知识或信息。同时，它能够将抽象的数据形象化，揭示隐藏在事实背后的规律，提高社会的整体认知水平。

第三，对社交平台的数据挖掘和利用不足。由于当前的数据开放程度有限，媒体只能更多地依赖公开的、官方的数据来源，它们更容易获得也更加权威。社交平台拥有更加庞大的数据资源，其信息更新速度快，用户身份多元化。但这些数据都被平台企业垄断，而平台企业公开的数据又无法进行验证和比对。如果能够开发和利用好社交平台的数据资源，对于"用户画像"分析、市场细分和精准营销将大有益处，并且也有助于开发更加个性化的新闻产品以及社会化的应用服务。

第四，过度强调趣味性而忽视了新闻性。在将数据转化为可视化数据图表时，应该综合考虑数据特点与新闻内涵，明确数据可视化的必要性，切忌化简为繁。为了追求"可视化"而可视化，无疑是本末倒置。因为并不是所有的新闻都需要可视化处理，传统的新闻叙事依然有很大的生存空间，完全可以和可视化新闻并驾齐驱。一篇优秀的数据新闻必须将独特的新闻点与恰当的可视化手段相结合。例如数据新闻作品《在中国，一条马路怎样才能得到它的名字呢？》①，全文并没有一处数据，实际上并不具备数据新闻的内核。这种滥用，反而削弱了数据新闻的价值基础。

第五，互动性缺失。以澎湃新闻《美数课》为例，其作品可以一键分享到QQ空间、微信朋友圈、豆瓣、微博等热门社交平台，新闻下方还设置了评论区，开辟了多个传播渠道，但从网友评论和浏览量来看，互动效果不佳，一些文章甚至没有留言。我们使用"八爪鱼"软件对《美数课》的评论信息进行抓取，统计结果发现，网友对数据新闻的评论较少，大多是两位数，一些新闻仅有个位数的评论甚至完全没有评论。再看其他媒体的数据新闻，也是与用户互动寥寥。DT财经未设置评论区，信息发布仅仅是制作方的单向传播。影响受众参与的因素很多，综合起来包括：新闻内容无法引起受众的谈论热情（这不完全是因为"曲高和寡"，而主要是因为媒体缺乏用户意识）；评论存在门槛，需要通过注册、绑定手机等方式才可以参与评论，这将一部分参与者挡在门外；用户的评论得不到即时回复；等等。

第六，新闻增值不尽如人意。国内的数据新闻目前做到了动态与静态、平面与立体的有效结合，但没有做到历时性与共时性、整体性与局部性的有机结合。新闻增值需挖掘数据的深层关系，单一的数据是单薄无力的，它只能反映事物的局部特点；只有当多种维度的数据被放在同一个"容器"中，它们之间产生对比、映照时，才能揭示深层信息。历时性与共时性结合，是通过展示纵向与横向、时间与空间的关系及变化，形成各个维度的对照，阐述更加完整的新闻事件。整体性和局部性的结合，要求数据新闻在创作中重视整体与局部的关联，既要让读者了解整个新闻故事的背景、过程、发展趋势等宏观信息，又要让读者在新闻中"看到"自己，认识到新闻"与我有关"、与个人生活和命运相连。所以，数据新闻在叙事结构上，既要注重整体与多元，也要强调特殊性与个性化。所谓"宽视善知"，就是要丰富信息维度，使受众打破"信息孤岛"的封锁，在对数据的深度分析中，得出更接近事实真相的结论。

---

① 在中国，一条马路怎样才能得到它的名字呢？ [EB/OL].（2017-07-15）[2022-12-30]. https://www.thepaper. cn/newsDetail_forward_1733251.

第三节 数据新闻新进展

早期的数据新闻主要是通过可视化图表来呈现数据与事实之间的关系，2018 年以来，借助不同媒体的创新案例，数据新闻出现了一些新的趋势，本节以"全球数据新闻奖"获奖作品为例进行梳理总结。

一、数字地图与"流动空间"的生产

越来越多的数据记者学会了用地图讲故事。数据新闻奖的负责人玛丽安·包查特（Marianne Bouchart）非常重视数字地图的作用。2018 年评出的"最佳数据可视化"奖是路透社的数据新闻作品《生活在难民营》（"Life in the camps"）（见图 2-2）。制作者在地图上标注了难民营的饮水处和厕所的位置，两者离得非常近，有可能造成水体和土壤的交叉污染，从而导致瘟疫、疟疾等传染性疾病流行。

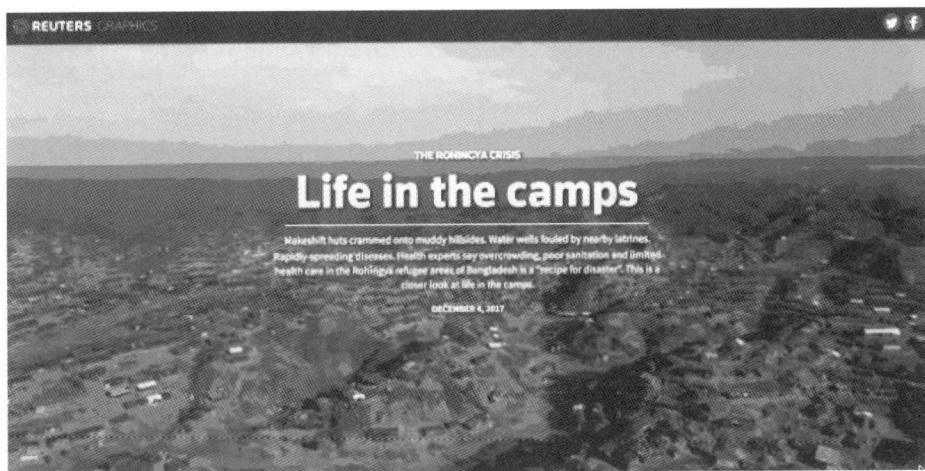

图 2-2 路透社的数据新闻作品《生活在难民营》报道首页

《南华早报》的作品《"一带一路"倡议的五大项目》（"The five main projects of the Belt and Road Initiative"）利用动态地图来展示"一带一路"沿线项目，而且在页面上还开发了一个可交互的小游戏。比如，在《联结中国与欧洲》（"Plugging China into Europe"）的报道页面里，滚动鼠标，就有一个"小火车"的图案出现，一路滚动，"数字小火车"从义乌出发，一路下行抵达伦敦；在鼠标的每次滚动中，"小火车"一站站地行进，左侧窗口会显示相应站点的地理位置、人文信息等，就像游戏里的位置移动一样。[①]这种交互设计让用户产生代入感和新奇感。

今天，我们对数字地图应用已经非常熟悉了。手机里的地图软件清晰地标注了地点信息，让我们获得日常的城市体验。而我们所体验的城市，不再是仅存于物质空间的城市，更是存在于比特世界和原子世界"交互界面"上的城市。[②]借助导航软件，人们学会了使用地图指导行动。数字地图进入我们的视野，而我们也顺理成章地接纳了它。数字地图重新塑造了我们的"空间"观念。过去，人们使用地图时，所有人看到的是同样的地点和分布情况。但今天的数据挖掘算法设计出了个性化地图，用户可以导入自己的信息，或者点击自己感兴趣的地点，最终在数字地图上会呈现不一样的结果。比如，我们在城市不同区域使用数字地图查询最近的加油站或者某个场所，可能每次都会呈现不同的地点信息，这个结果是为我们"量身定做"的，而且能够满足我们此时此刻的需求。这样的城市空间，不仅是流动的，而且是个性化的。在设计和使用数字地图时，数据资源的流动在地理信息空间和实在空间同时发生，而因为浏览和使用引发的"流量"也超出了数字地图，进入实在空间，并且在这个过程中与资本、人和物的"流动"结合，悄然塑造着空间自身的功能。[③]城市不仅按照功能分区，也按照"商业价值"分出了等级。

---

① 2018 数据新闻 5 大最新案例展示数据新闻的发展方向 [EB/OL].（2018-11-21）[2022-12-30]. https://zhuanlan.zhihu.com/p/50478601.
② 秦兰珺. 城市数字地图：POI 数据体制与"流动空间"生产 [J]. 探索与争鸣，2022（2）：74-83.
③ 秦兰珺. 城市数字地图：POI 数据体制与"流动空间"生产 [J]. 探索与争鸣，2022（2）：74-83.

二、无人机新闻："上帝视角"与"通航革命"

无人机如今成了记者的一件绝佳的报道利器。通过无人机可以获得地区性的俯瞰视角，我们也可以称之为"上帝视角"。使用无人机可以搜集和传送实时数据与画面，让我们获得更加立体的现实感知。无人机在城市的使用场景比较多，如航拍、航运、进行遥感定位等。无人机媒介的革命性体现在借助数字技术与无人机技术的结合，形成对城市网络的"数字化建构"。①如《卫报》的数据新闻作品《无路可走：美国的不平等如何影响基础设施的建设》（"Roads to nowhere：How infrastructure built on American inequality"），主要利用无人机镜头，展示城市规划决策如何影响各个社区。

另外，无人机还能深入社区和隐蔽角落进行探查，通过观视网络②、物联网、数据库的连接而实现城市的勾连。城市里正在建设的"数字大脑"等数据中控枢纽，很大一部分数据信息就来自无人机和遍布城市大街小巷的监控探头。这些交通、建筑、人流量、应急处置等图像数据实时传送到数字中枢系统，经过分析和集成后，形成覆盖整个城市的数字化治理网络。此外，无人机的鸟瞰视角往往被誉为"上帝之眼"，它制造了一个具有更大视域、更为抽象的空中观视网络。尤其是在灾难发生现场，它能够突破人类身体的限制，深入现场进行航拍，从而直观地展示新闻真相。我们在 2019 年的巴黎圣母院大火报道中，看到的许多画面都是无人机拍摄的。国内报道如 2015 年的"天津滨海新区爆炸"③、"长江游轮倾覆"和"青岛石油管线爆炸"（2013 年）等事件的相关作品中，都可以看到无人机画面对事件报道的重大意义。研究者指出，"无人机的传播实践，本质上是观视、沟通与数字生产的逻辑叠加"④。它的航拍镜头，能够以数据形式呈现和储存传输影像，同时，作为一种传感器，

---

① 周海晏 . "通航革命"：无人机媒介对城市传播网络的数字化建构 [J]. 华东理工大学学报（社会科学版），2017（6）：101-105.

② 所谓观视网络，即配合无人机搭载的摄像头、街巷道路安装的监控探头等组合而成的集观察、监控、监视等功能于一体的视觉观察网络。

③ 陈杰 . 天津爆炸，上帝视角表达的死寂 [EB/OL]. （2016-02-19）[2022-12-30]. http://news. 163. com/16/0219/03/BG5H3FOM0001125G. html.

④ 周海晏 . "通航革命"：无人机媒介对城市传播网络的数字化建构 [J]. 华东理工大学学报（社会科学版），2017（6）：101-105.

它在航拍过程中还能自动搜集地理位置、气象信息、时间、高度、风速等相关数据。从功能上说，它不仅是麦克卢汉所说的"媒介是人体的延伸"，它自身就能搭建一套包括"眼睛"在内的复杂感觉反馈系统，成为一个"数字化的大脑"。因此，无人机新闻实现的，不仅是更加精确的新闻价值，更重要的是对城市数字化、网络化再现的符号革命。也正因如此，无人机新闻实现了对城市的多中心的网络动态建构[①]，缔造了城市新时空。

三、机器学习

对数据的收集、处理和分析，离不开算法。无论是搜索引擎、应用程序还是编程代码，都要用到各种算法。比如，使用贝叶斯算法对不同收入人群、不同职业群体进行分类；在决策分析中用到的决策树、神经网络等算法技术，能够帮助我们规划交通路线、制定投资战略、进行资源分配等。而算法一旦用于新闻传播领域，也会大放异彩。美国的新闻聚合网站 BuzzFeed News 在一则报道中利用算法筛选采用特定飞行模式的飞机，以揭示侦察机在美国的使用程度。其通过算法匹配数据，发现美国一些州和地方的警察机构会秘密使用侦察机，比如，在棕榈滩沿海岸线巡逻；另外还发现侦察机也被应用于"边界窃听"、军事侦察、缉毒侦察等。[②]该报道项目的负责人为此解释说："如果不使用机器学习来识别飞机，那么许多监控飞机的飞行不会轻易地被发现。目前还很少有将机器学习技术作为新闻叙事的核心技巧的报道，而我们这个项目就是其中之一，这也是它受到重视的原因。"这个报道项目获得了 2018 年全球数据新闻奖的"最佳数据驱动奖"。

当下的很多平台媒介都在使用机器学习技术，实现对用户行为和偏好信息的自动收集，进行精准的"用户画像"，并根据"学习"结果，对用户进行精准的信息推送，从而实现了"千人千面"的个性化信息定制服务，也提高

---

① 边馥苓.时空大数据的技术与方法 [M].北京：测绘出版社，2016：107.

② 2018 数据新闻奖揭晓 这 5 个最新趋势你该了解 [EB/OL].（2018-06-07）[2022-12-30]. https://baijiahao. baidu. com/s/?id=1602586769550474356&wfr=spider&for=pc.

了广告分发的精准度。更不用说电商平台的内容推荐、社交媒体平台的舆情监控等功能[①]，已然全面"接管"了我们的物质和精神生活。基于深度学习算法技术而开发的美颜相机、网络直播等应用，也迎合了我们的自拍、分享和社交等需求。

机器写作也是新闻写作智能化的现实应用之一。机器写作是指利用计算机程序对相应的数据进行抓取、自动生成文本。[②]从本质上来说，它是利用计算机程序"将结构化的数据通过软件自动转化成可叙述性的新闻"，也被称为"软件生成的新闻"。[③]机器写作通过深度学习能够实现自动抓取和分析数据、自动写作、自动生成音视频和自动化发稿，具有秒速出稿、信息精确、内容质量高等优点。[④]美国各大新闻机构如《纽约时报》《华盛顿邮报》《洛杉矶时报》等，纷纷运用写作机器人来辅助编辑进行稿件的写作、筛选、审稿和推送，大大提高了工作效率。目前，关于机器写作的人机交互研究和应用正在向人机协作的深度领域拓展。如，利用AIGC（AI generated content，人工智能生成内容）进行人机协同生产，它在传媒领域的应用场景包括写作机器人、采访助手、视频字幕生成、语音播报、视频集锦和人工智能虚拟主播等，覆盖了采集、编辑、传播等各个内容生产环节，推动了媒介融合的深度发展。

2022 年被称为AIGC元年，AIGC带来了人工智能领域令人震惊的革命。所谓AIGC，是指基于生成对抗网络（generative adversarial networks，GAN）、大型预训练模型等人工智能技术，通过已有数据寻找规律，并通过适当的泛化能力生成相关内容的生产方式。按照模态对AIGC进行划分最为常见，即可分为音频生成、文本生成、图像生成、视频生成及图像、视频、文本间的跨模态生成。[⑤]据《人工智能生成内容（AIGC）白皮书（2022 年）》，人工智能在传媒、电商、影视、娱乐和其他产业领域都开发出了多个应用场景。如

① 杨旦修，王茜芮 . 人工智能传播自动化问题的机制探究 [J]. 青年记者，2022（14）：92-94.
② 史安斌，龙亦凡 . 新闻机器人溯源、现状与前景 [J]. 青年记者，2016（22）：77-79.
③ 李佳，潘卫华 . 人机传播与新闻自动化的研究 [J]. 新闻前哨，2020（11）：99-100.
④ 赵伟 . 人工智能对新闻采编的影响和对策研究 [J]. 中国地市报人，2022（8）：86-87.
⑤ 李白杨，白云，詹希旎，等 . 人工智能生成内容（AIGC）的技术特征与形态演进 . 图书情报知识 2013（1）：66-74.

Jasper. AI公司上线了一款人工智能写作平台，它可以根据简短要短语提示，写出数百字的文本。Wordtune作为一款个人化的写作辅助软件，可以帮助用户处理文本，使之更加清晰、简洁和准确，还可以检查文字错误、标点符号错误、语法问题等，节省了用户的检查时间。而Repl.it正在建立一个AI有限参与的软件开发平台，让人工智能来完成代码开发。① 人工智能的广泛运用，似乎让我们看到了"技术奇点"的到来。如过去认为的人工智能所无法克服的创造力难题，正逐一被突破。据《纽约时报》报道，2022年8月，杰森·艾伦（Jason Allen）的AI绘画作品《太空歌剧院》在美国科罗拉多州博览会上获得数字类作品第一名。

人工智能借助深度学习，不断拓展人机对话的想象空间。2022年12月，聊天机器人模型ChatGPT上线，凭借强大的深度学习算法技术，ChatGPT可以完成流畅对答、写剧本、写代码等各项工作。ChatGPT的问世，让我们看到了通用人工智能AGI（Artificial General Intelligence）高效便利的诸多应用场景，但是也加深了人们对于人工智能未来可能取代人类的担忧。关于这一点，本书第七章将展开重点讨论。

四、虚实交融的新世界：AR/VR技术

AR（augmented reality，增强现实）技术也影响着数据新闻的发展，它是指利用计算机生成逼真的视、听、力、触和动等感觉的交互技术，它借助计算机图形技术和可视化技术产生现实环境中不存在的虚拟对象，并通过传感技术将虚拟对象"放置"在真实环境中，通过显示设备将虚拟对象与真实环境进行无缝融合，为使用者呈现一个感官效果逼真的新环境。② 当然，AR技术是在VR（virtual reality，虚拟现实）技术的基础上研发出来的，不同于虚拟现实技术造就的"模拟"环境，它是通过引入多层次的数字信息，对真实

---

① 中国信通院. 人工智能生成内容（AIGC）白皮书（2022年）[EB/OL].（2022-09-02）[2022-12-30]. http://www. caict. ac. cn/sytj/202209/t20220913_408835. htm.
② 姚皓韵、李培铣. 论增强现实技术对电视视觉语言的丰富 [J]. 现代传播（中国传媒大学学报），2012（9）：149-150.

世界（真实事物）进行丰富和完善，从而实现虚拟和现实的"无缝衔接"，营造一个虚实交融的世界。AR技术也适合于数据新闻的表达方式。它可以结合数据信息的特征，通过对其进行虚拟化处理，使隐藏于新闻背后的叙事逻辑得以更加直观地呈现在受众面前，营造沉浸式观看的效果，同时提高了新闻交互性。[①]如：《纽约时报》2015年与谷歌公司合作投放Google Cardboard（纸板VR眼镜），全球时尚杂志*ELLE*与RYOT公司合作制作增强现实视频，*Vice*杂志与VASE公司合作制作《纽约百万人大游行》，美国广播公司（ABC）与技术公司Jaunt合作制作VR纪录片《亲临叙利亚》，英国增强现实公司Blippar与爱尔兰《地铁先驱报》合作推出利用AR技术创作的新闻报道。[②]上述种种，都解释了新闻生产模式的变革，即媒介融合报道越来越走向跨界深度融合，新型数字化技术以及技术公司深度参与媒介生产过程和媒介产业。具身性、沉浸式、数字化等，将成为未来媒介形态的新特征。

在国内，类似的"试水"报道也已开启。2017年6月26—30日，中央电视台策划的香港回归20周年特别报道《数说香港》也应用了AR技术，连续五天，每天一集，每集五分钟的节目，用高清AR画面展示香港回归以来的发展变化。《数说香港》系列短片在中央电视台新闻频道《朝闻天下》栏目播出后，社会反响非常好。在央视新媒体平台上线后，成为当期"爆款"话题。

AR技术也广泛应用于科技报道中。2019年，中国研制的"嫦娥四号"火箭登陆月球，央视《新闻直播间》《东方时空》等栏目在报道这则新闻时，对于"嫦娥四号"、"鹊桥"等航天设备的运行，使用AR技术进行了虚拟呈现，填补了真实摄像镜头难以捕捉的画面（见图2-3）。在2016年的G20杭州峰会、2018年全国两会期间，浙江卫视精心策划，采用VR技术进行报道，如在《e眼看两会》特别栏目中，使用虚拟人"小聪""小明"与主持人互动，共同播报新闻，形式新颖、生动，丰富了画面元素，也拓宽了新闻传播视域。

---

① 赵萍. 增强现实技术在电视新闻报道中的应用 [J]. 科技传播，2019（9）：78-79.
② 董卫民. 沉浸式新闻（VR/AR）：演进历程、创新路径及行业影响 [J]. 未来传播，2021（4）：41-47，120-121.

图 2-3　嫦娥四号自主着陆月球背面

（图片来源：人类首次！嫦娥四号成功着陆月球背面 嫦娥四号自主着陆全过程[EB/OL].（2019-01-03）
[2022-12-30]. http://tv.cctv.com/2019/01/03/VIDE1bUJGMChwlrr3XWY9XFj190103.shtml.）

五、沉浸式体验：新闻游戏

新闻游戏是在交互层面融入新技术。这种设计能够给用户带来沉浸式体验，让他们有身临其境之感，从而加深对事实的认识和理解。同时，这也是一种更有趣的讲故事的方式，能够让数据新闻以更加活泼、生动的方式呈现事实。另外，考虑到移动端的屏幕尺寸、操作方式等，动静结合的可视化设计、更具个性化的数据嵌入，让新闻和个人发生关联，有助于提高用户参与的积极性。2018年数据新闻奖的"年度最佳数据新闻应用奖"颁发给了英国《金融时报》的新闻作品《Uber 游戏》（"The Uber game"，见图 2-4）。这款游戏是基于对多位Uber司机的采访，记录他们的行车轨迹、上下乘客等生活日常。在游戏中，用户角色被设定为一位全职Uber司机，全程通过对话、选择，推进游戏通关来体验Uber司机的日常。游戏结束后，相应的报道链接也会出现，供用户进一步阅读。①

----

① 新京报传媒研究 . 2018 数据新闻奖揭晓 这 5 个最新趋势你该了解 [EB/OL]. （2018-06-07）[2022-12-30].
https://baijiahao. baidu. com/s?id=1602586769550474356&wfr=spider&for=pc.

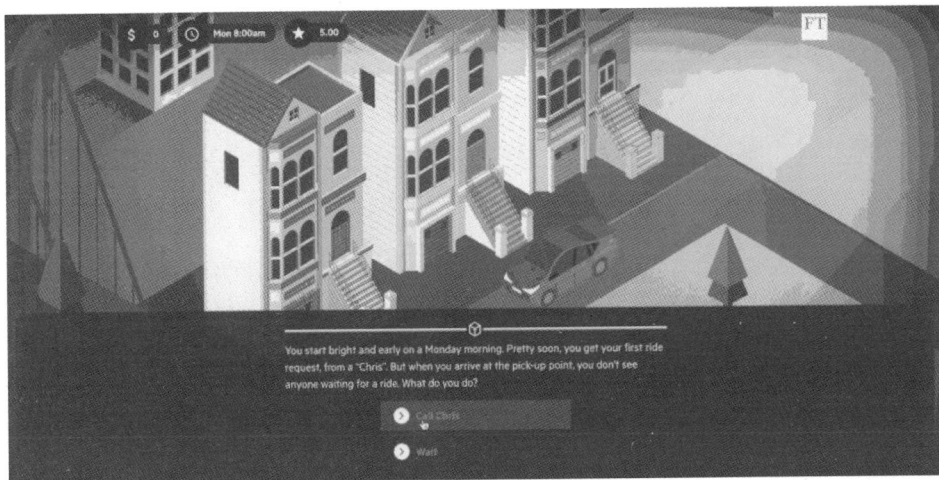

图 2-4 《金融时报》的新闻作品《Uber 游戏》

　　这种新玩法在国内媒体中也有成功案例。2017 年 7 月，正值中国人民解放军建军九十周年，人民日报客户端联合腾讯集团、腾讯微视共同推出在线换装互动 H5 网页游戏——《穿上军装》制作自己专属的军装照（见图 2-5），网友纷纷上传自己的照片，通过后台程序合成个性化的"军装照"，并分享到朋友圈，戏言"穿上军装，接受祖国的检阅"。这款 H5 游戏于 7 月 29 日晚一经推出，浏览量迅猛攀升。7 月 30 日 24 时，浏览量突破 6000 万人次，7 月 31 日上午 10 时突破 1 亿人次，之后呈现井喷式增长。7 月 31 日 17 时，浏览量突破 2 亿人次，8 月 1 日 13 时突破 5 亿人次，到 8 月 2 日，浏览次数累计 8.2 亿人次。①这个"军装照" H5 互动作品收到了非常好的用户反馈，同时还进行了一次爱国教育，可谓一举两得。如今，有越来越多的媒体尝试将报道游戏化，如旅游类报道、文体类报道、赛事活动类报道等，一方面是为了创新"讲故事"的方式，另一方面是希望给用户带来更具吸引力的沉浸式体验。

---

① 8 亿！关于"军装照" H5，人民日报客户端有话说 [EB/OL]．（2017-08-02）[2022-12-30]. http://news. hbtv. com.cn/p/828295. html.

图 2-5　人民网、腾讯微视共同推出的《穿上军装》H5 交互游戏

六、数字化身：虚拟主播已上线

虚拟主播，也可以称作 AI 主播，是指基于计算机图形学、图形渲染、动作捕捉、深度学习、语音合成等技术打造的，在外貌、表演能力、交互能力等方面具有人类特征的主播。[①]2016 年，全球第一位虚拟主播 Kizunaai 在美国最大的视频应用平台 YouTube 上线，凭借可爱的二次元形象，迅速成为全民偶像。2018 年，路透社以旗下雇员、国际体育编辑欧森·夏恩（Ossian Shine）为原型开发了全球首位 AI 强化虚拟体育主播，它是基于真人视频拍摄素材，利用 AI 手段来渲染生成实时的播报画面。[②]同年，新华社和搜狗联手推出了世界上第一个人工智能合成新闻主播"新小浩"（见图 2-6）。此后，虚拟主播开始逐渐入驻各个媒体平台。目前，国内的虚拟主播应用还有央视网推出的包括"康晓辉"在内的虚拟主播团队，新华社在 2019 年全国两会期间推出的"新小萌"，新华智云的"华智云"，《人民日报》的"小晴"，湖南卫视的"小漾"，以及 B

---

① 郭全中，黄武锋. AI 能力：虚拟主播的演进、关键与趋势 [J]. 新闻爱好者，2022（7）：7-10.
② 侯文军，卜瑶华，刘聪林. 虚拟数字人：元宇宙人际交互的技术性介质 [J]. 传媒，2023（4）：25-27，29.

站的诸多虚拟"UP主"等。似乎一夜之间，AI主播遍地开花。这些借助VR技术和计算机技术制造的虚拟媒介形象，有助于增强新闻沉浸感，给用户带来超现实的全新体验。[1]而且，使用虚拟主播具有降低内容制作成本、能提供全天候服务、迅速生成海量视频等优点。

图2-6 新华社的虚拟主播"新小浩"

2021年10月20日，国家广电总局出台《广播电视和网络视听"十四五"科技发展规划》，明确提出要推动虚拟主播广泛运用于新闻播报、天气预报、综艺科教等节目生产。虚拟主播不但出现在媒介节目中，还有向直播电商、教育产业等领域拓展的趋势。各类资本也纷纷向虚拟主播赛道下注。据统计，截至2022年4月，国内虚拟数字人领域的投资总额已超过百亿元。[2]而据量子位智库发布的《虚拟数字人深度产业报告》预计，2030年我国虚拟数字人市场规模将达到2 700亿元。[3]美国、欧盟各国以及中国近几年都增加了在人工智能领域的投资，包括虚拟主播在内的人工智能技术正在世界范围内形成风潮。

七、中国数据新闻大赛

2015年，中国数据新闻大赛启动，旨在推动中国高校新闻传播教育和新闻媒体的数字化转型。首届大赛由西北师范大学承办，2016年第2届大赛由北京师范大学承办。全国数据新闻大赛迄今已经连续举办7届，其影响力和吸引力不断增强，来自高校和业界的参赛者也越来越多，香港地区的高校如香港中文大学、香港浸会大学、香港城市大学等都积极参与，人民网舆情数

---

① 张莉.人工智能时代AI主播发展探究[J].中国地市报人，2022（8）：40-41.
② 郭全中，黄武锋.AI能力：虚拟主播的演进、关键与趋势[J].新闻爱好者，2022（7）：7-10.
③ 侯文军，卜瑶华，刘聪林.虚拟数字人：元宇宙人际交互的技术性介质[J].传媒，2023（4）：25-27.

据中心、北京电视台、澎湃新闻、第一财经、《深圳晚报》等媒体以及沃民高科、北京捷泰天域等技术公司也纷纷加入，为参赛选手提供强大的数据平台。从参赛作品的内容来看，主题由政治、经济等逐渐转向衣食住行，说明数据新闻的普及程度越来越高。从参赛作品的技术水平来看，从简单的可视化图表、动态信息图制作逐渐进阶到个性化、实时更新、可交互图表的设计，数据质量、规模和数据分析水平以及可视化呈现技术不断提高。这些赛事活动推动了传统新闻教育的变革，也推动了传统媒体向新兴媒体的融合转型。

第四节　随实践而勃兴的数据新闻研究

数据新闻研究随着实践的深入而逐渐启动，并随着实践经验和媒体案例的积累而逐步发展。随着越来越多的研究者加入，"数据新闻研究"成为一个热门的学术领域，并带动了相关赛事、研究工作坊和数据新闻教育的兴盛。

一、国外的数据新闻研究文献综述

笔者搜集到的国外关于数据新闻的研究成果，主要为美国哈佛大学数字图书馆论文数据库中能够提供全文下载的期刊文献，出版时间为2019—2022年，共计85篇。发表期刊以*Digital Journalism*、*Sociology Compass*、*Journalism Studies*、*Convergence: The International Journal of Research into New Media Technologies*、*Information*，*Communication & Society*、*Catalan Journal of Communication & Cultural Studies*、*Journalism*、*Journalism Practice*、*Proceedings of the VLDB Endowment* 等美国新闻传播领域的权威刊物为主。笔者对搜集所得文献进行了阅读、整理和分析，发现2019—2022年国外数据新闻研究呈现出以下特点。

第一，讨论数字技术如何改变新闻生产的流程、实践和规范，以及数字技术和新闻业之间的关系。比较有代表性的观点是，在数字技术的支撑下，新闻的风格、信息采集与分发等方面发生变革，以一种新的方式呈现——图表、播客、VR 和 AR、交互页面、数据可视化、沉浸式体验等。这些新的形式使新闻更加个性化，应用性与互动性更强。[1] 新闻媒体正变得越来越依赖技术系统。[2]

重视数字技术的应用是必要的，但是数字技术不会也不应该完全取代传统新闻写作。毕竟，新闻的本质仍然是内容，是"讲故事"，是新闻赋予技术以目的、形式、视角和意义。我们不能过分夸大数据和技术的作用，而混淆了数据和新闻之间的舞台与现实、背景与前景、形式与环境等关系。[3] 数据新闻产品和专业知识不局限于新闻制作，它还有可能与公共机构合作，塑造信息，以吸引更多新闻行业之外的目标受众。[4]

第二，探索数字叙事在移动端和社交媒体应用上面临的压力与挑战。研究者指出，随着移动互联网、数字设备和社交平台的发展，数字叙事（data story-telling，简称 DST）策略广泛应用于社交媒体。社交媒体尤其是 Twitter、Facebook 的普及促进了社交媒体与新闻业的耦合。有近一半的世界人口把社交媒体作为新闻来源。更重要的是，技术变革让更多的普通人参与到新闻生产中。这种变化趋势也让研究者更加关注社交媒体上的数字叙事伦理，如数字鸿沟等问题。[5] 托马索·文图里尼（Tommaso Venturini）和理查德·罗杰斯（Richard Rogers）分析了 Facebook 和剑桥分析公司的数据泄露事件，指出主流社交平台为自己设置了数据保护，限制利用 API（应用程序编程接口）技术访问和使用平台数据，但其自身有可能涉及数据泄露和滥用的问题。平台企业的数据垄断或数据保护，不利于营造数据开放的氛围，也会影响到研究结果的公正性。他们也提醒研究者，应积极探索新的数据来源和

---

[1]　Zelizer B. Why Journalism Is About More Than Digital Technology[J]. Digital Journalism, 2019(3): 343-350.

[2]　Beckett C. New Powers, New Responsibilities: A Global Survey of Journalism and Artificial Intelligence[M]. London: The London School of Economics and Political Science, 2019.

[3]　Baack S. Practically Engaged: the Entanglements Between Data Journalism and Civic Tech[J]. Digital Journalism, 2018(6): 673-692.

[4]　Appelgren E, Lindén C. Data Journalism as a Service: Digital Native Data Journalism Expertise and Product Development[J]. Media and Communication, 2020(2): 62-72.

[5]　Musfira A F, Ibrahim N, Harun H. A Thematic Review on Digital Storytelling(DST)in Social Media[J]. The Qualitative Report , 2022(8): 1590-1620.

数据收集方法，这可能会对研究结果产生积极影响。[①]

第三，分析评估数据新闻对受众和新闻之间的角色与社会关系变化的意义。数据新闻更加关注与政治、公共领域等社会话题的结合，希望利用数据的客观性和透明性改进新闻推动民主的方式。在这种情况下，新闻从业者提升自己的数据技能势在必行，例如编程能力和数据分析能力。[②]

第四，从价值层面思考数据新闻研究的核心问题、研究方法和理论框架。如斯科特·A.埃尔德里奇（Scott A. Eldridge）、克里斯蒂·赫斯（Kristy Hess）等认为，数据新闻研究应该努力成为一个批判性地探索、记录和解释数字化与新闻、连续性和变化的相互作用的学术领域。[③]目前，国际上对于数据新闻的研究已经由内而外，从研究数据新闻的本体要素、结构、功能与方法转为主要研究数据新闻的社会性连接、数据伦理与应用场景问题。[④]

第五，思考新闻业与计算机科学的融合所带来的创新性变化，以及数字新闻学未来的发展潜力。有研究者提出，全球数据新闻的发展和三个因素密切相关，分别是新闻文化、媒体市场结构和政治环境。[⑤]当然，一种乐观的想法认为，数据新闻有助于弥合西方世界与全球其他地区之间的数字鸿沟。西方媒体的数据新闻输出和数据新闻的"谷歌化"未来会成为一个"有趣的"话题。[⑥]这些研究结论的倾向性值得关注——他们自己也毫不讳言。如有人提出，通常来说，与自由媒体模式相关的新闻理念会影响数据新闻成为一种全球范围内的普遍性实践，而不论媒体系统属性如何。未来的数字新闻学研究

① Venturini T, Rogers R. "API-Based Research" or How Can Digital Sociology and Journalism Studies Learn from the Facebook and Cambridge Analytica Data Breach[J]. Digital Journalism, 2019(4): 532-540.

② Bakke P. Mr. Gates Returns: Curation, Community Management and Other New Roles for Journalists[J]. Journalism Studies, 2014(5): 596-606.

③ Eldridge S A, Hess K, Tandoc E C, et al. Navigating the Scholarly Terrain: Introducing the Digital Journalism Studies Compass[J]. Digital Journalism, 2019(3): 386-403.

④ 傅居正，喻国明. 数据新闻的学科建构：演进逻辑、知识图谱与前沿热点——基于美国核心期刊数据库 Web of Science（1992—2018）的文献分析 [J]. 新闻记者，2018（10）：57-69.

⑤ Appelgren E, Lindén C, van Dalen A. Data Journalism Research: Studying a Maturing Field Across Journalistic Cultures, Media Markets and Political Environments[J]. Digital Journalism, 2019(9): 1191-1199.

⑥ Lindén C, Lehtisaari K, Villi M, et al. Helping Hand? It's Google's World of Media and Journalism Now[R]. Washington: The Rise of Platforms: Individual, Institutional, and Governance Questions for Communication Research Conference, 2019.

应该批判性地研究与自由媒体模式相关的新闻理念如何影响其他媒介系统中的数据新闻实践。①因此，对于西方的数据新闻向全球输出的态势，以及西方学者的理论视角和研究框架，我们也要保持一定的警惕和对"拿来主义"的批判精神，不可全盘照搬照用。

除了上述特点，2018年以来的数据新闻研究对于数据新闻教育②、数据新闻伦理等话题也有所涉及。相关案例则有美国人爱德华·斯诺登（Edward Snowden）揭露的"棱镜门"事件、Facebook与剑桥分析公司的数据泄露事件，以及2022年俄乌战争爆发后，西方世界与俄罗斯在社交媒体（尤其是在当下社交媒体逐渐成为人们获得新闻和信息的主要来源的情况下）上发动的舆论战等。研究者意识到，今天我们面临的问题是"数字围攻下的新闻业"，包括数字监控、在线威胁、网络暴力以及旨在扼杀数字新闻的法律等等。它们让记者在网络上面临更多风险，这些风险正在损害自由和公平。③总的来说，国际环境的急剧变化和传统新闻业的衰退，一方面，刺激了公众对新闻信息的需求，但是也使包括数据新闻在内的新闻业实践活动面临空前的挑战；另一方面，启发了全球数据新闻的探索研究，其中不乏可借鉴之处，但是对于西方世界的"理论殖民"，我们也要保持批判性和反思性。

二、国内的数据新闻研究文献综述

在著作方面，笔者在研究过程中收集了30余种关于数据新闻的教材和著作，内容涵盖理论介绍、数据操作指南、数据分析与可视化设计的案例分析等。按时间顺序列示如下：乔纳森·格雷《数据新闻手册》（*The Data Journalism Handbook: How Journalism Can Use Data to Improve the News*，2011），陈为、沈则潜、陶煜波等《数据可视化》（2013），邱南森（Nathan

---

① Appelgren E, Lindén C, van Dalen A. Data Journalism Research: Studying a Maturing Field Across Journalistic Cultures, Media Markets and Political Environments[J]. Digital Journalism, 2019(9): 1191-1199.

② Heravi B R. 3Ws of Data Journalism Education[J]. Journalism Practice，2019(3)：349-366.

③ Fischer S. Journalism Under Digital Siege[EB/OL]. (2022-04-27)[2022-12-30]. https://yuva. info/2022/04/27/ journalism-under-digital-siege-world-press-freedom-day-2022/.

Yau)《数据之美：一本书学会可视化设计》（张伸译，2014），西蒙·罗杰斯《数据新闻大趋势：释放可视化报道的力量》（岳跃译，2015），喻国明、李彪、杨雅等《新闻传播的大数据时代》（2014），方洁《数据新闻概论：操作理念与案例解析》（2015），刘义昆、董朝《数据新闻设计》（姜军、吴宝强译，2015），刘英华《数据新闻实战》（2016），朱洁、罗华霖《大数据架构详解：从数据获取到深度学习》（2016），徐向东《数据新闻：新闻报道新模式》（2017），斯蒂芬妮·D.H.埃弗格林《高效的数据表达》（苏宏元译，2018），王琼、苏宏元《中国数据新闻发展报告（2016—2017）》（2018），吴小坤《数据新闻制作简明教程》（2018），孟笛《媒介融合背景下的数据新闻生产研究》（2018），张伦、王成军、许小可《计算传播学导论》（2018），塔娜、唐铮《算法新闻》（2019），袁帆《中国网络新闻传播领域算法伦理研究：基于"三视角"理论框架》（2021），常江《数字时代的新闻业：文化视角与欧美经验》（2021），黄鸿业《人机交互视角下算法新闻的价值观传播研究》（2022），等等。

在论文方面，笔者以"数据新闻""可视化""算法"为关键词，在中国知网上进行文献检索，起止时间为2012年1月1日—2022年8月31日，得到的搜索结果总计有2739篇。其中期刊论文有2187篇，硕博士学位论文有409篇。期刊发文量统计见图2-7。鉴于数据新闻自2018年以来较之前两年的快速发展开始呈现回落，本书把研究重点放在了这个转折期的变化阶段，试图厘清当前数据新闻研究的关注议题、作者分布、研究热点及趋势分布、思想脉络、理论体系和承继关系，在此基础上分析和评估当下中国数据新闻研究的水平及实力等。

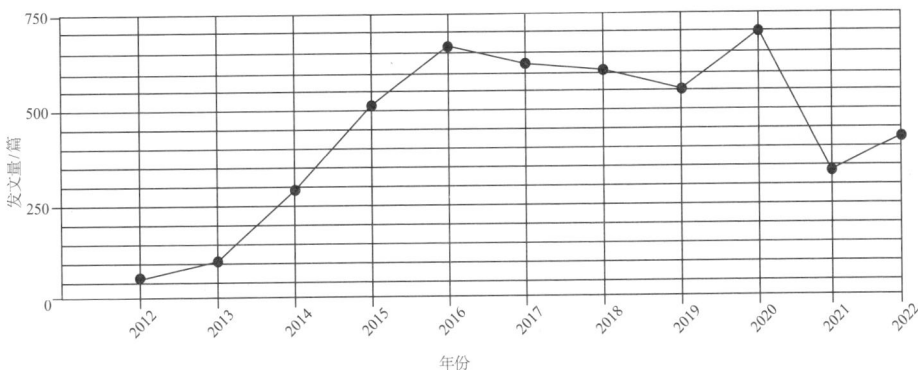

图 2-7　中国知网上以"数据新闻""可视化""算法"为主题的期刊文献发表趋势

经过细致的文献梳理，笔者将近几年来关于数据新闻的国内研究成果概括为以下方面。

（一）对数据新闻理论的梳理及国内外数据新闻实践的介绍和比较

"数据新闻"的概念自 2013 年被引入国内后便迅速引起学者的关注。喻国明等人把数据新闻视为一种全新的报道形态，认为它将成为大数据时代新的新闻范式。[①]文卫华等人从其概念入手，结合《卫报》《纽约时报》《华盛顿邮报》等媒体的具体实践，认为数据新闻在形式上以数据、图表为主，在实际操作中主要通过数据统计、数据分析、数据挖掘等技术手段发现新闻线索，拓展新闻主题的广度与深度，通过形象化、艺术化的形式加以呈现，提供更好的阅读体验。[②]吴小坤等人检索并提取了国外学者关于数据新闻的 59 种定义，将其中的差异归结为研究者对其"工具性"和"价值性"的理解不同，并指出数据新闻概念具有五大特征维度：新闻性、统计性、工具性、生产流程标准化、新闻行业创新性。[③]方洁等人认为，国内媒体推行数据新闻并不滞后，但限于不同的媒介传统和媒介环境，国内的数据新闻实践在经历了此前如火如荼兴起的热潮后开始进入一个发展的瓶颈期，各种掣肘因素逐步显现。从

[①]　喻国明，王斌，李彪，等 . 传播学研究：大数据时代的新范式 [J]. 新闻记者，2013（6）：22-27.

[②]　文卫华，李冰 . 大数据时代的数据新闻报道：以英国《卫报》为例 [J]. 现代传播（中国传媒大学学报），2013（5）：139-142.

[③]　吴小坤，夏晓晓 . 数据新闻理论发展报告 [M]// 武汉大学数据新闻研究中心 . 中国数据新闻发展报告（2016—2017）. 北京：中国社会科学文献出版社，2018：20-21.

政府到社会，对于开放数据的认可度偏低，且在数据处理方面的专业性程度不高。另外，数据新闻在产品运营层面也需要开拓更多的思路和空间。[①]

围绕数据新闻的实践和影响，国内学者把重点放在对媒体实践和相关作品的跟踪、研读和分析上。例如，通过对财新网《数字说》、新华社《数据新闻》、网易《数读》、中央电视台的"'据'说"系列、澎湃《美数课》，两会数据新闻、《人民日报》的大数据新闻应用等数据新闻实践及其作品进行案例分析，试图归纳数据新闻的应用特征、叙事策略和操作手法等。又如，基于全球数据新闻奖获奖作品，对中外数据新闻实践及其作品进行对比分析，寻找数据新闻制作的规律、实践差异与差距等。

（二）探讨新技术对数据新闻的影响

中外研究者将数据新闻的起源都指向了 20 世纪六七十年代由美国学者菲利普·迈耶倡导的精确新闻学，以及始于 20 世纪 50 年代、普及于 70—80 年代、全盛于 90 年代的"计算机辅助新闻报道"，认为其将计算机技术和互联网信息采集与分析技术引入新闻报道领域，成为调查性报道的有力武器。[②] 此外，VR 技术、传感器、无人机航拍和机器写作技术等被陆续引入新闻报道领域，在数据采集、分析和制作方面大大提升了新闻信息的加工和制作能力。技术上的每一次进步都推动着物质生产和精神生产（包括新闻生产）的发展。[③] 数据新闻中对开源软件的应用使其不仅以软件形式构成新闻实践的技术基础，更以一种文化的形式渗透至数据新闻生产与传播的整个过程。围绕开源所形成的诸如透明化、糅合以及众包等实践也形塑着数据新闻的生产。[④] 无人机传播意味着城市"通航革命"，从观视网络、物联网络和数据网络上实现了城市的"通达"，从而带来更加广阔的新闻视野。[⑤] "传感器新闻"让我们

---

① 方洁，胡杨，范迪．媒体人眼中的数据新闻实践：价值、路径与前景——一项基于七位媒体人的深度访谈的研究 [J]．新闻大学，2016（2）：13-19.
② 苏宏元，陈娟．从计算到数据新闻：计算机辅助报道的起源、发展、现状 [J]．新闻与传播研究，2014（10）：78-92，127-128.
③ 许向东．数据新闻：新闻报道新模式 [M]．北京：中国人民大学出版社，2017：207-220.
④ 钱进．作为开源的数据新闻 [J]．新闻大学，2016（2）：6-12，19，146.
⑤ 周海晏．"通航革命"：无人机媒介对城市传播网络的数字化建构 [J]．华东理工大学学报（社会科学版），2017：101-105.

从蝉鸣报道中看到了公众如何参与环境生态建设。传感器作为一种非生物传感技术，有可能成为新的入口，与各个行业相连接，构建万物互联的生活方式与新的生态系统。[①]而 VR、AR 技术在新闻报道中的应用，为使用者呈现了一个感官效果更加逼真的新环境，给包括电视在内的视觉新闻带来了新的发展契机。[②]自动化新闻依托机器学习、深度学习以及自然语言处理等算法技术实现了自动化的数据挖掘、内容生成和算法推荐，推动了人工智能传播。[③]虚拟主播在媒体中的应用场景越来越广泛，降低了制作成本，重构了新闻内容生产、发布和用户互动的全流程，也能够弥补互联网垂直媒体的内容短板。[④]

（三）探讨数据分析与可视化设计的方法和叙事策略

数据挖掘和分析是数据新闻制作的重点。有学者分析了数据新闻可视化设计步骤，就其中的新闻数据获取、数据分析和知识挖掘、可视化设计与艺术设计优化实践方案等展开论述，探讨了未来的发展模式和创新途径。[⑤]也有学者关注数据新闻的叙事策略，认为随着计算机、数据处理软件深度参与到数据新闻叙事活动，数据新闻叙事融科学研究方法、数据挖掘技术和数据可视化艺术于一体，使数据新闻的叙事方式呈现多元化趋势。[⑥]还有学者从算法角度，就新闻中的聚类算法[⑦]、个性化新闻推荐和协同过滤技术[⑧]、新闻话题检测[⑨]等进行了深入的研讨和思考。

---

① 杨溟.黑森林的诱惑：作为理念和方法的传感技术传媒应用探索 [M]// 弗格斯·皮特.传感器与新闻.章于炎，等编译.北京：北京大学出版社，2017：16-17.
② 帅俊全.AR 技术在电视新闻报道中的应用 [J].中国出版，2018（14）：58-60.
③ 杨旦修，王茜芮.人工智能船舶自动化问题的机制探究 [J].青年记者，2022（7）：92-94.
④ 郭全中，黄武锋.AI 能力：虚拟主播的演进、关键与趋势 [J].新闻爱好者，2022（7）：7-10.
⑤ 雷刚，王梦珂，陈为龙.实时数据新闻的生成逻辑：知识挖掘与可视化设计 [J].装饰，2019（3）：88-90.
⑥ 陆朦朦.数据新闻互动叙事策略研究：基于 2014—2018 年全球数据新闻奖获奖作品的分析 [J].出版科学，2019（1）：92-98.郭嘉良，倪方.转向与重塑：数据驱动语境下数据新闻的叙事机制研究 [J].东岳论丛，2021（10）：110-120.张军辉.从"数字化"到"数据化"：数据新闻叙事模式解构与重构 [J].中国出版，2016（8）：39-43.
⑦ 刘晓琳，曹付元，梁吉业.面向新闻评论的短文本增量聚类算法 [J].计算机科学与探索，2018（6）：950-960.
⑧ 陶永才，李俊艳，石磊，等.基于地理位置的个性化新闻混合推荐研究 [J].小型微型计算机系统，2016（5）：943-947.吴彦文，齐旻，杨锐.一种基于改进型协同过滤算法的新闻推荐系统 [J].计算机工程与科学，2017（6）：1179-1185.黄贤英，熊李媛，李沁东.基于改进协同过滤算法的个性化新闻推荐技术 [J].四川大学学报（自然科学版），2018（1）：49-55.
⑨ 李琮，袁方，刘宇，等.基于 LDA 模型和 T-OPTICS 算法的中文新闻话题检测 [J].河北大学学报（自然科学版），2016（1）：106-112.

（四）探讨数据新闻实践中的法律问题和算法伦理问题

学者的忧思主要集中在大规模的数据收集所带来的隐私泄露和信息安全问题[①]，此外还有数据新闻合作作品著作权归属的问题[②]，数据新闻生产中的专业规范确立的问题[③]。舍恩伯格警告说，大数据的滥用可能会形成"数字化监狱"，从而限制人们的信息自由和隐私权。另外，数字遗忘权问题也应该得到正视。[④]近几年，学界对于"信息茧房"和"算法控制"等问题也有较多讨论。[⑤]算法新闻的崛起，将在受众认可度、媒体接受度、新闻传播业态及新闻伦理与法规等方面带来挑战[⑥]，由此也引发了人们对于算法黑箱、算法权力和算法偏见、算法伦理和数据正义等的担忧。[⑦]有人认为，基于个人"兴趣"进行个性化推送所造成的"信息茧房"会让人闭目塞听，社交媒体会加深"信息窄化"的程度。[⑧]算法对人的主体性的无形操纵，使现代人沦为"算法囚徒"。[⑨]而且，人工智能将会带来另一个关于"行动者"的问题。智能机器人进入内容生产领域，建立起人机合作的内容生产网络，而且成为社会决策与创新的建构性力量。机器生成内容成为一个事实"黑箱"。未来的内容协同生产和媒介治理将实现人与机器的责任共担和风险共治。[⑩]关于信息风险治理，有学者提出可以在"探索—开发"视域下按大数据人工智能2.0的目标对"信息茧房"进行矫治。[⑪]

---

① 郝自飞.跨平台获取数据与信息孤岛、数据信息安全、资源共享问题的探讨[J].信息与电脑（理论版），2018（1）：197-199.

② 刘建.数据新闻合作作品著作权归属的困境及其破解[J].出版发行研究，2018（9）：80-83.

③ 禹卫华，吴湛微.数据新闻生产规范化的关键问题与进路[J].编辑之友，2017（8）：72-75.

④ 维克托·迈尔-舍恩伯格.删除：大数据取舍之道[M].袁杰，译.杭州：浙江人民出版社，2013：232-233.

⑤ 范红霞，孙金波.大数据时代算法偏见与数字魔咒：兼谈"信息茧房"的破局[J].中国出版，2019（10）：60-63.

⑥ 吴锋.规制与革新：2018年传媒政策的逻辑主线及趋势前瞻[J].编辑之友，2019（1）：5-9.

⑦ 方师师.算法如何重塑新闻业：现状、问题与规制[J].新闻与写作，2018（9）：11-19.张淑玲.破解黑箱：智媒时代的算法权力规制与透明实现机制[J].中国出版，2018（7）：49-53.赵瑜.人工智能时代新闻伦理研究重点及其趋向[J].浙江大学学报（人文社会科学版），2019（2）：100-114.

⑧ 刘华栋.社交媒体"信息茧房"的隐忧与对策[J].中国广播电视学刊，2017（4）：54-57.

⑨ 彭兰.假象、算法囚徒与权利让渡：数据与算法时代的新风险[J].西北师大学报（社会科学版），2018（5）：20-29.

⑩ 张微，彭兰.示能、转译与黑箱：智能机器如何颠覆与再建内容生产网络[J].新闻与写作，2022（12）：75-85.

⑪ 丁晓蔚，王雪莹，胡菡菡.论"信息茧房"矫治：兼及大数据人工智能2.0和"探索—开发"模式[J].中国地质大学学报（社会科学版），2018（1）：164-171.

（五）分析与比较国内外数据新闻教育

国外的数据新闻教育是由社会组织和高等院校来共同推动的。2014年，美国奈特基金会（Knight Foundation）筹备了网络公开课，满足未受过数据分析专业训练的新闻从业者的学习需求。欧洲新闻中心上线了数据新闻公开课，面向记者群体讲授记者如何使用数据新闻来提高报道水平。密苏里大学新闻学院经常组织各类数据新闻训练营，旨在促进新闻从业者之间的交流和技能提升。同时，美国一些成功的数据新闻团队如ProPublica也定期举办数据新闻工作坊，面向记者和感兴趣的研究者讲授数据新闻分析方法和可视化设计及编程知识等。[①]根据实证研究的数据，在100所美国新闻院校中，开设数据新闻相关技能课程的院校占半数以上，主要侧重于培养可视化技能；已开设的数据新闻课程以短期工作坊、单一导论型课程为主，其中传统新闻教育名校的数据新闻课程体系设置较为完备，起到了一定的示范引领作用。[②]

国内的数据新闻教育方面基本上是按照"由术入学"的发展路径，将国内外媒体的数据新闻实践经验加以总结和归纳，引入学术研究和课堂教学中。黄志敏等人通过对中美两国25名数据新闻教师和10名学生的访谈与深度调查，得出如下结论：当前国内数据新闻教育中存在课程定位不明确、课程设置缺乏系统性、目标定位和师资力量不一致、地域差异明显等问题。[③]方洁比较了国内外数据新闻的发展状况，指出美国、英国目前是数据新闻教育水平最高的国家，且已经形成了较完善的教学体系（以美国为代表），而在南美洲、亚洲、非洲的一些国家和地区，数据新闻教育只是刚刚起步。这种地域之间的发展不平衡，使得教育资源出现了由美国、英国等国家向其他国家和地区流动的现象，使美国、英国以实践为导向的数据新闻教育模式向全球输出，成为一种主导性的教育潮流。[④]

① 许向东. 对中美数据新闻人才培养模式的比较与思考 [J]. 国际新闻界，2016（10）：100-110.
② 申琦，赵鹿鸣. 审慎前行：美国数据新闻人才培养现状研究——基于美国新闻和大众传播教育认证委员会（ACEJMC）100所新闻院校的实证分析 [J]. 新闻记者，2018（2）：39-45.
③ 黄志敏，王敏，李薇. 数据新闻教育调查报告 [J]. 新闻与写作，2017（9）：17-24.
④ 方洁，胡文嘉. 数据新闻教育的全球实践：特点、掣肘与趋势 [M]// 武汉大学数据新闻研究中心. 中国数据新闻发展报告（2016—2017）. 北京：中国社会科学文献出版社，2018：187.

三、小结

从研究水平来说，与国外数据新闻研究相比，中国的数据新闻研究尚处于"跟随式"的效仿阶段，存在研究议题过于集中、关联分析较少、研究角度和方法较为单一等问题。[①]但是，自2018年以来，在中国融媒体实践的大力推动下，数据新闻实践呈现出多元融合、扬长避短、智能化转向等特点。有鉴于此，本书的首要任务是丰富数据新闻理论的研究价值，同时对媒体实践中为研究者所忽略的环节如数据交易、算法技术等问题也有所涉猎。希望本书的研究成果能够在研究视角和议题开拓方面稍作推进，对当前数据新闻研究的知识图谱有所补益。

---

① 傅居正，喻国明. 中外数据新闻研究的滥觞与发展：学科谱系的比较——基于 CiteSpace 知识图谱的可视化分析 [J]. 西安交通大学学报（社会科学版），2019（1）：111-120.

第三章

010101010101010101010101010101010101

数据开放：
我国的数字实践与规制路径

第一节　数据开放及数字政府建设

数据开放，主要是指公共数据开放。其含义为公共管理和服务机构面向自然人、法人和其他组织提供具备原始性、可机器读取、可供社会化再利用的数据集的公共服务。[①]而政府数据开放是公共数据开放的重要组成部分。[②]数据开放由政府信息公开制度而来。其目的在于提升政府的透明度和公信力，增强公众的社会参与感，进而激发社会力量参与公共数据的开发利用，优化数据要素的市场化配置，提升公共数据的资源价值。

美国是最早进行信息公开立法的国家。1966 年，美国政府颁布了《信息自由法》。而在肇始于 2009 年的数据开放运动推动下，美国政府推出了一个政府数据开放平台"Data.gov"，全球公共数据开放运动正式开启。2011年，美国、英国、挪威、巴西、墨西哥、印度尼西亚、菲律宾和南非等 8 个国家联合签署《开放数据声明》，成立开放政府合作伙伴（Open Government Partnership，简称OGP）组织。[③]截至 2021 年 6 月，全球共有 78 个国家加入。从 2017 年开始，美国加强了数据基础设施的建设，在第三轮国家行动计划中，进一步完善数据开放指南。此后，欧洲的法国、德国、英国、爱尔兰以及澳大利亚等国也纷纷推出了政府数据开放计划。目前，全球有超过 150 个

[①]　高丰. 开放数据：概念、现状与机遇 [J]. 大数据，2015（2）：9-18.
[②]　王新明，桓德铭，邹敏，等 . 我国公共数据开放现状及对策研究 [J]. 江苏科技信息，2021（25）：40-43.
[③]　Open Government Partnership. Members[EB/OL]. (2021-06-29)[2022-12-30]. https://www. opengovpartnership. org/our-members/.

国家或地区搭建了政府数据开放门户网站，全球数据开放运动渐成趋势。

我国在 2007 年颁布了《中华人民共和国政府信息公开条例》，将信息公开确立为一种常态化制度。随着大数据技术和数字化建设的推进，我国将政府数据开放纳入"数字政府"的建设体系。2015 年颁布的《促进大数据发展行动纲要》《中共中央、国务院关于构建更加完善的要素市场化配置体制机制的意见》均明确提出，要加快政府数据的共享开放；2021 年颁发的《中华人民共和国数据安全法》明确规定，政务数据公开要及时、准确，制定政务数据开放目录，构建统一规范、安全可控的政务数据开放平台；2021 年发布的《中华人民共和国国民经济和社会发展第十四个五年规划和 2035 年远景目标纲要》单列"加强公共数据开放共享"一节，作为加快数字化发展、建设数字中国、提高数字政府建设水平的重要举措。据《2020 年联合国电子政务调查报告》，我国电子政务发展指数国际排名从 2018 年的第 56 位上升到 2020 年的第 45 位，达到"非常高"的水平，表明中国正积极推动数字政府的建设；特别是作为衡量国家电子政务发展水平核心指标的在线服务指数升至 0.9059，指数排名提升到全球第 9 位。[1]

公共数据开放程度是衡量数字政府发展水平的指标之一。为评估和提升政府公共数据开放能力，从 2017 年开始，复旦大学数字与移动治理实验室开始定期发布《中国地方政府数据开放报告》和"中国开放数林指数"，后者是我国第一个综合评价地方政府开放水平的指数，其评价结果具有一定的权威性。[2]同时，我国政府在"十四五"规划中确定城市数字化转型战略，将"电子政务"和"数字政府"作为建设目标，在智慧城市的发展目标中，把数字治理作为城市赋能的重要手段，将数字技术广泛融入城市管理的各领域，数字化手段应用的领域和场景日益丰富。另外，新冠疫情暴发以来，推行"健

---

① 杨光，卫婧. 联合国调查报告：我国电子政务发展指数排名跃升至历史新高 [EB/OL].（2020-07-26）[2022-12-30]. https://baijiahao.baidu.com/s?id=1673274826768413621&wfr=spider&for=pc.
② 张晓娟，莫富传，王意. 政府数据开放生态系统的理论、要素与模型探究 [J]. 情报理论与实践，2022（12）：42-49.

康码"成为数字治疫的典型代表。①各地公共数据开放平台相继开设疫情数据专题，将卫生健康类数据作为开放的重点。此后又上线了"行程码""核酸码"等小程序，便于政府部门及时掌握重点人群的健康状况、行程信息，加强社会面的防疫治理。但是，执行过程中也暴露出部分问题，如数据碎片化、低容量、利用率低、共享程度低，隐私信息脱敏不足，部分信息未能及时更新，以及存在数据安全风险等。这些问题在数字政府建设过程中必须重点解决。

数据还是新经济的重要生产要素和流通资源，但是目前中国的数据开放共享程度不够，数据交易市场不活跃，数据行业竞争力不足。根据国家工业信息安全发展研究中心测算，2020 年中国数据市场规模不到 545 亿元。2021年《全球大数据分析支出指南》显示，全球大数据及分析市场份额将达到2157 亿美元，其中，美国占 51%，而中国仅占 5.5%。同时，国内数据市场份额也远远低于传统要素市场份额。全国目前已经建成超过 30 家大数据交易所或大数据交易中心，包括贵州、浙江、上海、北京、江苏、武汉、吉林、深圳等地。但交易并不活跃，不同交易市场之间的数据流通性不强、融合度不高。②再次，数据企业规模小、层次低，缺乏竞争优势。据统计，截至 2021年 7 月，全球 28 家大数据"独角兽"企业中，中国仅有 3 家，而美国有 19家。③2020 年，"国内金融数据服务商东方财富、同花顺、大智慧年收入分别为 82 亿元、28 亿元、7 亿元，而汤森路透年收入在 60 亿美元左右，彭博终端销售收入也超过 70 亿美元"④。

无论是数字政府、数字城市的建设，还是数字经济的崛起，都离不开数据、技术和业务的共享、互联和互通。我国政府在"十四五"规划中明确提

---

① 李月，曹海军 . 省级政府数字治理影响因素与实施路径：基于 30 省健康码应用的定性比较分析 [J]. 电子政务，2020（10）：39-48.

② 许伟，刘新海 . 中国数据市场发展的主要障碍与对策 [J]. 发展研究，2022（7）：45-52.

③ 35 家大数据独角兽完整名单 [EB/OL]. （2022-03-27）[2022-12-30]. https://www. failory. com/ startups/big-data-unicorns.

④ 刘新海：数字经济中的数据产业发展趋势 [EB/OL]. （2022-03-24）[2022-12-30]. https://www. 01caijing. com/article/317350. htm.

出要加快数字化发展，"建立数据资源产权、交易流通、跨境传输和安全保护等基础制度和标准规范"，"扩大基础公共信息数据安全有序开放"，"构建统一的国家公共数据开放平台和开发利用端口"。毫无疑问，数据开放和共享是建设数字政府的核心问题，但是当前我们并没有建立起良好的数据共享机制，政府部门存在数据垄断、数据平台之间缺乏沟通协作，导致数据壁垒长期存在，"信息孤岛""数字鸿沟"等现象常见，这是对数据资源的极大浪费。[①]比如，国内数据主要掌握在政府、国有企业和平台型企业手中，集中度比较高，但开放共享程度较低。[②]又如，在新冠疫情流行的 3 年间，各省区市之间的核酸检测结果不能完全做到互信互认，感染者的行程无法精确溯源。"健康码"管理的初衷是"一码通行全国"，但是实践过程中仍然是每个省都开发了自己的属地健康码，甚至后面还推出了"行程码""场所码""核酸码""通行码"等，层层加"码"在无形中增加了治理成本，使得精准防疫和便民服务之间难以实现良好的对接、协调。

在数据开放层面，目前我国还存在数据开放发展不均衡和"数字壁垒"的问题。东南部沿海地区、川贵地区的公共数据开放水平相对较高，而乡村和偏远地区还存在未打通"最后一公里"的问题，乡村数据接入和共享难题妨碍了公共数据流通和共享开放。在社会治理领域，当前各地政府的政务数据缺乏统一的开放共享平台，获取渠道单一，能够获得的数据颗粒度、时效性也不佳。海关、企业注册、税务、通信、医疗、交通、信用、社保等不同领域的数据很难相互打通，大数据优势难以发挥。[③]这些问题在无形中增加了政府的行政成本，不利于开展数字化治理。

伴随着政府数据开放的日渐制度化、常态化，数据治理也成为一个时代命题。数据开放是一项非常复杂的社会事务，涉及制度与实践层面的政策法规、组织架构、数据平台等，多个要素相互关联，需要系统化指导。而数据

---

① 方军，张国祥. 国内数字政府研究进展与展望：基于 CNKI 的文献计量分析 [J]. 成都大学学报（社会科学版），2022（4）：36-46.

② 许伟，刘新海. 中国数据市场发展的主要障碍与对策 [J]. 发展研究，2022（7）：45-52.

③ 许伟，刘新海. 中国数据市场发展的主要障碍与对策 [J]. 发展研究，2022（7）：45-52.

开放过程中涉及的机制、流程、权属和利益分配等诸多问题，都需要进行精细的考量和建构。数据治理研究也成为数据开放进程中的一项时代课题。政府和学术界都寄望于"数据治理提供的信息管理与公共管理兼具的力量和方法论，可帮助拓展深化数据管理内涵、方法与行动内容"[①]。有研究者提出了"政府数据开放生态系统"的概念，指的是数据生产者、数据利用者和数据消费者等三大主体在政策和数据技术等外部环境的制约与支持下相互作用的良性运转的动态系统。[②]因此可以说，它是以政府开放数据为中心形成的数据人之间、数据人与数据生态环境之间相互联系、相互作用而形成的有机整体。[③]其中，数据资源、相关主体和环境是数据开放生态系统的主要构成要素。

此外，数据开放作为互联网互联互通原则的题中应有之义，在实践过程中暴露出来的数据垄断、外链屏蔽、算法滥用等现实问题也引起了政府和社会的共同关注。对于部分超大型网络平台企业实施的外链屏蔽行为，目前学术界都对此提出了明确的反对意见，认为这种商业竞争行为"在一定程度上妨碍了数据的流通和共享，限制了用户的自主选择权"[④]，必须加以约束和规制。[⑤]我国 2020 年 3 月发布的国家标准《信息安全技术—个人信息安全规范》（2020 年版）明确规定："收集个人信息，应向个人信息主体告知收集、使用个人信息的目的、方式和范围等规则，并获得信息主体的授权同意"；"收集个人生物识别信息前，应单独向个人信息主体告知收集、使用个人生物识别信息的目的、方式和范围，以及存储时间等规则，并征得个人信息主体的明示同意"。2021 年 8 月 17 日，国家市场监管总局公布《禁止网络不正当竞争行为规定（公开征求意见稿）》，其中第 18 条规定："经营者不得针对特定信息服务提供商，拦截、屏蔽其信息内容及页面，频繁弹出的对用户造成干扰

① 周文泓，吴琼，田欣，等 . 美国联邦政府数据治理的实践框架研究：基于政策的分析及启示 [J]. 现代情报，2022（8）：127-135.
② 毕瑾 . 基于数据生态系统的我国开放政府数据可持续发展研究 [D]. 太原：山西大学，2019.
③ 赵需要，侯晓丽，徐堂杰，等 . 政府开放数据生态链：概念、本质与类型 [J]. 情报理论与实践，2019（6）：22-28.
④ 殷继国 . 互联网平台封禁行为的反垄断法规制 [J]. 现代法学，2021（4）：145-148.
⑤ 郭传凯 . 互联网平台企业封禁行为的反垄断规制路径 [J]. 法学论坛，2021（4）：81-89.

的信息以及不提供关闭方式的漂浮、视窗等信息除外。"2021 年 9 月 9 日，工信部召开了"屏蔽网址链接问题行政指导会"，要求各平台限期内按标准解除外链屏蔽。2021 年 10 月 29 日，国家市场监管总局公布的《互联网平台落实主体责任指南（征求意见稿）》第 3 条明确规定："超大型平台经营者应当在符合安全以及相关主体权益保障的前提下，推动其提供的服务与其他平台经营者提供的服务具有互操作性。"2021 年 6 月 10 日，全国人大常委会通过的《中华人民共和国数据安全法》以法律形式明确"鼓励数据依法合理有效利用，保障数据依法有序自由流动"的实践原则。在政策和法律规制的指导和约束下，平台企业开始就解除外链屏蔽、实现平台互联互通，迈出了具有实质性意义的步伐。

在学者看来，数据开放和共享是实现互联网互联互通的核心内容。①数据开放和共享还涉及数据接口、应用程序和网络服务的开放共享以及互操作等技术和业务问题。但作为底层架构和核心问题，实现数据开放共享、自由流通仍然是我们当前和今后面临的复杂难题。数据安全、平台协同垄断、网络攻击、中小型平台无序竞争等长期存在及潜在的问题，虽然是当下影响数据开放的现实壁垒，但不能因此否认互联互通是未来大势所趋。从现有的解决方案来看，有研究者提出，"基础设施层如操作系统应实现强互联互通，应用层如 App 应实现中互联互通，数据层则应坚持弱互联互通"②。还有研究者提到，可以利用区块链技术加强数据保护。以区块链为基础的智能合约可以按照预定程序和条件自动执行，从而简化了审查程序，提高了运行效率，有助于在社会公众、市场以及政府机关内部搭建协同治理的数据开放平台，实现政府底层数据的互联互通，有助于打破"信息孤岛"现象。③国外已经有不少国家利用区块链技术进行身份数据管理和证明、政府数据保存、土地数据登记等。④国内则主要将之用于政务和司法领域的数据存证和取证等方面。此外，

---

① 殷继国，唐渊明．论互联网平台互联互通的法治保障 [J]．竞争政策研究，2022（4）：17-33．
② 任晓宁．互联互通下一步：边界和未来在哪里 [N]．经济观察报，2021-10-25．
③ 童云峰．应用区块链技术开放政府数据的原则和规则 [J]．行政法学研究，2023（1）：154-165．
④ Dimitropoulos G. The Law of Blockchain[J]. Washington Law Review, 2020(3): 1117-1192.

还可以结合区块链技术在资产确权、交易等方面的优势，在内容创作领域为平台创作者提供存证服务和版权登记，为各类垂直行业及个人用户提供优质数字版权。譬如说，一旦该技术铺开应用，今后可杜绝如 2022 年一汽奥迪发布的"小满广告"涉嫌抄袭其他作者文案的侵权现象。如果将区块链技术应用于算法领域，从某种程度上来说，也许有助于提高算法的透明度。区块链技术是分布式数据存储、点对点传输、共识机制、加密算法等计算机技术的新型应用。[①] 其最大的特点是分布式存取以及去中心化的交付体系，能够破除集约式的信息垄断或封锁，有助于实现信息与算法的公开、透明、自由查询和传输。同时，区块链可以借助"时间戳"技术有效实现溯源和验证，通过全网记账节点将算法单打包、广播和公开发布，推动同行和公众都参与到对算法技术的生产和监督中。[②]

从实践层面来说，浙江省在区块链产业方面走在了全国前列。2019 年 3 月 20 日，浙江省政府印发了《浙江省未来社区建设试点工作方案》，提出了人本化、生态化和数字化三大价值目标，将区块链技术从最初的金融领域延伸开来，构想并应用于政务、交通、低碳、社会治理、教育科研、建筑、健康食品溯源、创业和社区服务等九大现实场景中，让数据更直观易读，让数据创造财富，让数据实现高效治理和社会公平。[③] 总之，在数据开放与数据治理模式上，理论界和实务界可以加强合作，共同探索一条适合中国国情的数据开放道路。

从技术层面来说，数据安全防护不可能做到"毕其功于一役"。国内外近年频发的数据抓取事件、流量劫持事件，说明数据安全事关国家安全、国民经济命脉和重大公共利益等。此外，个人层面的隐私侵害等数据安全问题，也必须引起足够的重视。在美国立法中，数据保护涉及数据隐私领域（即如

---

① 工信部. 中国区块链技术和应用发展白皮书 [EB/OL]. （2016-10-18）[2022-12-30]. http://www. 199it. com/archives/526865. html.
② 袁帆. 中国网络新闻传播领域算法伦理研究：基于"三视角"理论框架 [M]. 北京：中国书籍出版社，2021：191-192.
③ 浙江：未来社区以人为本 [EB/OL]. （2020-08-31）[2022-12-30]. https: //baijiahao. baidu. com/s?id=1676515809021349530&wfr=spider&for=pc.

何控制个人数据的收集、使用）以及数据安全领域（即如何保护个人数据免受未经授权的访问与使用，以及如何解决未经授权访问的问题）。例如，美国2022年6月3日发布的《数据隐私和保护法（草案）》明确规定了消费者的数据权利，包括个人数据所有权和控制权、同意权和拒绝权。美国的数据保护法案重视对个人数据权利的保护，在立法中采用规范性立法，为个人提供法律救济方式，具有一定的借鉴意义。

我国已经初步建立起包括《中华人民共和国网络安全法》《中华人民共和国数据安全法》和《中华人民共和国个人信息保护法》等在内的数据安全治理法律体系，但是很多法律条文有待细化和健全。[①]当面临数据安全和开放共享的矛盾时，现有规定中存在模棱两可、权属不清的地带，如何权衡取舍，做到公正平衡，是一个司法难题，某种程度上也是数字治理的困境。

2021年11月14日，国家互联网信息办公室发布了《网络数据安全管理条例（征求意见稿）》，提出建立"数据分类分级保护制度"，根据数据级别，分别采取不同的保护措施。这一制度设计，将有助于实现精准保护，加快一般数据的开放和共享。同时，该意见稿针对个人数据、商业数据和公共数据分别规定了不同程度的开放义务，或可解决一部分现实问题。

第二节　数据交易：数据价值化与国内数据要素市场的发展

21世纪被称为数字化社会，数字经济也随之勃兴。就当下情况而言，数字经济并非指一种独立的经济形式或者某个经济产业领域，而是指"由数字化引发并最终导致经济形态的数字化状态"[②]。2017年1月，欧盟委员会发布了《打造欧洲数字经济》报告，明确提出了"数字单一市场战略"，以应对数字经济的需求和挑战。其中，数据的获取与传输、数据所有权、数据库权利评

① 殷继国.大数据经营者滥用市场支配地位的法律规制 [J].法商研究，2020（4）：73-87.
② 塞巴斯蒂安·洛塞，等.数据交易：法律·政策·工具 [M].曹博，译.上海：上海人民出版社，2021：3.

估、数据保护与数据安全等成为重点议题。在数字经济中，随着大数据广泛应用于经济领域和社会领域，特别是随着物联网和商务流程数据化的快速发展，数据的体量日益提升，并且成为经济发展与社会治理的重要基础和手段。如支付宝和微信支付等移动支付的普及，使在线交易变得方便快捷，造就了"双十一""6·18"等购物节的狂欢。网经社"电数宝"电商大数据库显示，2021年"双十一"电商交易总额（GMV）为9651.2亿元，而淘宝与京东两大电商平台的销售额分别是5403亿元和3491亿元。[①]其他内容平台如抖音、快手、小红书、今日头条等的数据流量更是庞大无比。巨量的数据，不但创新和造就了新的商业模式，更在汇流中孕育着新的经济增长模式。我国目前正在布局和启动"东数西算"工程，也就是将我国东部沿海区域的数据计算需求，交由西部内陆区域的数据中心去处理，从而实现资源的合理化利用。[②]"东数西算"工程开启了我国算力新时代，将会为我国经济的数字化转型赋能。根据相关机构的数据测算，算力指数平均每提高1个百分点，数字经济和GDP将分别增长0.33%和0.18%。[③]布局"东数西算"工程，建设强大的算力设施，能够为数字经济健康发展提供坚实的基础，推动全国数据中心集约式发展，加强东西部云网协同，提升数字资源利用效率，对中小企业来说也能降低数据服务的使用成本，可谓"一石三鸟"。从更长远的眼光看，"东数西算"工程有助于推动国内市场数据交易降本增效，在国际上提升我国的数字竞争力。

一、数据转化为商品

像任何一种商品一样，数据转化为商品，也需要满足三个条件：数据体量庞大、数据生产速度快（即时更新）和数据来源多样。[④]在数字经济时代，数据应成为核心要素。近年来，随着移动互联网和智能设备等产品的广泛普及，

① 许洁.双11电商平台新观察：淡化成交额，回归经营本质助力中小企业转型[N].证券日报，2022-11-14.
② "东数西算"：开启中国算力新时代[EB/OL].（2022-02-23）[2022-12-30].https://baijiahao.baidu.com/s?id=1725550122202983669&wfr=spider&for=pc.
③ 曾帅，郑洁，朱登芳.下好先手棋 在实施数字经济战略上抢新机[N].贵州日报，2022-10-16.
④ 朱迪塔·多尔赞.数据交易：一个政策的视角[M]//塞巴斯蒂安·洛塞，等.数据交易：法律·政策·工具.曹博，译.上海：上海人民出版社，2021：265.

数据资源的生产呈现指数级的增长。在农业、制造业、生活服务业、电子商务等产业领域向数字化、智能化转型的过程中，数据成为新经济的"石油"，为数字经济的快速发展提供全新的能源。与此同时，在大数据技术的推动下，智慧城市、数字乡村、智慧医疗、数字教育、智慧交通等社会治理技术不断升级，一个新型的"数字社会"正在形成。数据，被视为数字经济时代最具活力、最为关键的生产要素，蕴含着巨大的经济价值。

但是，与土地、劳动力、资本、技术等传统的生产要素不同的是，数据的经济价值需要借助信息技术进行转化，再经由市场配置完成市场增值，才能真正成为一种独立的生产要素。[1]因此，数据交易是数据产业的关键环节。[2]

所谓数据交易，是指在市场交易规则下，以数据产品或数据服务为交易目标的交换行为。它属于数字经济的基础性环节，能够有效提升数据的流通效率，增加数据要素的生产价值。广义上的数据交易还包括数据交易产业链中涉及数据价值深度挖掘的交易服务和技术服务。[3]

我国在制度层面也出台了相关政策和法律，来推动数据交易市场的发展。在顶层设计上，2017年12月8日，习近平总书记在中共中央政治局第二次集体学习时指出，"要构建以数据为关键要素的数字经济"。[4]2019年10月28日，党的十九届四中全会发布《中共中央关于坚持和完善中国特色社会主义制度 推进国家治理体系和治理能力现代化若干重大问题的决定》，首次将数据列为生产要素，提出"健全劳动、资本、土地、知识、技术、管理、数据等生产要素由市场评价贡献、按贡献决定报酬的机制"。[5]2020年10月，党的十九届五中全会审议通过的《中共中央关于制定国民经济和社会发展第十四个五年规划和

① Moon J. A Study on the Concept of Personal Data[J]. Public Law, 2014(3): 53-77.
② 徐玖玖. 从"数据"到"可交易数据"：数据交易法律治理范式的转向及其实现[J]. 电子政务，2022（12）：80-89.
③ 张平文，邱泽奇. 数据要素五论：信息、权属、价值、安全、交易[M]. 北京：北京大学出版社，2022：256.
④ 习近平：审时度势精心谋划超前布局力争主动 实施国家大数据战略加快建设数字中国[N]. 人民日报，2017-12-10.
⑤ 徐玖玖. 从"数据"到"可交易数据"：数据交易法律治理范式的转向及其实现[J]. 电子政务，2022（12）：80-89.

二〇三五年远景目标的建议》将"数据价值化"列为数字经济的新构成。①同时，我国政府也强调要建立健全数据要素市场规则，统筹数据开发利用、隐私保护和公共安全，培育规范的数据交易平台和市场主体。②为推进数据交易制度的建设和完善，国家陆续发布相关政策。2021年，中共中央办公厅、国务院办公厅印发《建设高标准市场体系行动方案》，提出"建立数据资源产权、交易流通、跨境传输和安全等基础制度和标准规范，推动数据资源开发利用"，"积极参与数字领域国际规则和标准制定"。2021年12月，国务院办公厅印发《要素市场化配置综合改革试点总体方案》，要求探索建立数据要素流通规则，建立健全数据流通交易规则，在保护个人隐私和确保数据安全的前提下，分级分类、分步有序推动部分领域数据流通应用。2022年4月10日，中共中央、国务院发布《关于加快建设全国统一大市场的意见》，提出要加快培育统一的技术和数据市场，"建立健全数据安全、权利保护、跨境传输管理、交易流通、开放共享、安全认证等基础制度和标准规范，深入开展数据资源调查，推动数据资源开发利用"。各个地方政府也在努力探索推动立法，建议统一授权运营体系。如上海市把重点放在数据权益保障、数据流通利用、数据安全管理三大环节，在全国率先将公共数据授权运营写入地方立法，于2022年1月1日起正式实施《上海市数据条例》。同时，在上海数据交易所引入第三方评估，以及交易撮合、交易代理等数据交易服务机构，推动数据交易有序、规范进行。

二、中国数据交易市场的现状及问题

2015年4月，我国第一家以大数据命名的交易所——贵阳大数据交易所正式挂牌运营，拉开了我国数据交易市场发展的序幕。2015—2020年，北京、杭州、郑州、重庆、武汉、南京等11个城市相继建立了20多个大数据交易中心，加速了数据价值化的发展步伐。③2015—2020年是数据交易平台发展

---

① 加快构建数据要素市场推动数据价值化 [EB/OL]．（2021-02-19）[2022-12-30]. https://baijiahao. baidu. com/s?id=1692112280225023212&wfr=spider&for=pc.
② 张平文，邱泽奇. 数据要素五论：信息、权属、价值、安全、交易 [M]．北京：北京大学出版社，2022：2.
③ 胡泽鹏. 数据价值化、全要素生产率和经济增长：基于14家大数据交易中心的分析 [J]．工业技术经济，2022（12）：10-19.

的第一阶段，在各地政府和相关部门的大力支持下，我国数据交易平台呈现蓬勃发展态势。2021 年 3 月，北京国际大数据交易所（简称北数所）挂牌成立，是作为国内首家新型数据交易所，以"数据可用不可见，用途可控可计量"为交易规则。北数所的成立标志着我国数据交易平台进入第二阶段，即采用合规准入、分级分类的现代交易所模式，更加注重数据交易的合规安全和风险控制。2021 年 11 月，上海数据交易所揭牌成立，它在注册会员制的基础上进一步推出了"数商"模式，从评估、尽调、合规到提供技术支撑、交易凭证和纠纷解决等，为数据交易各方提供更加丰富和规范的入场服务。截至目前，我国已建成 38 家数据交易中心。我国的数据交易市场迎来了新的热潮。

中国大数据交易发展初见成效，主要体现在以下两点：一是大数据交易市场规模加速增长，变现能力大幅度提升；二是大数据交易市场组织机构发展迅猛，服务体系不断完善。[①] 按照"十四五"发展纲要的规划蓝图，大数据产业未来将成为中国的支柱产业和推动中国数字经济高质量发展的"新引擎"。

当前，国内数据交易运作主要采取三种模式：一是挂牌上架，展示产品；二是建立数据联盟，构建数据联合创新生态；三是组建数据技术创新联合体。第一种运行模式属于比较粗放、低端的水平，已逐渐被后两者所取代。尤其是打造数据技术创新联合体，有助于扩大数据交易规模。如武汉东湖大数据交易中心于 2020 年建立数据技术创新联合体和数据资产实验室，打造面向人工智能、保险、能源等行业的数据创新联合体，定位为国内领先的多源数据融合认知计算技术服务商。2016 年 5 月挂牌成立的浙江大数据交易中心是浙江省唯一一家持有数据交易牌照的省级数据交易中心。这个交易中心运作的数据资产[②]包括数据库、数据模型、数据交易平台、隐私计算平台、接口、权限、官网、大屏、商业合同电子文本、公司电子宣传资料、公司开发的线上

---

① 中国网络空间安全协会，温州市委网信办，南都大数据研究院. 布局与破局：中国数据交易实践趋势报告（2022 年）[EB/OL]. [2022-12-30]. https://www.sohu.com/a/600028611_121123713.
② 所谓数据资产，是指由组织（政府机构、企事业单位等）合法拥有或控制的数据资源，以电子或其他方式记录，包括文本、图像、语音、视频、网页、数据库、传感信号等结构化或非结构化数据，可进行计量或交易，能直接或间接带来经济效益和社会效益。

平台，以及通过合作获得的数据资源等。在数据交易安全方面，其技术支撑有隐私计算、区块链、态势感知等数据应用及安全技术，具备了完善的数据安全保障及数据处理能力，可以支撑多场景数据流通服务，确保数据要素交易流通过程安全可控。

但是，我们也要看到国内数据交易市场冷热不均的发展现状。现有的数据交易机构多数位于经济发达地区。其中，36.8%集中在华东地区，占比最大，其次是华南地区，国资主导公司制是主流形态。交易的数据产品类型及服务内容以API数据接口、数据包为主。[①]而且，从总体上来说，大部分交易平台仍然处于比较粗放的低级市场，表现在以下方面：数据权属不明；数据资源存在封闭性与垄断性；缺少数据交易衍生品；数据流通和交易不够协调与规范；数据质量与安全交易问题凸显。[②]因此，从某种程度上说，我国尚没有建成统一的数据要素大市场，导致相关数据的收集、归并和流动十分缓慢，大量有重要科研价值的基础数据无法得到有效利用，故而无法为大数据驱动的科技创新提供有力支撑。[③]

三、数据安全与数据保护

数据交易市场的良性发展，关键在于充分发挥市场在资源配置中的决定性作用。数据价值评估、数据确权、数据资产化、数据安全保障以及数据自由流通和交换等一系列问题，都是影响数据交易实现的关键要素。尤其是数据确权，是其中的核心问题及首要前提。这是因为：首先，当数据作为交易对象时，如果其权属不明确或者数据安全保护不到位，数据拥有者可以无限复制数据，数据在交易后被转卖的风险比较高，会破坏先前达成的交易，从而增加交易风险。[④]其次，数据内容往往涉及个人隐私或商业秘密，如因涉及

① 中国网络空间安全协会，温州市委网信办，南都大数据研究院. 布局与破局：中国数据交易实践趋势报告（2022年）[EB/OL]. [2022-12-30]. https://www.sohu.com/a/600028611_121123713.
② 范文仲. 完善数据要素基本制度 加快数据要素市场建设 [J]. 中国金融，2022（S1）：14-17. 邓胜利，荣鑫雨. 数据要素市场化治理的关键问题 [J]. 数字图书馆论坛，2022（10）：32-34.
③ 卢黎歌，李婷. 我国数据要素统一大市场构建目标、存在问题与对策分析 [J]. 理论探讨，2022（5）：163-167.
④ 张平文，邱泽奇. 数据要素五论：信息、权属、价值、安全、交易 [M]. 北京：北京大学出版社，2022：22.

个人隐私而将数据所有权授予个人，对私人权利过度保护，则不利于将数据作为公共品用于实现社会治理的数字化以及公开、公平、公正，甚至还会出现"以私害公"情形，损害了公共福祉；而如果将所有权赋予集体（政府或企业），则有可能形成数据垄断，以及对个体信息权利（如隐私权等）的侵害，造成极大的安全隐患，且难以追责。目前，这仍然是一个争议极大的问题。最后，一旦涉及数据的跨境流通，由于目前在国家数据安全层面尚无国际统一的游戏规则，会形成极大的安全漏洞。一些西方强国如美国，试图利用其技术霸权和"长臂管辖"的原则来实施"数据霸权"，极大地威胁国际社会的安全。强者统治弱者，向来靠的就是强大的权力。而权力的形式如今除了武力、经济实力、政治影响力和文化软实力外，也可以是数据与科技实力。

数据、算法、代码等都是数字权力的一部分。在美国已经有学者提出"代码即法律"[①]的说法。如国外对版权和知识产权的保护，导致我国在某些尖端科技领域无法获得核心技术或生产资料。比"代码即法律"更进一步的表达是"代码即权力"：利用数字或算法来迫使人们就范，按照他人的既定规则来行动，受其牵制或者操纵。如美国利用社交媒体和社交机器人散布相关言论和谣言，煽动民众情绪和社会行动，企图颠覆他国政局；或者散布舆论，影响他国政治选举结果，扶持代理人，直接干涉他国内政。2015年的"棱镜门"事件，暴露出美国"监听全世界"的数据霸权企图。2018年Facebook因数据泄露，意外爆出英国政治咨询公司剑桥分析公司在2016年美国总统大选期间受雇于特朗普，滥用Facebook用户数据，为其伪造选情、操纵选举舆论的丑闻。2022年11月27日，Facebook因泄露5亿用户数据，被欧洲监管机构罚款2.65亿欧元。[②]上述事件从不同方面向我们揭示了数据安全的重要性。英国学者杰米·萨斯坎德（Jamie Susskind）则郑重指出："数字技术在与人类的互动过程中，通过定义人类可以做/不可以做的事情来监控人类，通过控制

---

① Cohen J E. Configuring the Networked Self: Law, Code, and the Play of Everyday Practice[M]. New Haven and London: Yale University Press, 2012: 155.
② 泄露5亿用户数据，脸书被欧洲监管机构罚款2.65亿欧元 [EB/OL]. （2022-11-29）[2022-12-30]. https://m. gmw. cn/baijia/2022/11-29/1303209037. html.

人类对外界事物的感知来向人施加权力。"①尤其是当"元宇宙"从概念走向现实，沉浸其中的人将很难摆脱数字与代码技术对人的操控。——在那里，"代码不仅是权力，也是本质与现实"②。

针对数据安全和数据权益保护问题，首先要从立法和制度保护层面入手。对此，可以借鉴欧盟的政策文件《打造欧洲数字经济》中的倡议。为了更好地获取机器生成数据，激励数据共享、保护投资、避免泄露机密数据，并最大限度地减少锁定效应（指平台服务商利用垄断地位，对用户和企业进行数据锁定），欧盟委员会提出以下解决方案：激励企业分享数据；设计可靠的识别和交换数据的技术解决方案；引入默示合同规则，以及基于公共利益和特定目标的数据获取权、数据生产者权等。③在针对数据交易和应用的专门性法律方面，中国目前付之阙如，但是已经出台了很多政策和制度。因此，可以在现有产权制度的基础上，对涉及数据获取和数据流通的商业行为、交易规则、服务标准和监管措施等做出特别说明或者规定，在实践中摸索、调整和校正，作为将来的立法依据或来源。

其次，从调和数据保护和数据经济矛盾的目的出发，寻找两全其美的解决方案也并非毫无可能。数字经济的发展需要数据能够自由流通并创造出社会效益和经济效益，但数据市场的不正当竞争甚至非法交易行为普遍存在。数据市场的不正当竞争行为包括：非法获取数据，如数据爬取、捆绑安装、流量劫持等；非法阻止其他经营者获取数据，如恶意不兼容、恶意封禁、不实风险提示等。非法交易包括非法收集、买卖、使用个人信息，由此导致个人隐私泄露，造成财产损失和人身安全问题。现有的数据交易规范主要聚焦于国家政策、地方性法规和行业规范等，缺少涉及有关数据市场主体行为的规范性法律。当务之急，应加快立法进程，尽快出台全国性的数据交易规则体系，以及数据服务

---

① 杰米·萨斯坎德. 算法的力量：人类如何共同生存？[M]. 李大白，译. 北京：北京日报出版社，2022：66-67.
② 杰米·萨斯坎德. 算法的力量：人类如何共同生存？[M]. 李大白，译. 北京：北京日报出版社，2022：66-67.
③ 塞巴斯蒂安·洛塞，等. 数据交易：法律·政策·工具 [M]. 曹博，译. 上海：上海人民出版社，2021：266.

和数据交易管理的标准体系，使数据交易市场有法可依、有章可循。①

再次，针对数据交易市场目前的粗放水平和服务质量不高的问题，有人认为，根本原因在于数据交易治理范式存在功效失范、模式错位等问题。对此，需要以用于交易的数据为切入口，重新构建"可交易数据"的范围，并在此基础上通过数据交易安全管理制度、市场秩序管理制度、数据交易平台管理制度、可信数据交易体系等基础性规则，实现数据交易的安全、透明和可信。②

复次，有法学界人士认为，数据交易是派生于计算机和互联网技术体系的独立现象，它受网络技术体系的支配，亦受网络空间数据自我发展规律的制约，"商品化"不应是数据交易属性和范畴的唯一判断依据。数据本质上是一种"信息服务"，因此，数据交易在法律上应被作为服务类合同看待，在此基础上对应大数据生长的客观技术环境和价值释放方式，确立数据交易在动态网络生态体系中的地位。③而且，在信息时代和数据时代，数据交易只是网络数据分享的形式之一，而非全部。如果仅仅着眼于"数据确权"来为数据交易立法，那就是低估了数据作为公共品的潜力和自身诉求，也有违互联网精神。数据也是人类知识的传播载体，它无处不在，是人类集体活动的记录，而数据的充分流通符合社会的公共利益。因此，除了通过立法形式来规范和保障数据交易的合规、公平、公正之外，更应该鼓励政府的数据公开，以及企业间的数据互联互通。

最后，即使是作为商品，商品的价值在于能够为人所用，具有使用价值，并且有人为之付出了社会必要劳动。数据（以及信息）作为商品的价值也只有在服务于他人的需求时才能真正得以实现。基于此，有学者提出，"数据自身作为一项信息资源，本身并无固定的价值或超然的利益，它依赖于信息分享环境中的信息聚合效应。这种基于分享的价值释放特性决定了数据本身无法被精确估价，它的交易价值源于数据受让人的实际需求，且其交易后的数

---

① 李兵兵. 我国数据市场发展的理论基础与路径 [J]. 社会科学动态，2022（11）：34-37.
② 徐玖玖. 从"数据"到"可交易数据"：数据交易法律治理范式的转向及其实现 [J]. 电子政务，2022（12）：80-89.
③ 梅夏英. 数据交易的法律范畴界定与实现路径 [J]. 比较法研究，2022（6）：13-27.

据使用效益亦无法被科学计量或预测"①。如此一来，希冀通过立法来解决数据确权、交易和控制等"一揽子"问题，可能只是舍本逐末之举。

立法与规制仅仅是约束交易行为，而从更宏观的视角来看，数据交易旨在推动全社会的知识共创与共享。一方面，需要努力提升各地公共数据平台的智能化水平，实现公共数据资源的高质量供给。②另一方面，社会各方力量"运用现有的数据创造新的知识，在进一步促进互联网互联互通的情形下，充分利用现有的数据资源（公共数据、平台数据和个人数据），实现更多的分享、更大的利用以及相互服务"③，这才是能够真正释放数据价值的"数字之道"。

---

① 梅夏英. 数据交易的法律范畴界定与实现路径 [J]. 比较法研究，2022（6）：13-27.
② 陈鹏宇. 从创新探索到立法规范：浙江公共数据发展实践解析 [J]. 中国信息化，2022（4）：32-35.
③ 梅夏英. 数据交易的法律范畴界定与实现路径 [J]. 比较法研究，2022（6）：13-27.

第四章

宽视善知：
数据新闻的叙事策略与价值耦合

牛津大学历史学博士、耶路撒冷希伯来大学历史学教授尤瓦尔·赫拉利（Yuval N. Harari）在《人类简史》中提出一个观点：在智人向现代人的过渡过程中，最重要的革命性发展就是人类认知能力的跃迁，其特征之一就是人类具备了"讲故事"的能力，从而构造出一系列的制度文化、社会结构和人类社区，以及"想象的现实"。①李普曼也曾经引用柏拉图的洞穴隐喻来说明新闻媒介或新闻报道在建构拟态环境方面的作用。新闻因而被视为一种重要的叙事文本。"讲故事"则是一种非常重要的叙事手段，从"金字塔模型"到"华尔街日报体"，新闻的简洁叙事逐渐被重视写作技巧和细节刻画的特写报道超越，反映了人们对信息丰富性和生动性的需求增加，"讲一个好故事"也成为对数据新闻叙事文体的价值追求。

第一节 "故事"与"数据"在新闻叙事中的作用转置

在大数据时代，数据成为重要的新闻资源，一种新的新闻样式乃至新闻生态，以"数据新闻"的名义迅速崛起，以燎原之势，迅速从英美主流大报如《纽约时报》《卫报》《华盛顿邮报》等发轫并席卷世界。在中国，短短 10 年时间，数据新闻就从闻所未闻的新鲜事成为传媒业的"弄潮儿"。从"讲故事"到数据可视化，其叙事逻辑的变化究竟蕴含着怎样的时代意义和理论价值？学

---

① 尤瓦尔·赫拉利.人类简史：从动物到上帝 [M].林俊宏，译.北京：中信出版社，2014：24-33.

者对此进行了许多探讨。如有人指出，数字化交互式图表与影音符号以超文本形式连接了现实与虚拟空间，借助网络和数字技术实现了即时性、交互性和可视化，这种变化"修饰并改变了传统由'故事'与'论述'建构的理论形貌"①。也有人认为，数据新闻与传统新闻的核心区别"建基于技术逻辑和新闻（文化）逻辑之间的耦合与互动"②。对于"故事"和"数据"的叙事地位孰轻孰重，学界见仁见智。有研究者认为，虽然数据的重要性不断增加，但是它在新闻报道中仍然处于从属地位。③另有研究者认为，数据在新闻报道中处于核心地位，"数据驱动"才是今天新闻报道的真正动力。④有研究者则以是否具有交互性为标准，将可视化数据新闻的叙事类型划分为互动参与型与非互动型，并认为就前者而言，"'互动性数字核心型'可视化报道不仅具有视觉上的吸引力，而且通过对交互性元素的设计和融入，使受众成为主动的信息挖掘者"；就后者而言，在"数字支持型"可视化报道中，数据可视化只是新闻报道的一个叙事手段而非新闻本体。⑤还有研究者从用户利益的角度，把数据新闻的叙事模式分为利基模式和类比模式、组合模式和网状模式。⑥所谓利基模式，是在大数据基础上根据用户个人信息为其定制新闻产品，以最大限度地吸引用户注意力；类比模式则是通过比较发现事物规律，旨在引导受众寻找数据当中蕴藏的"洞见"，提升全球公民的媒介意识和媒介素养。所谓组合模式，是采用立体组合的方式来编排报道主题，用户根据兴趣进行浏览；网状模式则是通过对多元数据的挖掘，分析报道对象之间的相互关联及其背后的逻辑关系。因此，创建或揭示"关系"，就是此类新闻叙事最大的亮点。用户需求及认知提升，成为此类数据新闻探索叙事变革的出发点和落脚点。

① 臧国仁，蔡琰. 数位时代的"叙事传播"：兼论新科技对传播学术思潮的可能影响 [J]. 新闻学研究，2017（4）：1-48.

② Eldridge S A, Hess K, Tandoc E C, et al. Navigating the Scholarly Terrain: Introducing the Digital Journalism Studies Compass[J]. Digital Journalism, 2019(3): 386-403.

③ Howard A B. The Art and Science of Data-driven Journalism, Tow Center for Digital Journalism[EB/OL]. [2022-12-30]. https://towcenter. org/wp-content/uploads/2014/05/Tow-Center-Data-Driven-Journalism. pdf.

④ Gray J, Bounegru L, Chambers L. The Data Journalism Handbook: How Journalism Can Use Data to Improve the News[M]. Sebastopol: O'Reilly Media, Inc., 2012: 2.

⑤ 战迪. 新闻可视化生产的叙事类型考察：基于对新浪网和新华网可视化报道的分析 [J]. 新闻大学，2018（1）：9-17.

⑥ 孟笛. 媒介融合背景下的数据新闻生产研究 [M]. 上海：上海大学出版社，2018：114-127.

笔者在此引入了"转置"这一数学概念，希望在论证中廓清"故事"与"数据"之间因时移势易、宾主易位的关系变化。"转置"作为一个数学名词，是指将一个矩阵A的原有行和列对应互换，就得到矩阵A的转置。在汉语词典中，"转置"的含义是"调换安置"，简单来说，可以理解为宾主易位。在笔者看来，从"讲故事"发展到"可视化"，不仅是一种叙事方式的变化，更预示着传播思维的转换，由此所产生的效果，是新闻价值的标准和评估在大数据时代发生了"耦合效应"①。借此，事物之间互相连接、彼此影响、相互关联的关系得到了进一步的强化，借助数据可视化手段，将这种互动性、关联性以显著的方式呈现出来，并鼓励和激发用户的积极参与。这种变化是对传统新闻叙事的创新和超越，更是对新闻与社会之间关系的颠覆和重构。

第二节　数据新闻的叙事逻辑变化

叙事学理论一般将叙事分为"故事""话语""叙述"三个层面加以研究。②新闻叙事逻辑同样包含了新闻故事、新闻话语和新闻叙事策略这三个层次。本书从叙事主体、叙事形式、叙事结构、叙事策略、叙事话语（框架）等五个方面进行更细致的说明，旨在突破叙事学理论的分析框架，重点剖析技术与新闻业的深层逻辑关联。

一、叙事主体：从单一主体到多元主体

从新闻生产的环节来看，新闻生产主体从单一走向多元。在传统媒体时代，一篇报道的完成基本依赖于记者和编辑，由记者去采访写作，编辑来修改呈现，新闻生产方式较为单一。新媒体时代的到来使得海量的数据参与到新闻生产过程中，这些工作无法完全依靠人工来完成。计算机、数据处理软

---

① 耦合效应，也称互动效应，联动效应。在群体心理学中，人们把群体中两个或以上的个体通过相互作用而彼此影响，从而联合起来产生增力的现象，称之为耦合效应。两个事物之间如果存在相互作用、相互影响的关系，那么这种关系就称"耦合关系"。

② 何纯. 新闻叙事学 [M]. 长沙：岳麓书社，2006：27，15，161.

件已经深度参与到数据新闻叙事活动中。同时，数据新闻叙事融科学研究方法、数据挖掘技术和数据可视化艺术于一体，数据新闻的生产方式呈多元化趋势。[①]过去只有职业记者才能进行新闻写作活动，如今普通公众也能根据自己的兴趣进行数据新闻生产和发布，新闻内容的来源也从单一走向多元。

二、叙事形式：所见即所得变化

数据新闻是以数据驱动为主要叙事逻辑的新闻工作方式。与传统新闻相比，数据新闻在叙事形式上的一个突出表现是：用视觉取代陈述，用图表取代文本，用动态交互呈现取代静态展示。它将不可见或无法感知的数字符号进行转化，通过符号、纹理图形及动画等形式进行展演，提高数据辨识度和信息传递效率。[②]这也就是"所见即所得"，通过视觉感官来接收和理解信息，有效减轻受众的认知负担。

伴随着数据可视化技术在新闻报道中的应用，空间数据、地理信息、时间数据、网络数据、文本和文档信息都可以借助可视化技术，从平面化、静态化走向立体化、动态化，并且可以通过信息交互技术，实现新闻信息和用户之间的连接与应用，给受众带来更加个性化的、沉浸式的阅读体验。

如 2018 年的全球数据新闻奖获奖作品《生活在难民营》利用卫星图像和联合国网站信息搜集了难民营的饮水处、厕所、居住点的数量和位置信息，围绕难民营恶劣的卫生条件和传染性疾病等问题展开报道。"数据驱动"的叙事模式，让这篇新闻报道主题突出，事实令人信服，真实地展示了难民营中"人道主义的灾难"。

三、叙事结构：从线性时空到多维时空

传统新闻是二维平面叙事，其叙事语法与新闻事件演进有着密切的关系，主要体现在报纸版面、地理地图或平面图上。当新闻事件较为简单、演进速

---

① 王海燕，范吉琛. 数字新闻的时间可供性：一个研究框架的提出 [J]. 国际新闻界，2021（9）：116-135.
② 郭嘉良，倪方. 转向与重塑：数据驱动语境下数据新闻的叙事机制研究 [J]. 东岳论丛，2021（10）：110-120.

度较快时，记者采用消息、简讯等形式就可以完成报道；当事件较为复杂、持续时间较长时，记者一般会采用深度报道、连续报道等形式。但不论是哪一种形式，都属于二维平面叙事，也就是"线性时间"和"当下现场"。传统新闻叙事出于时效性和接近性的考量，对新闻的价值要求表现为及时性、时新性和真实性，对事实的选择标准是"最近发生的"及"第一现场""实时实地"。时效性和现场性作为新闻时空的线性要求，铸就了新闻客观性的行业标准和操作原则。王海燕等人认为，新闻的"时间性"并非一成不变的，数字化技术赋予新闻业更多的"时间性"实践。在新闻的生产、发布和消费层面，具体表现为 9 种特性：新闻生产过程中的现时性、回溯性和准备性，新闻发布过程中的现场性、即逝性和重复性，以及新闻消费过程中的共时性、多媒性和互嵌性。[①]

数字技术赋予媒体更快、更全面地提供资讯的可能性。而且，智能手机和移动网络的普及，以及社交媒体的崛起，使得各种社会事件不仅能得到即时报道，而且在报道主体、报道空间乃至信息强度上都远远超越了传统媒体时代。"用户生产内容"的潮流取代了过去的"受众"概念，"公民新闻"使得报道主体日益多元化。同时，各种各样的信息平台也突破了传统媒体时代的版面、时长等限制。新闻可以被各种超链接、用户评论、可视化图表、交互式页面改造成为信息的"自由市场"和"自助餐厅"，乃至狂欢节式"花车游行"的信息洪流。

从叙事的时空结构上说，首先，数据新闻能够融合各种媒介元素，在文本上拓展新闻叙事的表达空间，在时间性上突破传统报道的线性时间序列，实现了从过去到未来的多维延伸，大大拓宽了接受者的认知视野和信息层次。其次，数据新闻通过信息可视化、交互式网页等方式，从图景到场景，提供了更加丰富的阅听体验，给人更为直观的视觉冲击和心理感受，调动了接受者的多感官体验和互动参与性。数据地图的这一空间特性也为叙事提供了新的可能，将实体空间与媒介构造的虚拟空间结合起来。最后，数据新闻在消

---

① 　王海燕，范吉琛. 数字新闻的时间可供性：一个研究框架的提出 [J]. 国际新闻界，2021（9）：116-135.

费体验方面呈现出更强的可塑性。与新媒体技术结合后，数据新闻衍生出更立体的新闻呈现效果，为用户带来高交互、全感官、沉浸式的阅读体验。

四、叙事策略：从"碎片化"到"全景化"

在传统新闻的叙事生态中，文本符号作为受众长期以来获取知识和认知世界的经验符号，因其在社会与大众传播之间的文化共通性，具备了向受众快速传达新闻核心内容和引发受众与新闻事实之间情感共鸣的叙事功能。[1] 故事虽然生动有趣，但是，传统新闻叙事一般是"一事一议"，常常是记者在众多事件中提取新闻价值要素，按照信息的重要性来进行叙述和描述，对于事实和细节的抓取不厌其烦，虽然力求生动，却往往失之于"浮光掠影""细枝末节"，流于"碎片化"。新闻也因此成为事实和意义双重层面上的"易碎品"。而且，由于缺乏全面、整体的信息，人们在接受信息的同时不免会对一些人或事件形成刻板印象，容易造成社会偏见。此外，典型报道或人物报道基于报道框架和人物社会角色的预设，往往因追求"形象完美"而脱离现实，难以引起更大范围内的警惕或共情。

数字技术凭借其超文本、可视化等方式，促使新闻叙事逐步从碎片化走向整体化。例如，在数据驱动的数据新闻报道中，可以以其中一个要素为坐标进行搜索，在互联网中源源不断地获取有关材料，从而能够轻而易举地汇总某一话题的数据信息。如2015年央视的数据新闻报道《数说命运共同体》，通过对 GPS 系统里 120 亿行数据的分析，发现 2014 年"一带一路"沿线主要国家海上货运量增加了 14.6%，而同期全球航运总量只增加了 3.8%，从而说明中国的"一带一路"倡议给丝路沿线国家带来了巨大的经济利益，中国与亚洲国家是休戚与共的命运共同体。这篇报道立足于全球视野，视角恢宏，事实详尽，且通过挖掘数据背后的新闻内容与数据子集之间的关联展开叙事，增强了故事张力，在报道深度和广度方面均获得了极大的延伸。

---

[1] 郭嘉良，倪方. 转向与重塑：数据驱动语境下数据新闻的叙事机制研究 [J]. 东岳论丛，2021（10）：110-120.

数据新闻的叙事策略不再拘泥于传统新闻的"一事一议"，而转向全景化、全局式的关系揭示。在叙述者预设的叙事框架中发展出了若干不同的细节和故事情节，共同构筑了叙述时间序列之外的故事地图。例如，2021年第六届中国数据新闻大赛一等奖作品《被沉默的智障女性：陷入在性、婚姻与生育里》，采用了互动型的地图模式，读者点击地图进入相应省份，可以查看各省份智障女性被强奸、拐卖、家暴的案例和数据。一方面，这种互动形式可以实现从全国到各省、从整体到局部的新闻聚焦的点面转换；另一方面，交互可视化的形式增强了人们的多感官体验，并且高效易懂。智障女性作为极为弱势的群体，丧失了身体自主权，被剥夺了作为"人—公民"所具有的社会和法律权益，而围绕"性"所强加的各种暴力关系，构成一个系统性的暴力环境，使她们成为最脆弱的、沉默的受害者。从"故事深耕"的角度来说，数据新闻在叙事策略上的最大贡献在于提升了人们的认知层次——将"关系和意义的发掘"作为认知归宿，"从数据子集关联到故事叙事，以受众图式需求环境为背景，以新闻价值核心为牵引，加深可视化视觉刺激与故事内容，引发深度思考"[①]。数据新闻适应了当下"视觉转向"的趋势，通过可视化的方式，用图像、图表、动画和视频等形式叙述事实与传递信息，与单纯的文本陈述和数字说明相比，对数据的挖掘和可视化表达更有利于受众深化对事实及其意义的把握和理解。

五、叙事框架：从"事实"到"关系"

数字化技术不仅作为当代新闻业的变革引擎，提供新的媒介工具和发布平台，也作为一种象征性权力，引发一系列的文化变迁和整体性的社会转型。面对这种深刻的变化，有很多学者认识到传统新闻传播理论张力不足的问题，开始援引生态心理学中的"可供性"理论框架来解释新闻业当前发生的种种变化，并逐渐发展出一套媒介可供性理论，用这种新的理论话语来表达和建

---

① 王溥，张超. 故事深耕与数据再植：数据新闻可视化的管窥与发展——基于现代图式理论视角 [J]. 宁夏社会科学，2021（4）：210-216.

构媒介、技术与社会之间互相影响、互相作用、深度融合的关系。

　　可供性理论首先源于美国生态心理学家詹姆斯·吉布森（James Gibson），他用可供性概念指代"有机体与环境之间的协调性"[①]，为我们理解人与物的关系提供了一个具有启发性的视角。随后，这一概念相继被引入心理学、哲学、传播学以及自然科学等领域。罗纳德·莱斯（Ronald Rice）提出了"媒介可供性"的理论，着眼于行动者利用媒介展开行动的潜能与媒介互动的关系。潘忠党等人则归纳和发展了新媒体技术作用于现代社会的"技术可供性"理论框架。[②]概而言之，可供性指信息技术对于人类作为行动者而言，在传播媒介与环境交往之间形成的互动关系，体现为技术特征则是：信息生产的可供性、社交可供性和移动可供性。2021年，彭兰又补充了"体验的可供性"[③]这一特征，常江等人则明确将重视用户体验的数据新闻定义为新闻的"情感转向"，认为数据新闻的角色由"信息提供者"转变为"体验培育者"[④]。当然，这并非否认新闻专业主义[⑤]在当下的公共传播价值。只不过，"媒介可供性"理论从新闻生态的角度，揭示了在某一特定背景下，行动者感知到的其利用媒介展开行动的潜能与媒介潜在特性、能力、约束范围的关系，因而也能够解释数据新闻在信息生产、传播范式和认知思维方面引发的变革。首先，数据新闻的交互式设计，使传者和受众的多元化主体实现了"破壁共生"，而数字技术、众筹新闻和"万众皆媒"的数字景观等，让生产可供性得以增强。其次，用户对新闻的点赞、评论、转发等自主行为，扩大了用户的参与式体验，并提供了与他人互动交流的机会，这是在社交层面的可供性。最后，数据新闻生产的机器化、分布式，用户分析与匹配的场景化、精准化，互动反馈的传感化和智能化，让社交可供性和移动可供性得以增强。[⑥]

---

① Gibson J. The Theories of Affordances[M]. Hillsdale: Lawrence Erlbaum, 1977.
② 潘忠党，刘于思. 以何为"新"？"新媒体"话语中的权力陷阱与研究者的力量自省：潘忠党教授访谈录[J]. 新闻与传播评论，2017（1）：2-19.
③ 彭兰. 数字时代新闻生态的"破壁"与重构[J]. 现代出版，2021（3）：17-25.
④ 常江，田浩. 论数字时代新闻学体系的"三大转向"[J]. 山西大学学报（哲学社会科学版），2021（4）：44-50.
⑤ 迈克尔·舒德森，李思雪. 新闻专业主义的伟大重塑：从客观性1.0到客观性2.0[J]. 新闻界，2021（2）：5-13.
⑥ 喻国明，赵睿. 媒体可供性视角下"四全媒体"产业格局与增长空间[J]. 学术界，2019（7）：37-44.

传统新闻报道遵循"事实价值至上"的原则，秉承"用事实说话"的话语原则，重心落在展示事实发生发展的过程和最终结果上，以揭示事物因果关系为目的。但是传统新闻报道在构造叙事文本时往往有意无意带有主观色彩和价值预设，即使奉客观性原则与平衡报道为圭臬，在话语呈现上通过均衡分配的手段加以制衡，也仍然无法摆脱主观因素的影响。受众只能在传播者全知全能的"上帝视角"的引导下，走出叙事迷宫，走向预设的结论终点。

今天，这种状况已经发生了改变。一方面，过去"信息由谁传播、由谁扩散"的问题，即传播权，通常表现为一种集中和垄断的权力[1]；今天，因为传播主体的多元化和流动性，传播关系变得更加开放和平等。而且，利用算法推荐技术，通过发掘（广义上的）数据与接收者之间的联系，实现了新闻定制化，使信息传达更精准，用户也有了更大的自主权。另一方面，数据与事实之间、数据与用户之间，乃至数据与社会之间的关系，成为衡量新闻传播功能与效果的重要砝码。在这里，相关关系取代因果关系，也更符合人、社会和环境之间互动关系的复杂性和多元性。总而言之，数据新闻着眼于"人的全面发展和更深刻的社会关联性，趋向于发展为功能聚合的复合媒介，形成持久性流动性的有序良性循环"[2]。

第三节　价值耦合：释放可视化的力量

"耦合"最初是物理学中的一个概念，是指两个或两个以上的系统或运动形式通过受自身和外界的各种相互作用而彼此影响的现象。[3]后被引入社会科学，指两个不同的社会现象的要素在一定条件下，通过某种特定的方式结合在一起，表现出一种相互依存、相互促进的关系。[4]对于数据新闻而言，从

---

① 邓忻忻. 网络新闻编辑 [M]. 北京：电视广播影视出版社，2016：262.
② 胡翼青，马新瑶. 作为媒介的可供性：基于媒介本体论的考察 [J]. 新闻记者，2022（1）：66-76.
③ Li Y, Zhou Y, Zhu X. Investigation of a Coupling Model of Coordination Between Urbanization and the Environment[J]. Journal of Environmental Management, 2012(1): 127-133.
④ 刘波，欧阳恩剑. 职业教育产教融合的本质、特征与价值取向：基于耦合理论的视角 [J]. 职教论坛，2021（8）：60-67.

"讲故事"到"可视化"的叙事范式转换，在新闻价值维度上体现了一种价值耦合。这种耦合性源于文本和数据之间的相互作用与彼此关联。

一、视物致知：在满足信息需求方面的价值关联

传统新闻理论中，新闻价值是指事实本身所具有的能够引起受众普遍关注、满足受众信息需求的要素，可以作为衡量和选择新闻事实的依据。一般来说，新闻价值的五要素包括时效性、重要性、显著性、接近性和趣味性。传统新闻在叙事中主要通过文字叙述来展示上述价值要素，以细致的描摹、对话、细节和情节等来讲述一个新闻故事，以线性、递进的方式跟踪故事发展。而在数据新闻的语境中，强调用可视化的方式让"数据自己发声"。数据新闻以图表为主、文字为辅，充分利用网络媒介和数字技术的优势，通过统计分析软件、词云软件、互动地图等实现叙事话语的可视化书写。[①]它利用数据与我们的感官进行互动——视觉上的刺激、屏幕上互动的触感、音效的配合等，创造更加丰富的阅读体验，更好地适应"视觉转向"潮流下"短平快"的阅读需求。数据新闻在设计上也非常符合当下碎片化、个性化的阅读模式，受众可以根据自己的喜好进行跳跃式的阅读，从而实现了新闻价值的耦合。

二、以"沉浸式"体验提升新闻的"真实性"

真实性，向来被视为新闻的生命。在传统报道中，无论是以文字、图片、音频还是视频等方式来再现或记录现场信息，都是力求还原事件发生的"现场感"。但是无论如何，受众需要通过记者的文字或镜头，去想象或"观察"现场情境。而这种代入感会受到记者的表达方式、叙事风格、预设立场乃至意识形态偏见的影响而大打折扣，也使得新闻业关于客观性的追求，因无法回避存在主观差异的事实而备受质疑。因此，新闻界内部向来也流传着"戴着镣铐的舞蹈"这类说法。数据新闻的核心价值是"数据驱动"而非受人的

---

① 王溥，张超. 故事深耕与数据再植：数据新闻可视化的管窥与发展——基于现代图式理论视角 [J]. 宁夏社会科学，2021（4）：210-216.

主观意识驱动，以大量权威可靠的数据和事实来呈现新闻，追求内容的高可信度。另外，在呈现方式上采用富媒体文本和可视化形式，可以调动无人机、传感器、VR或AR等技术手段构造新闻现场，甚至开发互动性新闻游戏，让受众通过亲身参与的方式进入这些虚拟场景，从而对事件全景或人物关系有更深的体悟和洞察。借助大数据分析技术，数据新闻"既可以实现沉浸式报道对穿越社会表层的隐藏事实的深度发掘，又可以避免因记者的主观判断而带来的客观失真，从而给读者带来更好的阅读体验"①。

三、从"阅读"到"悦读"：展示信息可视化之美

视觉作为人类接收信息的主要感官通道之一，是人类社会中最古老的和具身化的符号体系。数据新闻生产的视觉化，"可将多种不同形式、意义集于一身，具有文字表达无法比拟的直观性和表现力"②。以澎湃新闻发布的新冠疫情叙事式数据可视化作品《流动的边界》③为例，其选择了自2020年1月23日武汉封城到2020年4月8日武汉解封这个时间段，从丁香园、澎湃新闻等专业平台和新闻媒体汇总并整理了国家、地方卫健委官方发布的统计数据，通过爬虫技术和人工筛选清洗获得来源于社交网络的疫情相关数据，根据数据集的类型，将网页分为四个版块（尘埃——新冠疫情肺炎确诊病例发展态势；灯火——微博超话#肺炎求助#标签下发布的求助信息；泪雨——疫情期间殉职者的个人信息；春华——全国各省份的治愈病例），各版块互相呼应又层层递进，从全局性事态到个人命运，宏观主题与个体案例交织。这是一个动态的可视化作品，结合了文本、图像、图表和视频动画等数据形式，在视觉语言上采用了尘埃、灯火、窗户、雨滴、花朵等意象表达情感，具有娓娓道来又深切动人的叙事品质，同时兼具直观性和抽象性，通过视觉艺术的美感来打动人心。主创人员认为："数据的客观分析不再是可视化唯一重要的任

---

① 喻国明，李彪，等.新闻传播的大数据时代[M].北京：中国人民大学出版社，2014：46.
② 王晓培.数字新闻生产的视觉化：技术变迁与文化逻辑[J].新闻界，2022（2）：12-20.
③ 《流动的边界》新冠疫情叙事式数据可视化[EB/OL].（2020-06-20）[2022-12-30]. https://www.thepaper.cn/newsDetail_forward_7913799?ivk_sa=1024320u.

务，我们尝试为可视化注入更多的艺术元素，建立数据与观者的情感纽带，而非小心翼翼地维持一种中立而冷漠的态度。"①

当前，媒介技术的变革也影响了受众的信息接受习惯和阅读方式。信息管理科学中的DIKW（data，information，knowledge，wisdom，简称DIKW）模型，即以数据为基础架构，按照信息流顺序依次完成从"数据"到"智慧"的转换。对于数据新闻而言，主要目标在于通过数据可视化技术，将数据转换为用户可识别的图形符号、图像、视频或动画等形式，呈现对用户有价值的信息，并帮助用户获取知识，深化对事物和外部环境的理解和认知。面对复杂的外部世界，单纯的文本叙事有其局限性，而借助信息可视化技术，既可以丰富和提升用户的阅读体验，帮助用户以"悦读"的方式来理解复杂事物之间的关联，又能通过挖掘和分析数据之间的关联来进行深度报道或预测性报道，帮助用户打开眼界和认知格局。

四、宽视善知：从广度和深度上把握信息

传统的新闻叙事以文字为主、图表为辅。从传播效果来看。它有助于呈现细节，提高故事张力。但是对深度报道而言，这种专注于"讲故事"的方式并不适用。冗长枯燥的陈述，容易使人产生信息疲劳，以至于丧失阅读的耐心和兴趣。数据可视化不但能够还原复杂的、大尺度的数据结构，还能够增强数据中的全局结构、放大具体细节，做到既"通观全局"又"具体而微"。也正因此，数据新闻具有很强的数据包容度和延展性，"一图胜千言"。同时，数据新闻借助程序软件的数据处理结果和设计手段，深入浅出，化繁为简，减轻了人们接受信息的心理压力。其对于数据集的挖掘、分析和可视化呈现，能够有效地挖掘、传播数据所蕴含的信息、知识与思想，实现形式与内容之间的平衡，便于用户从广度和深度上把握信息、事实和相关知识之间的关联，破除"信息孤岛"或"信息茧房"。这可称为"宽视善知"。

---

① 《流动的边界》新冠疫情叙事式数据可视化 [EB/OL]．（2020-06-20）[2022-12-30]. https://www.thepaper.cn/newsDetail_forward_7913799?ivk_sa=1024320u.

宽视善知，通俗来说可以理解为一种数据洞察力，也就是通过数据分析把握事件的真相与本质。借助数据叙事，受众会刷新认知，主动进行评估、分析、思考，以获取新知[①]；若数据叙事提供的见解与被广泛认知的事实相吻合，此叙事便不具备为受众提供新知的能力，缺乏传播潜力。因此，数据叙事语境中的"数据洞察"是创作者结合已有认知而生发的对数据内在关系的创新性的清晰认知，可为决策行动提供引导。

综上所述，数据新闻在叙事范式上发生了重大变化。从"讲故事"发展到"可视化"，不仅是一种叙事策略和操作手段上的变化，更重要的是，数据新闻带动了传播思维和认知方式的重大变革。由此带来信息供给、新闻价值标准、用户体验、传播效果评估等的一系列变化。这一变革，不仅发生在信息传播的生产、分发与接受环节，还将深入人类的"认知—行动领域"。技术逻辑不但统领社会生活，还将内化为人类自身的文化逻辑之一。这一变革，也许还将"从根本上改变传播与人及世界的关系"[②]，这无疑会让我们重新思考人类的主体性。

此外，就用户的认知层面而言，数据新闻的普及实现了数据对用户的赋能。可视化分析技术的起点是寻找、获取和输入数据，进而对数据进行挖掘、分析和处理，其终点则是提炼知识。用户的需求从"获取信息"转向"获取知识"，这便于用户理解这个日益复杂和高度数字化的社会。而且，在数据交互式应用层面，目前头部互联网公司正在开发的"参与式—开放共创"的众包协作模式，也在努力探索从不同的角度向读者传递庞大世界观下所发生的故事，希望让文本（数据/信息）依靠不同媒介的传播特性充分释放潜力。虽然按照DIKW模型，实现"融通万物、数智合一"目标的程度可能因人而异、因数字社会的发展水平而异，但无论如何，追求高效的信息表达和信息接收，赋能用户，提升社会成员整体的认知能力，是值得追求的目标。

---

① 陈昱彤，丁家友. 数据叙事的运行模型与关键问题 [J]. 图书馆论坛，2023（4）：109-119.
② 孙玮. 交流者的身体：传播与在场——意识主体，身体—主体，智能主体的演变 [J]. 国际新闻界，2018（12）：83-103.

　　不可否认，目前的数据新闻在数据挖掘与分析上仅仅停留在概念表层，较多关注对事实状况的描述和介绍层面，"炫技"有余，而在趋势预测、多因素关联分析上显得开发不足，特别是在交互式应用设计方面短板明显。其根源是人才不足、技术能力短缺。未来则需要新闻学界、业界和数据平台、技术企业开展跨界合作，推动数据科学与人文社科的融合。可借鉴瑞典的STEM（science，technology，engineer，math，简称STEM）课程[①]，开展跨学科、跨专业、跨领域的教育与实践合作，鼓励拥有不同技能的人才共同协作，打破平台区隔和技术壁垒，提高整个社会的数字化应用水平。而数字新闻学的理论大厦更需要有识之士筚路蓝缕、开疆拓土，秉承新闻学"由术入学"、革故鼎新、吐故纳新的实践性和包容性传统，既夯实其理论基座，又添砖加瓦，使其蒸蒸日上，巍然屹立于新闻传播学的沃土之上。

---

① STEM 课程"不再以某一学科或某一专家型教师为中心，而是着眼于某一教学主题，将各学科知识和教研群体智慧融入其中，产生新的课程或教学方案"。参见杨文正，许秋璇.融入"大概念"的 STEAM 跨学科教研：模式构建与实践案例 [J].远程教育杂志，2021（2）：103-112.

第五章

0101010101010101010101010101010101

算法革命：
数据挖掘与算法新闻的崛起

传统新闻强调对新闻价值的发现与挖掘，秉承着重要性、时新性、接近性、趣味性、人情味等价值标准，对事实进行选择、组合和陈述，以帮助人们了解事件发生的过程和全貌。而在今天，要获取隐藏在海量数据背后具有决策价值的知识，已经不是传统的分析与描述手段所能胜任的了。数据的丰富性和知识的贫乏性之间的矛盾，催生了数据挖掘技术，而随着数据挖掘与分析、可视化设计与个性化、自动化适配分发等技术手段进入新闻领域，算法新闻应运而生。

第一节　数据挖掘与新闻价值的增值

一、数据挖掘的定义

所谓数据挖掘（data mining），从数据科学的角度来定义，是指从大量的、不完全的、有噪声的、模糊的、随机的实际数据中，提取隐含在其中的、人们所不知道但又是潜在有用的信息和知识的过程。[①]也有人分别从广义和狭义层面给出定义。广义的数据挖掘是指知识发现的全过程；狭义的数据挖掘则是指知识发现的重要环节，是一种利用机器学习、统计分析等发现数据模式的智能方法，侧重于模型和算法。[②]

---

① 李春葆，李石君，李筱驰.数据仓库与数据挖掘实践[M].北京：电子工业出版社，2014：65.
② 袁汉宁，王树良，程永，等.数据仓库与数据挖掘[M].北京：人民邮电出版社，2015：82.

数据挖掘通常具有如下特点：

（1）数据体量巨大，往往达到 GB、TB 的数量级。国内的数据新闻在数据体量上很少能达到这个量级。

（2）处理目标是寻找决策者可能感兴趣的规则或模式。对于数据新闻来说，则是寻找读者可能感兴趣的宏观、中观信息或其他价值要素。

（3）发现的知识要可接受、可理解、可运用。

（4）在数据挖掘中，往往是基于统计学规律来发现规则。但是所发现的规则不一定适用于所有数据，只要达到某一阈值，即可认为有效。

（5）数据挖掘所发现的规则是动态的。它只反映当前状态的数据库规则。当数据更新后，规则也会随之发生变化。[①]

数据挖掘是基于数据库、统计学、人工智能、互联网、机器学习、可视化、模式识别等学科和技术而产生的。数据挖掘的应用满足了大型数据库系统的广泛使用需求，以及将数据转化成有用的知识的迫切需要。从 20 世纪 90 年代开始，随着信息化技术的发展，数据库的研究和开发取得了重要进展。数据仓库作为一种新型的数据存储和处理手段，被数据库厂商广泛接受，且相关建模和管理模型快速在市场上流行开来，成为多数据源集成的有效技术支撑。数据库管理系统的广泛应用和互联网技术的发展，使得很多行业出现了自己的业务系统，也使其每天生产和累积的业务数据量急剧增加。而且，数据仓库只能提供简单的实时信息查询、报表和联机分析等技术服务，无法满足人民日益增长的对于知识性信息的需求以及对于海量数据分析的需求。统计学和人工智能科学的进步，催生了人工神经网络和各种算法，它们为数据分析赋能，能够在没有明确假设的前提下去挖掘信息、发现知识、搭建模型、提供决策。统计学领域中的抽样、估计和假设验证等，是进行数据挖掘的思路来源之一；机器学习中的学习理论以及模式识别中的建模技术，都成为数据挖掘重要的算法基础；编程语言和可视化技术等，则为数据挖掘后的信息

---

① 李春葆，李石君，李筱驰.数据仓库与数据挖掘实践[M].北京：电子工业出版社，2014：65.

输出与呈现提供了大展身手的舞台。图 5-1 显示的是笔者进行数据分析时的基本流程和常用工具。

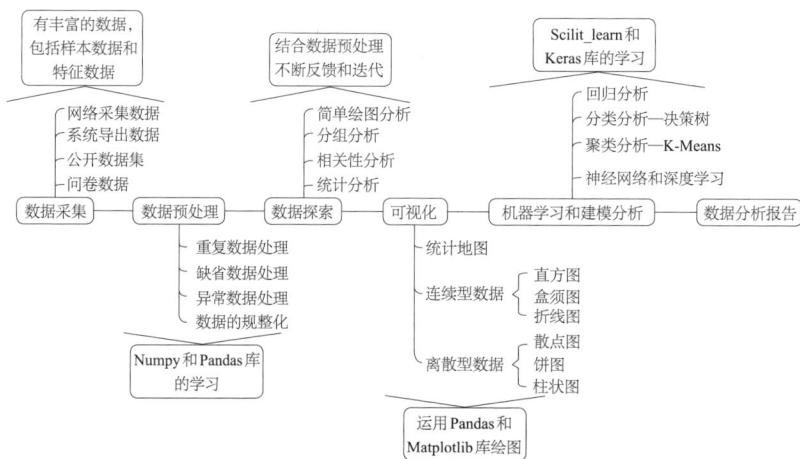

图 5-1　数据分析的基本流程

数据分析的过程一般包括如下环节：

（1）数据准备。数据准备是指从不同的数据源中提取数据，进行准确性检查、转换和合并整理，并载入数据库，供应用程序分析与应用的综合过程。[1]

（2）数据筛选。数据筛选是为了分析海量数据所蕴含的价值，包括数据抽取、数据清理、数据加载三个步骤。[2]

（3）数据预处理。数据预处理包括数据采集、数据清洗（解决数据中的噪声、离群值、数值缺失、数值重复等数据质量问题）和其后的处理操作（包括合并、采样、降维、特征子集选择、特征生成、离散化与二值化、属性变换等）。[3]

（4）数据转换。数据转换就是将数据从一种表现形式转变为另一种表现形式的过程。其目的是将数据库的架构与数据存储形式转换成适合于某个软

---

[1]　宋擒豹，沈钧毅.神经网络挖掘方法中的数据准备问题 [J].计算机工程与应用，2000（12）：102-104.
[2]　余浩.基于大数据的数据存储及数据筛选问题研究 [D].哈尔滨：黑龙江大学，2015.
[3]　陈为，沈则潜，陶煜波，等.数据可视化 [M].2 版.北京：电子工业出版社，2019：103-104.

件使用的表现形式。

（5）数据挖掘。数据挖掘是指设定特定算法，从大量的数据集中去探索发现知识或者模式的理论和方法。它是知识工程学科中知识发现的关键步骤，也是一种专门的数据分析方式。数据挖掘面向不同的数据类型，如数值型数据、文本数据、关系型数据、流数据、网页数据和多媒体数据等。[1]

（6）模型解释。数据挖掘一般是在没有明确假设的前提下去挖掘知识，往往用于预测性分析，也就是通过分析归纳、构建模型对未来进行预测。这就需要对计算模型进行解释和说明。

（7）知识评价。对数据分析的结果进行评估，得出一定的判断或者据此进行决策。

在上述环节中，数据挖掘占据重要地位，是一种决策支持过程。[2]它主要利用各种算法技术，如分类与回归分析、相关分析、聚类分析、关联规则挖掘和异常检测等，对数据库进行分析、推理和归纳，寻找其中的规律或者说"模型"，帮助人们理解事物的真相与本质，进而做出正确决策。现在的数据挖掘已经拓展到文本挖掘、图像挖掘、语义分析等非结构性数据的处理以及大数据分析。数据挖掘的主要任务，一是描述，即发现和说明数据之间的潜在关系，如相关、趋势、聚类、轨迹和异常变化等；二是预测，即在数据分析的基础上，根据自变量其他属性的值，预测目标变量或因变量的值，从而揭示事物发生发展的规律和变化趋势。

二、算法新闻与新闻价值的增值

对于新闻行业来说，使用数据挖掘技术，拓宽了信息来源，摆脱了对政府、企业或社会机构作为主要新闻源的依赖，使记者能够从纷繁复杂的社会信息中抽取有效样本数据开展分析，独立地做出相对准确、科学的判断和预测说明，或者提供更具有宏观意义和真理属性的知识框架。同时，在新闻分

---

[1] 陈为，沈则潜，陶煜波，等. 数据可视化 [M]. 2 版. 北京：电子工业出版社，2019：103-116.
[2] 袁汉宁，王树良，程永，等. 数据仓库与数据挖掘 [M]. 北京：人民邮电出版社，2015：83.

发上，也更加注重新闻内容与个人需求的适配性，使新闻能够真正做到"与我有关"，实现"新闻定制"和个性化分发。我们把利用算法技术进行新闻信息和数据采集、整合、加工生产和分发的新型新闻类型称为"算法新闻"。它既喻示新闻的内容形态的变革，也包含新闻生产流程的重塑。

虽然，这不是一个精准的定义，但是算法进入新闻领域，不仅是对新闻内容和生产流程的重塑，最关键的变革意义在于，从技术赋权的层面来说，借助算法，人们能够获得对个人而言更有价值的信息。数据挖掘的信息一般具有未知性、有效性和实用性。[①]不同于传统报道中"抽丝剥茧"的描述性分析，以及遵循"起因—经过—高潮—结果"的闭合叙事模式，借助数据挖掘技术，记者能够发现那些不能靠直觉发现的信息或知识，也能够绕过信息封锁，利用开放的数据库得到相关信息数据，从而揭示不为人知甚或完全出乎意料的信息。这样的信息或知识也因此更具有新闻价值。

从传播民主的层面来说，人们借助新技术和新媒介，能够"体验到互动传播的过程所带来的参与感、意义连接和自我效能感的提升，在其中形成新的身份认同、集体意识和社会团结感"[②]。在今天，社交传播日益深入我们的生活，"用户生产内容"几乎成为时下各种信息平台的主要运营方式，微博、微信、抖音、快手、小红书、知乎、Twitter、Facebook、Reddit、Instagram、Quora等国内外各种社交媒体上，每日生产和积累的大量内容和用户使用数据，成为媒体获得新闻爆料、开展舆情分析与预测的"富矿"。社交媒体和社交传播互动成为社会交往的重要途径与形式，生活在其中，人们能够亲身体验到"万物互联""众媒时代"的交往乐趣和"连接一切、众生平等"式的社区认同感与社会参与感。新媒介和新技术对于个性化的强调，也有助于使新闻重新变得与每个人相关。

从新闻价值变迁的层面来看，今天，微博、微信、抖音、小红书等自媒体大行其道，人们在上面分享个人的生活体验、心灵感悟、人生大事，进行

---

① 李春葆、李石君、李筱驰. 数据仓库与数据挖掘实践 [M]. 北京：电子工业出版社，2014：65.
② 塔娜、唐铮. 算法新闻 [M]. 北京：中国人民大学出版社，2019：12.

才艺表演、带货直播等等，随时随地向外界展示自我，"个人"的意义和价值被重新发掘出来。昔日由传统媒体所掌控的"议程设置"和"信息把关"早已"大权旁落"，让位于个性化的话语狂欢，传统的新闻价值五要素（时效性、重要性、显著性、接近性、趣味性）的标准基本上被"因人而异、千人千面"的"信息定制"所取代。人们看重的是信息的"实用性"，而不再是媒体所定义的"重要性"和"影响力"。而类似于VR/AR新闻、虚拟主播等的出现，也颠覆了我们对真实性和时效性的认知。不知不觉间，新闻价值的标准已然发生了更替。按照仇勇的说法，如今构成算法时代新闻特性的五要素分别是既视性、连接度、碎片化、戏剧性、真实性。①

（1）既视性。它取代了时效性。算法新闻时代的新闻，对于"新近发生"的界定，从以前的当日转为现在的前一小时乃至前一分钟。你何时看到，它何时就是"新闻"。

（2）连接度。对于算法新闻来说，"接近性"不仅包含空间意义上的接近，更意味着兴趣上的接近。新闻与自身的相关度，是用户判断其是否为"新闻"的重要标准。

（3）碎片化。所有的信息都是高度碎片化的，它们以超链接的形式存在于信息网络中，从标题到内容、图像等，都不是独立地存在于某个信息终端，而是随时随地汇入个人信息流中，如同一朵朵不连续的浪花，等待着被主人打捞、浏览，而主人或者因为不感兴趣而将之掷入信息洪流，或者是漫不经心地将之放入收藏夹，不作任何分类，随后则可能是束之高阁，无暇回顾。

（4）戏剧性。它比趣味性更加强调信息所包含的冲突性、悬念化和喜剧效果，或者其悲剧色彩所蕴含的煽情效果。"吸睛""感动""泪奔"等，种种情绪化的表达主题，确实能够抢夺受众的注意力。而媒体对"爆款""热搜""10万+"的追求远远超过了对事件本身所具有的社会意义和舆论价值的关注，明星八卦、噱头搞笑、金句热搜等流量新闻被无止境地发掘、制造和消费。

---

① 仇勇. 新媒体革命 2.0：算法时代的媒介、公关与传播 [M]. 北京：电子工业出版社，2018：15-16.

（5）真实性。这个标准在当下依然有效，但是关于真实性的程度和实现方式，出现了不同的解读。如借助 AR、VR、3D 投影、全息影像和传感器等技术，人们可以通过沉浸的方式体验事物与现场的逼真效果，也可以通过制造一个幻境般的元宇宙，逃离现实生活，完全靠虚拟的数字分身，在这个虚拟空间里感受所有在现实世界中经历过的或者无法实现的生活图景，从而获得身临其境、身心合一、极致兴奋的巅峰体验。在虚拟与现实世界日渐融合的混合现实场景中，这种"假作真时真亦假"的具身经历和心理体验，确实给"真实性"带来了更多的定义维度。

在数据时代，算法正在改变和重新定义我们认知世界的规则。尽管我们一直怀有对未知世界和不确定性的恐惧，但这恰恰从侧面说明了新闻及新闻业存在的现实合理性。算法颠覆了新闻的内容、形式以及获取方式，我们需要切实地了解算法新闻的运作机制、传播机理，以及其可能存在的种种危机和风险，这也有助于我们拨开技术的迷雾，探索新闻的本质规律和价值意义。

第二节　数据新闻中的算法革命与未来趋势

传播是连接个人与社会的信息桥梁和工具。社交媒体的风靡，重新定义了传播的源头和使命。算法的兴起和普及，也迅速改变了新闻和媒体的面貌与生态，算法新闻因之勃兴。而自动化新闻的出现，更是加剧了人工智能取代传统记者的趋势。

从新闻生产方式到新闻价值理念，数据新闻都颠覆了我们对传统新闻的定义和操作标准。此外，在内容上，数据驱动取代了文字叙事，数据成为重要的信息载体；在叙事上，可视化呈现、交互式传播取代了纯文本描述和"传道式"宣传。在内容与形式的双重变革背后，操作并实现这一转变的工具，来自新型的信息加工方式——算法。

算法是什么？简单来说，它是指利用一定的计算公式进行数据处理。算法在计算机程序设计中使用广泛。近年来，随着网络和大数据技术的快速发展，我们正在进入"算法经济时代"。在美国学者卢克·多梅尔（Luke Dormehl）看来，算法在人类认知、爱情、司法、艺术创作和医疗领域的运用使得它在我们的生活中变得越来越重要。"谷歌等搜索工具把我们引向大型数据库，亚马逊、淘宝、京东等电商网站所采用的推介系统通过分析我们的偏好特点，不断为我们推荐新的消费体验。社交网站利用算法突出显示与我们相关的新闻，相亲网站则利用算法为我们牵线搭桥，构建二人世界。"[①]我们的日常生活越来越离不开算法，买车、买房、贷款、求职、升学、创业、科研、旅游、就餐、出行、治疗等等，嗅探算法成为我们做出行为决策、参与公共生活的重要影响。此外，由于具备先进的自动化水平和强大的技术识别能力，算法逐渐能够取代人工，比如在无人驾驶汽车、机器人医生和机器人新闻等方面。

数据挖掘领域有十大经典算法，即C4.5、K-Means、SVM、Apriori、EM、PageRank、AdaBoost、KNN、Naive Bayes和CART。这10个算法涵盖了分类、聚类、统计学习、关联分析和链接分析等重要的数据挖掘与研究主题。[②]本节将重点分析数据新闻使用到的算法。在数据新闻生产的不同环节，如数据查找与采集、数据聚合与集成、数据挖掘与分析、数据推荐等方面，不同的算法各有用武之地。

一、数据新闻中的算法

（一）数据查找与采集——字符串查找算法

查找是指在大量的数据中找到特定元素，它是数值计算中常用的运算逻辑。[③]就数据新闻而言，因为常常涉及文本处理，往往会通过在某个文本信息中查找某个词在文中出现的位置，依次比较这个词在文本中的信息。通过匹配值分析，达到优化数字采集的目的。常见的字符串查找算法有三种：一种是

---

① 卢克·多梅尔. 算法时代：新经济的引擎 [M]. 胡小锐，钟毅，译. 北京：中信出版社，2016：195.
② 袁汉宁，王树良，程永，等. 数据仓库与数据挖掘 [M]. 北京：人民邮电出版社，2015：95.
③ 刘凡平. 大数据时代的算法：机器学习、人工智能机器典型实例 [M]. 北京：电子工业出版社，2017：25.

KMP算法，它的匹配性能优越于传统的字符串，在信息检索过程汇总时，需要快速提取关键词在文件中的位置，往往会使用此种算法。还有一种是BM算法，相对于KMP算法效果更好，且实现过程更容易理解。很多文本编辑器中的查找功能都是基于BM算法实现的，虽然二者在字符移动和匹配过程中都需要花费一定的查找时间，"但是BM算法的匹配速度比KMP算法快3～5倍"[①]。此外，还有一种Sunday算法，适用于较长的文本。

当然，如果涉及海量数据的查找，比如搜索引擎所使用的查找算法，就需要采用基于布隆过滤器的方式，设置能够搜索和过滤重复网页的爬虫程序，以及基于倒排索引的数据结构，它们在信息检索的精度和准确度方面更高。

（二）数据聚合与集成——基于K-Means算法的新闻聚类分析

在机器学习中，聚类分析是一种非常重要的算法。聚类分析又称群分析，"是根据物以类聚的原理，对样品或指标进行划分的一种多元统计分析方法，讨论的对象是大量的样品，要求能合理地按各自的特性来进行合理的划分。聚类是在没有先验知识的情况下进行的"[②]。"系统聚类的方法是通过计算将距离较近的样本先聚成一类，距离较远的样本后聚成了类，通过计算样本之间的距离，最终使每个样本都能找到合适的聚簇。"[③] "K"即中心点、关键词，"Means"即意义内容，也是围绕中心点进行信息分类的依据，通过计算的多次迭代，最终实现分别聚类，且类别与类别之间区分明显，有助于实现聚类结果的个性化。以新闻聚类而言，例如今日头条、一点资讯、腾讯新闻等新闻聚合应用，它们没有原创新闻，而是通过对网络上的新闻进行抓取，然后进行相似新闻聚类。如今日头条，它提出的口号是"你关心的，才是头条"，强调了新闻推送的个性化和定制化。其主要的实现途径，就是通过新闻聚类分析，抓取网民最感兴趣的内容，将其聚合成类，便于浏览。K-Means作为文本聚类最直接的算法，也是最为经典的数据挖掘算法，它所秉持的核心思

---

① 刘凡平.大数据时代的算法：机器学习、人工智能机器典型实例 [M].北京：电子工业出版社，2017：37.
② 袁汉宁，王树良，程永，等.数据仓库与数据挖掘 [M].北京：人民邮电出版社，2015：85-86.
③ 刘凡平.大数据时代的算法：机器学习、人工智能机器典型实例 [M].北京：电子工业出版社，2017：115-116.

想是：人以群分，物以类聚。通过用户的属性特征和兴趣偏好分析，找到他感兴趣的内容，有针对性地推送相关新闻。网易云音乐的个性化推荐也是采用这种模式。

K-Means算法的优点是：算法框架清晰、简单、容易理解；算法确定的K个划分使误差平方和最小，在聚类密集且类别之间区别明显时效果最好；灵活度高、效果好，计算的复杂度取决于数据对象的数目和迭代次数。①

但是，它的弊端也很明显。初始中心点的选择对迭代次数影响较大，如果是随机选择，计算周期会比较长；如果随机选取的初始中心点均属于同一个聚类，则计算量比较大。而且一定周期内反复收到同类信息，也会造成信息疲劳。因此，对于采用此类聚类算法的App（新闻或音乐），如果用户能不断更新关键词和信息偏好，有助于打破信息过度匹配和过分集中的困境。

（三）数据挖掘算法——购物车理论和FP树关联分析

数据的关联规则是数据挖掘算法的应用原理之一，用于从海量的历史数据中挖掘出可能具有价值的信息，以及数据之间的关系。在商业营销中，可以利用数据之间的关系创造商业价值。如，当一个消费者在超市购买了A产品，那么算法就会分析与A产品相关的哪些产品是消费者下次可能购买的。一个比较经典的营销案例就是"啤酒和尿布"（在超市里为婴儿购买了纸尿裤的男性顾客会顺手为自己买些啤酒），其通过商品之间的内在关联，提升了销售率。因此，相关的算法规则（Apriori算法）也被称作"购物车理论"。该理论就是运用了关联规则，寻找两个或多个事物之间的依存性和关联性。如果两个或者多个事物之间存在一定的因果关系，则存在一种关联规则使得它们可以进行搭配。基于购物车理论的Apriori算法，应用非常广泛，如超市商品摆放和货架陈列的关联分析、顾客消费习惯分析等，当然，还包括电商平台最为热衷的购物推荐等。这是一种序列模式挖掘，它最初针对的是带有交易时间属性的交易数据库，通过找出频繁序列以发现某一时间段内客户的购买

---

① 李春葆，李石君，李筱驰. 数据仓库与数据挖掘实践 [M]. 北京：电子工业出版社，2014：278.

规律。"购物车"就是一个明显的例子，每种商品就是一个项，每次购物活动都构成一个事件（event）、一个项集，各次购物是有先后次序的，一个客户多次购物的所有时间有序排列就形成了该客户的序列。[①]找出频繁序列，进而找到"啤酒+尿布"的组合规律。其他组合以此类推。

FP树（freequent pattern tree）模式通过对原始数据进行压缩，提升数据分析性能。面对海量的交易数据，如果反复扫描，容易造成数据损耗。而构建FP树，只需要扫描两次（将事务数据和事务集合各扫描一次）。其中，第一次是分析数据中的每个频繁项和每个频繁项的支持度，并根据支持度进行降序排列。据此创建FP树的根节点，即出现最为频繁的词语，然后进行迭代列加后缀频繁项集，最终得到所有与某个频繁词相关的频繁项集。近年来，这一算法不仅限于交易数据库，还逐渐扩展到DNA分析、在线文本数据挖掘、电信领域故障快速定位等新型应用数据源的获取。

（四）数据推荐算法和预测模型——协同过滤推荐和潜在因子推荐

推荐算法的应用日益普遍。推荐算法是用户与商品之间的桥梁和道路，它为用户提供他们可能感兴趣的或者对他们而言具有较大价值的商品的信息。当我们购物时，辨别用户身份的cookies数据被存储到电脑上，使我们很容易被个性化的商品广告与商品信息更高效地"锁定"。因而，电商网站不时地为我们推荐产品，话术如"买过该产品的用户还买了……""根据您的购买历史，我们为您推荐……"，简直就像读心术一样神奇。推荐算法不仅在电子商务领域应用颇多，而且在社交网络、影音视频、内容阅读、网络广告等领域都有广泛深入的应用。推荐算法主要围绕以下目标展开："帮助用户找到自己喜欢的商品；加强对用户的了解，提供个性化定制服务；缓解信息过载问题；提高网站或移动客户端的展示与点击的转化率，实现流量变现；增加用户黏性，使用户对网站或移动客户端产生信息依赖。"[②]常用算法是基于行为数据分析的协同过滤。

---

① 李春葆，李石君，李筱驰.数据仓库与数据挖掘实践[M].北京：电子工业出版社，2014：127.
② 刘凡平.大数据时代的算法：机器学习，人工智能机器典型实例[M].北京：电子工业出版社，2017：188.

协同过滤常常用于电子商务、互联网广告的个性化推荐，它通过用户的历史行为记录，以及用户群体的行为信息，在用户之间、商品之间建立关联性规则，给用户推荐个性化商品，提高销售额。协同过滤算法主要有两种模型：基于商品特征的（item-based）算法和基于用户行为的（user-based）算法，针对不同的活动场景都各有用处，效果显著。

另外，潜在因子算法也是广泛应用的推荐算法，不同于基于商品特征的算法通过商品之间的关联推荐，也不同于基于用户行为的算法的群体性行为分析，它是通过用户的历史行为挖掘用户本身的特征，结合对现有商品的本质特征的分析进行的推荐。曾有一个让人津津乐道的例子——超市会向最近购买过无香型化妆品的女士推荐孕婴产品，可谓十分精准。再如新闻推荐，特征标签是新闻主要表达内容的体现，算法通过将新闻的特征标签转换为用户的特征标签，从而感知用户对哪方面内容的兴趣程度比较高。比如，如果你最近打算去某地（比如大连）旅游，出发前你查询了大连的天气情况，结果出来的网页上可能不仅有大连最近3日、最近5日的天气情况，还有为你"贴心"推荐的大连的诸多热门景点，如海洋馆、星海广场、沙滩等。这就是通过用户特征标签进行内容推送。另外还有基于流行度的推荐，利用群体模仿心理，将当前最热门的产品推荐给用户。如《欢乐颂》热播后，打开淘宝，首页可能会给你推荐剧中人物的同款裙子、帽子或饰品等等。一部电视剧带动了服装、化妆品、洗发水、度假胜地、书籍、唱片等周边产品的热销，由此使热门影视剧的周边产业成为一个巨大的金矿。

预测模型使用的算法，主要是借助概率统计，通过线性回归方程的计算或者最大期望值算法分析，找到隐藏在现象背后的与其状态相关的某些变量，以获得解决问题的方案，代表性应用如天气预报、用户行为预测等等。如美国2016年大选时，美国有线电视网（CNN）等主流媒体凭借传统的民调数据预测希拉里能胜选，而大数据分析的结果预测彼时赢面甚小的特朗普将会胜利，最终结果是特朗普胜选，这令传统媒体与主流人群大跌眼镜。

百度大数据推出了数据查询、数据预测、疫情查询、旅游预测、百度金融、本地生活、购物查询等多个网络服务相应的和手机端 App。它为人津津乐道的一个案例是预测了 2014 年高考作文题目。在当年高考之前，百度大数据预测了高考作文的六大命题方向，包括"时间的馈赠""生命的多彩""民族的变迁""教育的思辨""心灵的坚守"和"发展的困惑"，每个作文主题之下划定了多个作文关键词。高考结束后，人们发现，百度高考作文预测居然命中了全国 18 套试卷中 12 套的作文方向。那么，这是如何实现的呢？"这项技术主要基于百度大数据的挖掘和百度大脑的智能分析，百度挖掘了近 8 年全国各个省区市的高考真题和模拟题，并且结合了近些年的搜索风云热点和新闻热点数据，准确把握当年社会思想的关注与潮流，将现有数据和实时数据相结合组成百度作文预测的大数据库，并在它们与高考命题之间建立关联；而后，百度大脑对前面提到的大数据进行智能分析，通过'概率主题'模型算法模拟人脑思维，反向推导出作文主题及关联词汇，从而更加精准地对高考作文进行主题预测。"[1] 2022 年卡塔尔足球世界杯期间，百度大数据预测了世界杯夺冠概率：巴西、阿根廷、法国分列前三。[2] 事实证明，这个预测比较准确——阿根廷队战胜法国队夺冠。

预测模型甚至被用到企业的人事招聘和人员晋升中。在收集拟录用人员资料时，基于一个人的地理位置、学习成绩、他（她）经常访问的网站、搜索时使用的关键词，他（她）在 Twitter、Facebook 或者微博上发布的信息，人们就可以对他（她）的性别、种族、社会阶层、兴趣爱好、人格特质、生活态度、职业潜力等做出判断、推理和评估。美国的 Hunch 公司开发了一个声称"个人喜好反映一切"的算法，通过分析用户在 Facebook 上的个人喜好与社会维度数据集之间的关系，为用户建立详细的档案，并预测用户的人格特点、性格和政治倾向等。"一项叫作'推特心理'的业务宣称可以依据人们在推特上谈论

---

① 李瀛寰. 神预测，大数据命中多省高考作文题 [EB/OL]. （2014-06-07）[2022-12-30]. http://liyinghuan. baidu. com/article/18199. 转引自方洁. 数据新闻概论：操作理念与案例解析 [M]. 北京：中国人民大学出版社，2015：160.

② 文萧也. 大数据预测世界杯夺冠概率：巴西、阿根廷、法国分列前三 [EB/OL]. （2022-11-09）[2022-12-30]. https://www. dongqiudi. com/articles/3087011. html.

的话题，包括学习、金钱、情感与焦虑等，通过算法测算他们的情商和智商水平。"[1]在这里，全数字化（可量化）的行为数据分析成了一种身份识别技术。

当然，政府对大数据也非常重视。当下力推的"数字城市"（或称"智慧城市"）、"城市大脑"等信息工程，都旨在利用大数据来实现即时通信、数据共享和数字治理。对政府来说，需要谨慎处理信息与控制的关系。"日益量化的社会是一个更容易通过机器和控制机器的人来检查和分析的社会。……而且，政治当权者使用数据，并不只是拿来研究或是要影响人类行为，而是为了在我们知道之前就预测会发生什么，这方面的意义才是重大的。"[2]信息和控制是孪生兄弟般的关系，在一个日益量化的社会里，"代码"有可能变成"权力"，武力、审查、感知控制等权力形式都将以数字技术的形式呈现，而这些权力将会日益集中到国家和科技公司的手里。

第三节　新闻生产中的算法革命

一、传播语境的转换：从信息传播变为知识传播

现代新闻业的兴起，源自我们对于信息的渴求。长期以来，大众媒介就承担着传播信息、监测环境、对周遭世界的变化做出解释的职能，每天专注于报道海量的信息，但是"浮光掠影"式的报道，并未触及问题的根本。而知识是什么？知识代表被系统化、被整理和提炼过的经验、认知和方法，可以用于指导我们的实践和生活。在强调信息传递的传统媒介时代，一方面是信息的泛滥，另一方面则是那些对我们来说有用、有益且有效的信息或知识又是匮乏的。随时更新而又浮光掠影、蜻蜓点水式的报道方式，让我们的信息接收变成了盲目而无效的浏览，认知呈现碎片化状态。数据新闻则通过挖

---

① 卢克·多梅尔. 算法时代：新经济的引擎 [M]. 胡小锐，钟毅，译. 北京：中信出版社，2016：29.
② 杰米·萨斯坎德. 算法的力量：人类如何共同生存？ [M]. 李大白，译. 北京：北京日报社出版社，2022：38.

掘海量数据之间的关联规则，寻找连接的意义和信息价值，将碎片化的内容加以整合，形成我们关于某个人物、新闻事件、现象或者社会问题的全局性的认知，比如财新网的报道《三公消费龙虎榜》、《卫报》的报道《美国各州的同性恋权利》等。这些新的信息加工和新闻生产模式，扩大了我们的认知视角和信息版图。数据新闻正是全球媒体应对大数据时代变迁所做出的关键革新，它意味着新时代的媒体必须经历从信息传播向知识传播的转型。

英国一位独立记者曾预言：数据新闻是未来新闻业最具发展潜力的领域之一。"数据新闻使新闻回归本质：挖掘公众无暇处理的信息，核实信息，厘清信息的内涵后将之发布给公众"，如此一来，"公众将更加文明和富有见识"。[①]从信息传播向知识传播转型，要求媒体不能仅仅满足于做片段式和碎片化的报道，而要挖掘数据背后的价值，并对数据进行客观、合理的解释，使受众可以更独立地、更充分地思考，从而加深理解、做出准确的判断。

二、算法改变公共舆论

传统媒介时代，舆论的形成依赖于媒体的议程设置。传统媒介通过凸显某些话题和事件，形成重要性的排序，它们不能决定受众"怎么想"，但是能有效地决定让他们"想什么"，为公众舆论提供话题和素材。但是现在，人们已经习惯了"个性化新闻"或者"定制新闻"，在一些新闻类App上，也许每个人看到的新闻界面都不一样。大众所关注的焦点，不再由媒体当天的头版决定，而是被一种所谓的"头条"和"热搜"控制，娱乐明星的花边新闻成为网民津津乐道的话题。

从信息传播的角度而言，社交媒体的特征是工具性强于生产性。"媒介赋权"功能将传播话语权由传统媒体下放至社交媒体的用户手中，导致公众和社会之间的连接与聚合无须依赖于大众媒介。传者与受者之间垂直的传播结构被打散了，大众关于"信息共同体"的概念也被弱化了，随之而来的是，

① 转引自方洁. 数据新闻概论：操作理念与案例解析 [M]. 北京：中国人民大学出版社，2015：12.

网络传播社群的大量涌现和传播结构的日趋平行化。在基于兴趣细分的分众化和社群聚合的共同作用下，网民群体呈现出先割裂为网络社群，再聚合为社会整体的过程。但是，网络社群的聚合也呈现出不稳定的状态，这要归因于网民对自我身份的认同要经历认知、情感评价、行为活动三个层面。[①]这也意味着网络社群在规模化发展的同时，其连接结构又呈现为一种弱关联性，社群的结构会随着成员的认知、情感和行为的变化而发生变动。

此外，一个不可忽视的信息环境特征是，在微观层面，大众分化为社群，而在宏观层面，信息体量以几何倍数增长。社交媒体较低的准入门槛和高度的开放性，促使社群内用户规模和参与度不断提升，"用户生产内容"的风潮涌现，必然会进一步导致信息体量的扩张。而以往在电子论坛中以发布时间先后排序的信息设置手段，已不能适应于社交媒体发展所需的商业化运营，也不利于重要信息或高质量信息的展示与传播。同时，用户的心理也发生了从"喜悦于拥有更多的信息"到"疲劳于过多的信息"的转变。[②]在多种因素的共同作用下，社交媒体的信息筛选与排序面临机制重建问题，而传统的新闻选择原则已不适用于新媒体平台。如何从海量信息中快速筛选出高质量信息，以及如何提高弱关联性网络社群的凝聚力，成为社交媒体首先要面对的效率问题，这也是媒介迭代过程中需要追求的内在目标。它要求传播工具的革新必须带来传播效率与信息质量的同步提升，并在此基础上进一步发挥媒体的社会整合功能。算法便在这样的信息环境和技术逻辑下应运而生。这也标志着新旧媒体之间正发生着从以价值规范为主导的新闻选择机制到以算法为主导的信息筛选机制的巨大转型。如新浪微博就采取了基于 Hack News 算法的单项投票机制的信息排序算法，决定哪些内容能成为热门微博，主要考虑的是该条微博的转发数、点赞数和发布时间等因素，其中不同因素的权重各不相同。除此之外，微博的内容中含多张图片、"双#话题"以及站内长微

① 江根源，季靖.网络社区中的身份认同与网民社会结构间的关联性 [J].新闻大学，2014（2）：83-92.
② 邓建国.筛选与呈现：信息疲劳背景下的移动内容传播新趋势——以雅虎新闻摘要与 NYT Now 为例的分析 [J].新闻记者，2015（6）：16-24.

博都能得到热度加权，而内容中包含外链、图片长微博、非原创信息都会导致热度降权。同时，热门微博话题的榜单每小时更新一次。[①]知乎问答社区采用的则是基于双向投票机制的威尔逊算法，得分越高的回答在页面上能得到更加靠前的排名。当然，得分并非完全取决于赞同用户与反对用户之间的数量对比，"高权重用户"是影响回答得分的重要因素之一。借助算法规律，算法中蕴含的信息价值与投票数量的高度关联性、媒体和公众的平权化，有力地推动了社交媒体中媒体议程和公众议程的互动与融合。[②]

此外，正如议程设置带有浓厚的政治意味和意识形态色彩一样，新闻挖掘和分析算法在回答特定问题时，也会带有某种偏见。当我们搜索某个人的信息时，如果算法提供不友善的搜索项关联词，本来对这个人不了解的用户可能会被引入某个特定方向。因此，算法不仅是在预测，还有助于控制用户的行为。一方面，算法可以猜到用户接下来希望搜索的内容；另一方面，算法将特定选项置于用户眼前，让用户只能从中做出选择。算法中用到的数学知识最初是"提炼自这个世界，来源于这个世界"，而现在则"开始塑造这个世界"。[③]"如果人们把某种情境定义为真实的，这种情境就会造成真实的影响。"[④]如凯文·斯拉文（Kevin Slavin）所言，算法与其说是一种隐喻，毋宁说是一个预言。他所列举出来的各种与算法相关的现象，间谍策略、股票价格、电影剧本和建筑等，都有可能受到算法的影响和操纵。限高、限速、限重、限量、限牌等，这些数据的设计，不仅出于公共管理的需要，更有可能带有社会偏见和身份排斥的考虑。而被冠以"个性化"美名的服务，可能有阶层区隔的意味。

三、过滤气泡与信息茧房

即便是客观的数据也无法摆脱人类的偏见。利用大数据控制的手段，将人

---

① 范红霞，叶君浩.基于算法主导下的议程设置功能反思 [J].当代传播，2018（4）：28-32.
② 范红霞，叶君浩.基于算法主导下的议程设置功能反思 [J].当代传播，2018（4）：28-32.
③ 此话出自凯文·斯拉文的 TED 演讲《算法如何塑造我们的世界》，网址：https://www.ted.com/talks/kevin_slavin_how_algorithms_shape_our_world？language=zh-cnUAL。
④ 卢克·多梅尔.算法时代：新经济的引擎 [M].胡小锐，钟毅，译.北京：中信出版社，2016：214.

员、地点、对象和想法等分门别类、建立登记的计算过程，因之也具有了丰富的政治内涵。"头条""热搜"结果可以买卖，也可以人为干预；用算法来干扰和转移公众的注意力，可能比"政治作秀"更有效果，结果更加可控。算法还可以有意识地屏蔽消极评论或者敏感词等。正是这种具有识别和过滤功能的算法，导致了偏见的盛行。所谓的中立性，根本就是一种假象。利用 Nara 算法，平台或相关部门"代表"用户不断地判断信息是否有用，剔除线上的"杂乱信息"，帮助用户精准定位。这就是"过滤气泡"。它最终呈现的效果就是——"网页不存在或不可见"。内容审查和过滤算法，使得相关部门对舆论的控制力大为增强。有人断言，"将来，受到审查将成为常态，完成大部分搜集工作的主要是机器，而不是人类。人们的所作所为将越来越难以逃避技术的关注。而那些掌握审查手段的人，对其他人的控制力将会大大增加"①。

另外，个性化推荐的广泛运用，有可能造成"信息茧房"。所谓信息茧房，是指人们在信息传播领域会习惯性地被自己的兴趣所引导，将自己的生活置于像蚕茧一样的"茧房"的线性结构，从而可能成为"作茧自缚"的与世隔绝的孤立者。②我们只能得到自己选择的、认同的或让我们感到或愉悦的东西，把自己封闭在熟悉的领域，造成个人思想和认知的僵化。

如果任由"过滤气泡"和"信息茧房"泛滥，将不利于社会信息的流动和交换，也会造成思想禁锢。"数字化'茧房'的缺失和数字化记忆的完全开放都是可怕的，它所产生的'寒蝉效应'甚至会让我们失去坚定地活在当下的能力和勇气。"③对舆论的控制和严格的自我规训，制造了一个巨大的"圆形监狱"，在无形的监视和自我封闭中，社会个体也会因此失去创新的活力和质疑的勇气。

四、社会隐喻的转换

阿尔文·托夫勒（Alvin Toffler）在《第三次浪潮》中指出，人类社会经历

---

① 杰米·萨斯坎德. 算法的力量：人类如何共同生存？[M] 李大白，译. 北京：北京日报出版社，2022：90.
② 邵鹏. 媒介记忆理论：人类一切记忆研究的核心与纽带 [M]. 杭州：浙江大学出版社，2016：312.
③ 邵鹏. 媒介记忆理论：人类一切记忆研究的核心与纽带 [M]. 杭州：浙江大学出版社，2016：314.

了由技术冲击社会与文化而形成的三次浪潮。第一次浪潮是农业的发展，人类劳作取代了狩猎采集文化。在中国形成"男耕女织""男主外女主内"的社会分工体系，以及由家庭延伸到国家政治领域的父权制宗法统治以及男尊女卑的性别文化。第二次浪潮是工业革命兴起，蒸汽机成为先进技术的代表，"火车头"成为政治、经济、文化等领导权的象征性隐喻，伴随而来的是各种规模化效应的蔓延，批量生产、批量分销、大众消费、大众教育、大众媒体、大众娱乐和大规模杀伤性武器等。第三次浪潮是信息化时代的到来，引领了分众化、个人化的趋势。从办公自动化、门户网站、博客到Twitter、Facebook、微博，社交媒体、电商平台的兴起，使社会正在经历个人化、去中心化和网络社区自治的全新变革。今天，我们对个性化和所谓"私人定制"的推崇，都是来自"自我的重现"这种隐喻，商业文化、教育产业和文化工业都非常重视发掘个体的价值。极度细分的市场和个性化需求，让数字世界不可避免地包罗万象。每个碎片化的组群，都可以建立自己的网站、论坛、社区，生产内容和发表评论。这看起来似乎是民主程度大大提高，再小的声音都能被听到。但是过度分割、内聚和个性化的数字化信息建构，使我们当前的政治、经济和文化等领域暗流涌动、险象环生。

第四节　算法时代的新闻业与媒体治理

2012年，美国《新闻周刊》停止发行纸质版，改为只发行电子版。 2013年，《华盛顿邮报》亏损严重，被迫出售。《纽约时报》也停止发行纸质报纸，转向网络出版。2015年，《纽约时报》卖掉了所有与新闻采集无关的资产，而专注于内容付费产品。在国内，2013年以来，不断有报纸停刊，传统新闻人纷纷转向其他行业，报纸的发行量和广告收入呈现断崖式下滑，而且还在不断下跌；微博、微信、各种新闻类App正在成为我们获取新闻的主要来源。种种迹象表明：传统新闻业正在经历由盛而衰的过程。

数字化技术改变了新闻业，数据新闻的勃兴，表明新式新闻更多地借用程序员、设计师、计算机和算法的力量完成，这就破坏了新闻专业主义的行业传统和价值基础。人人都是记者和编辑，无门槛的信息发布消解了新闻的客观性、真实性和专业性。更重要的是，数字化技术动摇了新闻印刷业的合法性。

新闻的传播者在变化，接受者也同样发生着变化。新闻的"私人定制"，意味着个人获得的信息内容建立在用户过去搜索内容的基础上，建立在他们的网站浏览历史上，还与用户在社交网站和自媒体上生产的内容强相关。这样，个人就陷入了一个包裹自己的信息气泡里，被算法贴上某种标签、归入某个类别。看似"所见即所得"，实则不然。用户"所见"的，都是根据用户以往的数据行为而生成的，这些行为已经记入了个人的搜索档案，并且通过后台分析一步步地加深了这种标签和印象。在算法的统治下，信息自主权和隐私权不过是一句空洞的口号。

算法的威力如此巨大，但我们却越来越依赖于算法来告诉我们什么重要、什么不重要。2016年的"魏则西事件"，后来虽然归结为百度搜索的竞价排名规则的恶果，但是这也从侧面说明算法对我们的判断所施加的影响。搜索引擎成为新的社会规范。我们依靠它提供事实，却从不怀疑为什么是这些事实而不是那些事实。

社交媒体和"热搜"取代了传统的议程设置。加州大学欧文分校教授保罗·多尔希（Paul Dorsh）近年来专注于推特和社会热点的研究。他指出，推特的热门话题已经被解读为各种社会行为重要程度的标志。这是一种新的议程设置，但不是由媒体做出的，而是通过网民参与和众包分析得出的议程顺序，算法能够被赋予引导舆论的作用。新闻不再是随机的、偶然的，而是有潜在的运作规律和计算公式。新闻预测模型的出现，相当于使人类成为"先知"，取代了上帝的位置。

媒体的象征性权力由大众媒介时代借由知识、话语操控的权力游戏，转变为"人人都是传播者"时代的自主、自决和自治，这个转移发生得如此迅速、猛烈和炫目。互联网政治学中有一种乐观的说法，叫做"数字乌托邦"，但是当我们洞察算法的逻辑漏洞和数字专制后，不无悲哀地发现，我们依然无法摆脱算法设定中的各种偏见。更何况，机器人写作技术的运用，正在把人类放逐到世界中心之外。它们被描述为"来自地球的入侵者"[①]，机器人正在消灭包括新闻业在内的许多传统行业的某些特定岗位。

结　语

数据、算法与新闻的结合，改变了新闻的采集、制作和传播方式，也为个人参与社会生活提供了有力的武器。过去，从社会建构的观点来看，新闻传播能够实现意义的建构、话语的生产和认同的重塑，无论是意义、话语还是认同，我们都能看到主观力量的影子。而在今天，算法控制着我们的生活、身体和思想，你以为的"自我"可能并非来自自己的真实内心，而是在信息拟态环境、算法个性化推送的共同作用下，被"植入"相关程序，按指令行动和思考的人体机器。算法问题反映的是时代问题。在原子时代，决定人类命运的是生产方式，而在比特时代，对人类命运起作用的是思维方式。算法是思维方式的技术基础，有什么样的技术基础，就有什么样的思维方式。这是算法讨论的现实价值。算法能够为我们节省信息查找的时间，在处理海量数据，整合、对比、筛选信息，以及获得结论方面的效率无可匹敌，但它在消除不确定性的同时让人们丧失了探索的乐趣。同时，因为气泡效应和信息茧房的存在，算法可能会强化个人偏见和刻板印象，使自我突破与超越成为泡影。数字化与算法是通往美丽新世界的密钥，但也可能是打开潘多拉魔盒的开关。我们依赖算法，相信算法，但须使用有度。无论如何，数据新闻中凸显的人性都弥足珍贵，更值得我们保有和珍惜。

---

① 安德鲁·V. 爱德华. 数字法则：机器人、大数据和算法如何塑造未来 [M]. 鲜于静，宋长来，译. 北京：机械工业出版社，2015：147.

第六章

01010101010101010101010101010101

可视化："图"个明白与交互式图表应用

可视化新闻的关键步骤是以信息图表形式来呈现数据，并且在不同的数据或数据集之间建立逻辑关联，使之成为叙事的主线和重要因素。这也就是"用数据讲故事"。对于习惯了传统报道方式的新闻人和媒体来说，可视化是极大的挑战。

在计算机科学中，数据可视化被定义为：利用人眼的感知能力对数据进行交互的可视表达以增强人们的认知。它将不可见或难以直接显示的数据转化为可感知的图形、符号、颜色、纹理等，提高数据识别效率，传递有效信息。[①]可以说，它既是一种数据分析技术和数据模型，也是一种事关传播的方法论。就前者而言，制作信息图表的过程中要用到各种数据分析方法和相关软件，还会运用很多设计原理、采用各种制图软件等，所以它关涉技术的应用。就后者而言，可视化不仅是一种分析和展示数据信息的手段、一种叙事策略和方法，也体现了人们对信息的搜集、加工、处理和接收逐渐由感性走向理性，由碎片式阅读走向整体性认知。数据可视化由此成为一种思维路径和基本原则，称其为"方法论"毫不为过。

第一节　数据新闻的可视化表达

数据新闻最初是以数据和信息的可视化呈现为主要形态。数据可视化，

[①] 陈为，沈则潜，陶煜波，等.数据可视化[M].2版.北京：电子工业出版社，2019：2.

简单来说就是利用数据创建图表。根据米尔科·洛伦兹（Mirko Lorenz）的模型，数据新闻的整个生产流程包括了数据搜集、数据清洗、可视化、新闻叙事的一系列过程。[①]可视化是新闻故事生成的上一道工序，是将前期的数据经过分析整合，提炼叙事逻辑和新闻价值的重要步骤。经由可视化环节而生成新闻故事，提升了新闻价值（见图 6-1）。

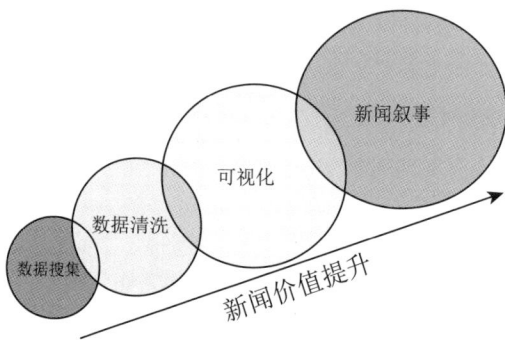

图 6-1　米尔科·洛伦兹的数据新闻价值提升模型

而对数据新闻传播环节描述更加清晰的是互联网工程师保罗·布拉德肖（Paul Bradshaw）。借鉴传统新闻学中的倒金字塔结构，布拉德肖提出了一个双金字塔结构。如图 6-2，左边的倒金字塔显示的是数据处理的过程，自上而下分别是数据的编辑（compile）、清理（clean）、情境（context）、综合（combine），数据经过清洗、提炼和整合，进入传播环节。而在右侧的金字塔结构中，传播仅仅是过程的开启，它要先后经过视觉化（visualise）、叙事（narrate）、社交化（socialise）、人性化（humanise）的加工处理，以及转达扩散，最后到达个性化（personalise）、应用化（utilise）的终点（见图 6-2）。这个模型较之洛伦兹的模型，更加重视数据与技术、新闻和市场的交叉融合。将数据可视化视为一种沟通展示方式，一方面，便于指示数据记者从海量数

---

① 任瑞娟. 预测与发现：数据新闻的理论与实践 [M]. 北京：科学出版社，2019：87.

据中提取具有新闻价值的事实和数据,并且将复杂的叙事情节以醒目直观、科学而通俗的方式展现出来,从而回应了传统新闻报道对于故事和细节的强调。另一方面,数据可视化能够满足各层次用户的信息需求,并且体现了产品意识与成熟的市场思维。

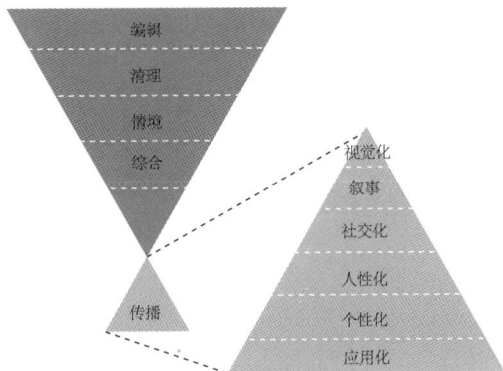

图6-2 保罗·布拉德肖的数据新闻双金字塔结构

(图片来源:方洁.数据新闻概论:操作理念与案例解析[M].北京:中国人民大学出版社,2015:43.)

比如,2018年澎湃新闻(英文版)针对上海公园的"相亲角"策划了一篇报道,题为《即使在上海相亲角,你也很难找到合适的约会对象》①(见图6-3),这篇报道以互动图文和H5的形式对上海"相亲角"的874条征婚广告数据进行搜集、清洗和整理,发现这些征婚广告在性别、年龄、收入、教育水平、居住条件、双亲退休身份等维度呈现择偶目标差异。其中,女性征婚者数量远远多于男性(男女比例为256∶618),女性征婚者的年龄往往在30岁上下,有本地住房,收入稳定且家境殷实,她们希望未来的另一半在教育背景、收入和居住条件等方面与自身条件相匹配(见图6-4、图6-5)。而男性征婚者对于女性的要求仍然更多地固守着"年轻貌美"的传统标准,当然也要求女性有稳定工作。

---

① 刘畅,邹曼云,等. Even in ShangHai's Marrige Market,It's Hard to Find a Date[EB/OL]. [2022-12-30]. https://interaction.sixthtone.com/feature/2018/Shanghai-Marriage-Market-Data/index.html.

图 6-3 澎湃新闻（英文版）关于上海公园"相亲角"报道的首页

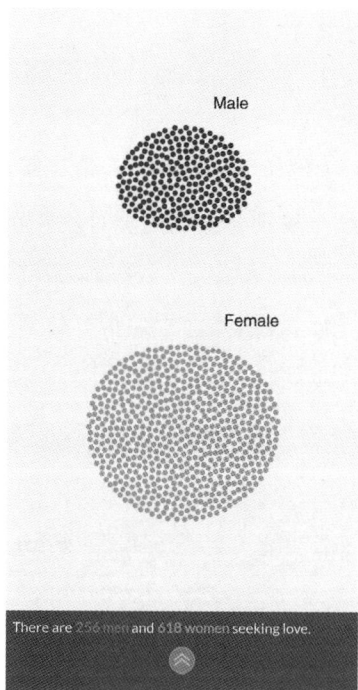

图 6-4 上海公园"相亲角"中的男女比例 图 6-5 相亲市场中男性和女性对另一半的要求

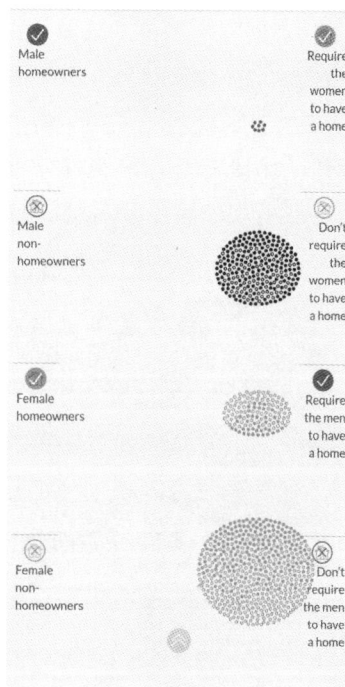

　　该作品很好地利用了布拉德肖的双金字塔结构，在制作阶段高效利用数据，在传播过程中考虑视觉呈现的简明高效、便于转发扩散，同时把相亲市场上的性别差异和"性别生态位"生动地展示出来，更有话题性和内容延展性。

　　目前，国内的数据新闻在数据集的体量上，以"小数据"为主，而大数据则是指TB或GB级别的海量数据以及复杂的数据，例如来自Twitter、Facebook或者微博、微信、抖音、小红书等社交平台的数据。对海量数据的分析能够帮助我们更好地理解灾难、重大新闻事件中的信息流动。采用大数据的典型报道如普利策新闻奖获奖作品《雪崩》（*Snow Fall*，2013）、澎湃新闻2015年的年终报道《一路向北》[①]。

　　《一路向北》可谓"鸿篇巨制"，主创团队由10人组成，分工包括文字记者、摄影记者、视频剪辑、数据图表、项目统筹、页面设计、页面制作。2015年，叙利亚战争爆发后，大量难民涌入欧洲。澎湃新闻记者历时15天，跨越近4000公里，全程跟踪和记录难民辗转到达欧洲的逃亡路线（见图6-6、图6-7）。整个作品用"登陆——边境——新生——未来"4个主题串联起来，采用图文交互的方式呈现。为适应手机端读者的使用习惯，还设置了超链接的主题按钮，读者点击每个主题词，打开后都是一篇单独的主题报道。在网页端，则采取左边地图、右边"图文+视频采访"的形式，便于对照阅读（见图6-8）。根据难民到达的每个地点展开单独的故事陈述（见图6-9），如同"九连环"一样，环环相扣，内容丰富，在叙事的深度和广度以及可视化形式的表现维度上都有极大的拓展。在数据图表制作上，如主创人员所言："会有意识地考虑哪些内容适合用制图来表现……比如难民的花销，如果用文字表示，会非常烦琐。"

---

① 陈荣辉，吴艳洁，郑怡雯，等．澎湃年终特别报道·一路向北 [EB/OL]. [2022-12-30]. http://image.thepaper. cn/html/zt/2015/refugee/index. html.

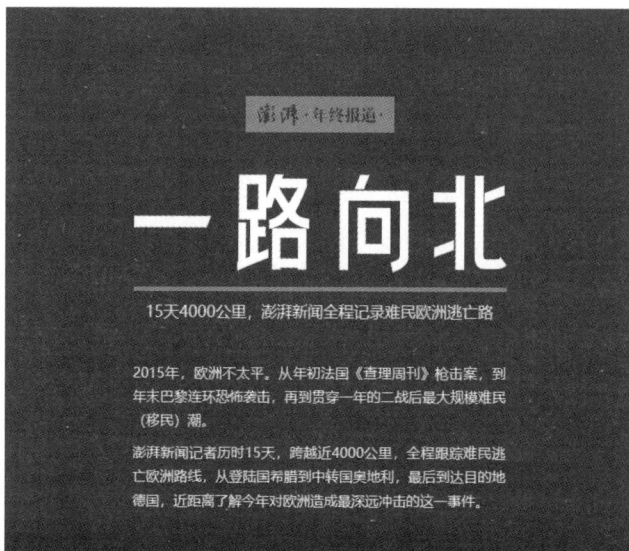

图 6-6 《一路向北》报道首页

　　主创团队对数据的运用和呈现体现了十分专业的数据思维和数据整合能力，让这组难民报道即使在有国际一流媒体《时代》周刊、BBC等相关报道"珠玉在前"的情况下依然独具特色，令人印象深刻。摄影兼文字记者陈荣辉在接受采访时坦承：看完一些知名摄影师的难民图片后，"我觉得从单张或者瞬间或者视觉语言上已经不好操作了"，"数据新闻的应用未必是独立呈现，很多时候数据与这样有血有肉的图片、视频及采访一起呈现才更有力量"。[①]当然，该组作品的成功尤其离不开团队的配合协作。负责数据图表设计的编辑吕妍表示："我觉得仍然是以各自擅长的方式讲故事，但是整体上组织上需要有创新思维，个体上需要更有合作精神。"[②]

①　澎湃新闻团队. 我们为什么被《一路向北》刷屏？[EB/OL].（2016-02-02）[2022-12-30]. https: //www. sohu. com/a/57605749_110160.

②　澎湃新闻团队. 我们为什么被《一路向北》刷屏？[EB/OL].（2016-02-02）[2022-12-30]. https: //www. sohu. com/a/57605749_110160.

图 6-7 《一路向北》报道页面（局部）

图 6-8 《一路向北》报道页面（局部）

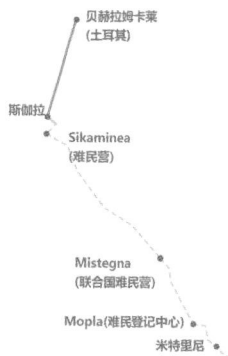

图 6-9　阿富汗难民流亡、登陆路线与场景

　　数据可视化能够简明扼要地揭示数据的特点。对于新闻报道来说，有时候利用可视化的形式来传递信息，的确可以产生"一图胜千言"的效果。因为，从认知的角度来说，接收和理解信息要消耗大量的精力和注意力，而可视化形式减少了大脑的认知负荷，从而提高了信息认知的效率。举个简单的例子，我们去政府部门办事，往往喜欢看办事流程图，其简明高效地梳理了办事的手续、过程、处理环节和负责人/部门，以及办结的时间线和时间表。这些信息如果用文字来陈述，显然既费力又烦琐。

　　一般来说，可视化具备以下三个功能：

　　第一，信息记录从原始社会的山洞壁画、结绳记事到现代社会广为使用的地图、各种交通信号、文化符号体系等，它们都是记录信息的重要载体。尤其是在自然科学领域，从分子结构、元素周期表到基因图谱、天文图等，可视化图形对于启迪人们的智慧和探索，验证各种理论假设等，都有极大的帮助。也正是借助这些图形，人们能够认识自然和宇宙，探索科学和真理。

第二，信息推理和分析。数据分析的任务包括定位、识别、分类、聚类、排列、比较、关联等。通过可视化的方式，将信息简洁直观地呈现于用户面前，有助于他们理解社会现象，并能引导他们从数据分析中推导出有价值的结论或观点。这种思考方式更加便捷、直观和有效，而且降低了理解和记忆的难度。比如，工作和学习中常见的思维导图，能够帮助我们厘清思想脉络，更高效地识记信息和知识要点。

第三，信息传播与协同。人脑接收外界信息的途径中，70%来源于视觉器官。人们常说"百闻不如一见"，说的就是视觉能够传达丰富的外部信息。此外，数据可视化的应用，便于人们进行信息共享与传递、信息协作与修正，以及过滤信息、消除冗余，减少不必要的信息损耗。[①]

由这三个功能出发，数据科学也形成了一个基本的DIKW模型，即"数据（data）、信息（information）、知识（knowledge）、智慧（wise）"模型（见图6-10）。

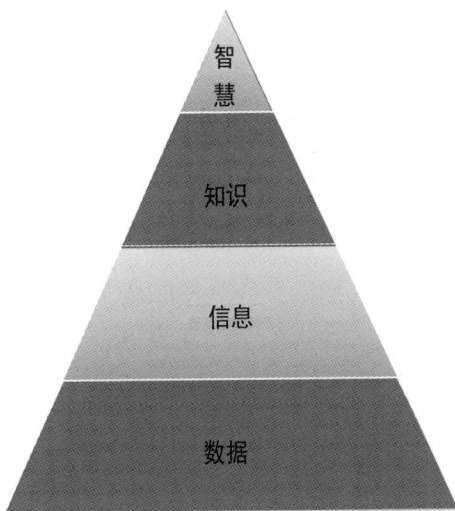

图6-10　DIKW模型

---

① 陈为，沈则谦，陶煜波，等.数据可视化 [M]. 2 版.北京：电子工业出版社，2019：4-6.

原始数据居于底层，当人们从这些数据中发现了某些意义或者有用性之后，它就转化成了信息，这些信息可以回答关于事物是什么、为什么、怎么样等问题。在新闻学中，信息是用来消除不确定性的东西。当这些信息经过人们的解读、加工，整合成系统化的、组织化的体系后，它就转化成了知识。而知识的巅峰是智慧。所谓智慧，是人们从现实世界中获得的启示、思想和领悟等，可以让其拥有者具备更加广阔的认知视野。当一个人做出的判断和思考更具有超越性和洞察力时，我们称其为"智者"。DIKW模型描述了传播过程中从信息到洞见的认知转化层级。

第二节 数据可视化中的数据与图表

一、可视化中的数据

数据是符号的集合，是用以表达客观事物的未经加工的原始素材。数据有不同的分类方法。如根据数据类型，可以分为浮点数、整数、实数、字符串、图像、音频、视频等。而数据也可以看成数据对象和其属性的集合，其中属性包括变量、值域、特征或特性。[①]如描述某地气候，可以用温度、湿度、降水量、日照时间、植被覆盖率、高温或低温天数等一组属性数据加以明确。在科学计算中，通常根据测量标度，将数据分为四类：类别型数据、有序型数据、区间型数据和比值型数据。如表6-1所示，在这些统计数据中，"性别"指标统计的是类别型数据，"排名"属于有序型数据，"时间"指标统计的数据属于区间型数据，主要用于进行对象间的定量比较。比值型数据则用于比较数值间的比例关系，如性别比例为1∶1.5等。

---

① 陈为，沈则谦，陶煜波，等. 数据可视化 [M]. 2 版. 北京：电子工业出版社，2019：91.

表 6-1　数据表格示例

排名	姓名	时间	性别
1	张三	3 分 10 秒	男
2	李四	3 分 13 秒	男
3	王五	3 分 15 秒	男
4	赵六	3 分 30 秒	女
5	孙七	3 分 50 秒	女
6	周八	4 分 10 秒	女

数据用来记录事实，是经由实验、调查、观察、测量、测试等手段获得的结果。数据分析则是对采集到的数据进行处理、分类、研究，从中提炼有效信息并进行表述和总结的过程。根据数据分析的要求，可以采用不同的数据分析方法，一般包括描述性分析（利用统计软件对数据的特征和彼此之间的关系进行提炼和说明）、探索性分析（从数据中寻找和归纳以前未被发现的特征和信息）和验证性分析（通过分析数据来验证某种假设）等三类。无论是哪一种数据分析，都要借助数据可视化的方式加以表达和诠释。而数据可视化的前一步，是对数据进行预处理，包括数据的清洗、规范、归类和集成等，我们可以利用 Excel 或者 Python 等软件对数据进行预处理，导出不同的表达，然后根据需要在生成数据模型、制作可视化界面这两种方法之间选择。在一个可视化设计流程中，用户可以自由选择两种分析方法，这有利于数据迭代，改进初始结果和进行结果验证；也便于发现错误步骤或者自相矛盾的结论，提高结论的可信度。

二、数据可视化的图表类型

可视化通常被认为是设计和制作图像、图形的过程，包括图表、图形符号、数据图形、信息编码图、交互图表等 5 种形式。下文重点介绍图表的类型。

用图表来进行数据可视化时，一个重要的工作是根据数据的属性和特点，选择合适且正确的图表。尽管可视化图表样式丰富，但对于数据新闻而言，最常用的不外乎以下类别①。

（一）二维表

二维表由行和列组成，分别用不同的字段名说明数据的属性、类别或数值。示例见表6-2。

表6-2　二维表示例

姓名	音乐A	音乐B	音乐C	音乐D
张三	0.68	1.58	0.28	0.51
李四	0.31	0.43	0.47	0.11
王五	1.06	1.57	0.73	0.69

（二）条形图和直方图

垂直条形图也称柱状图，用于比较经过分类的数据。示例见图6-11。

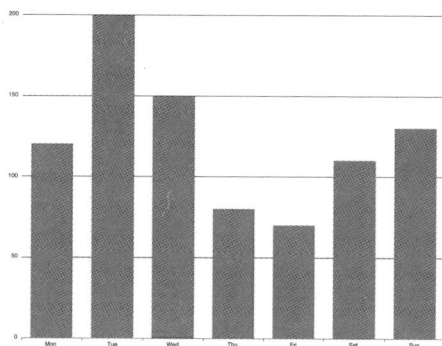

图6-11　柱状图示例

水平条形图使用横轴来表示各类别的频数，纵轴列出类别，且各类别的数据分开排列。而直方图用于展示数值型的数据，由于分组数据具有连续性，直方图的各矩形通常是连续排列的，形成一个整体。示例见图6-12、图6-13。

---

① 除标明出处的数据新闻图表外，其他所有图形示例均来自ECharts官网（https: //echarts. apache. org/ examples/zh/index. html）。

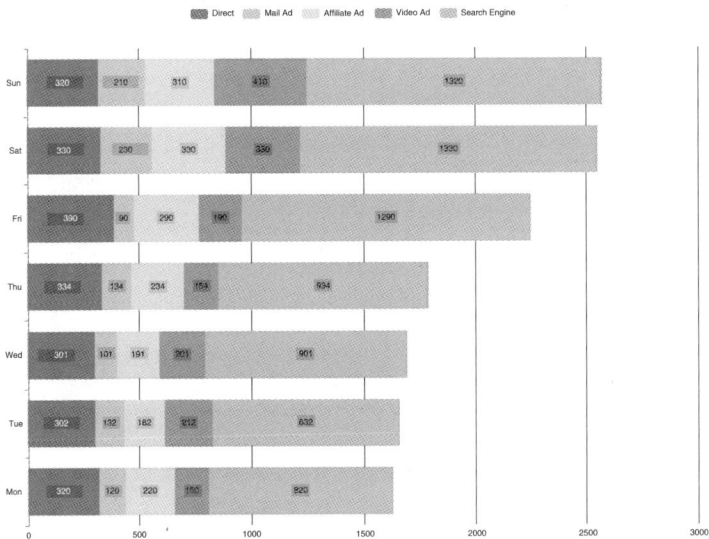

图 6-12　条形图示例

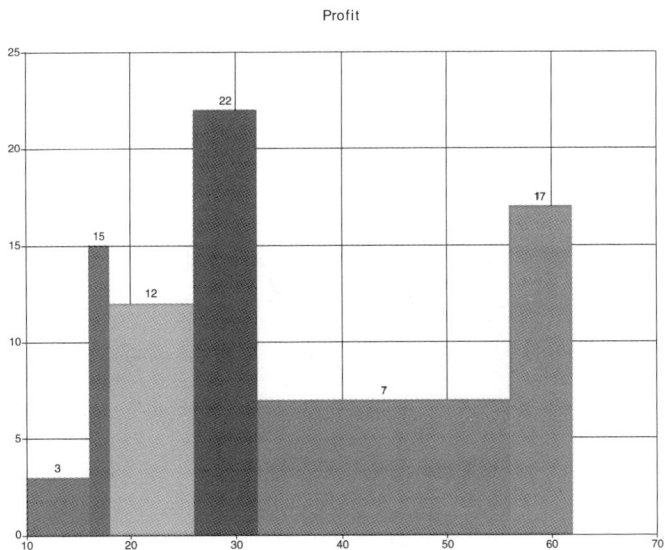

图 6-13　直方图示例

（三）饼图

饼图是一种用面积来表示不同组数据在总体中所占比例的图表。适用于饼图的数据类型必须是具有完整集合的，一个圆饼即一个完整的集合，分组之间具有并列关系。饼图虽然使用广泛，但是也存在明显的缺点，即对于数据大小的比较在视觉上存在偏差，因为我们在视觉上对小变化的角度值不敏感。示例见图 6-14。

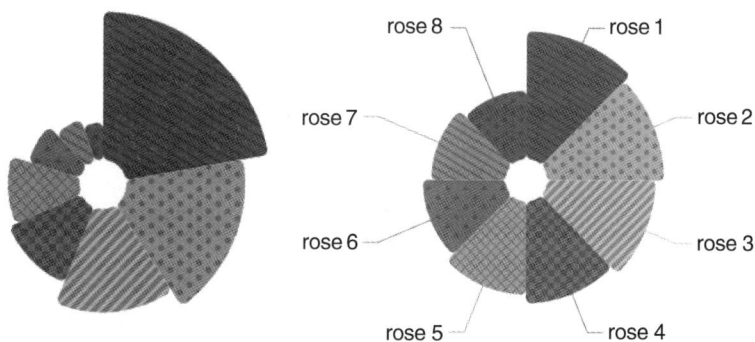

图 6-14　饼图示例

（四）折线图

折线图可以用来展示一组或者多组数据。常用于展现数据的变化趋势，展现有连续时序关系的数据，折线的斜率可以展示变化的大小。示例见图 6-15。

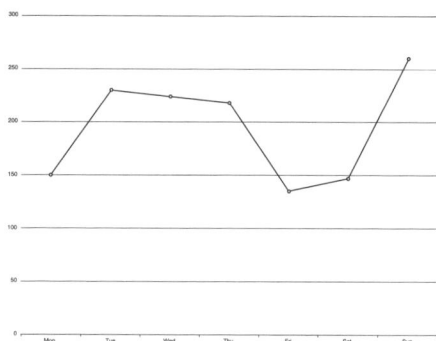

图 6-15　折线图示例

（五）散点图

散点图可以展示两件事的相互关系。把折线图中的每个数据用点标记，然后抹掉线条，就可以得到一个散点图。散点图一般用于比较跨类别的聚合数据。散点中包含的数据越多，比较的效果就越好。散点图可以展示不同个案的分布，便于观察整体数据的离散和聚合状态，以及纵横坐标两个变量之间是否存在潜在的相关性。示例见图 6-16、图 6-17。

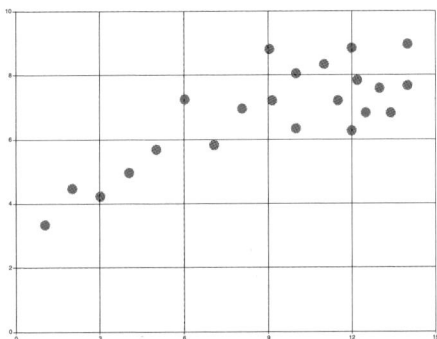

图 6-16　基础散点图示例

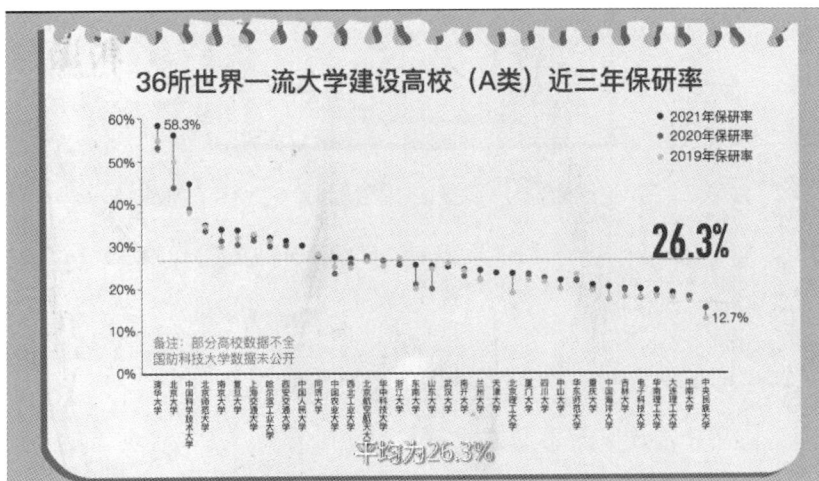

图 6-17　散点图示例：36 所世界一流大学近三年保研率

（图片来源：龚唯，王亦赟. 羡慕嫉妒恨，可保研真有这么容易吗？[EB/OL].（2021-10-26）[2022-12-30]. https://www.thepaper.cn/newsDetail_forward_15058562.）

123

（六）扇形图

扇形图与饼图类似，都是用来展示数据间的比例关系。图 6-19 中的堆叠扇形图（见图 6-18）显示了女孩受教育年数与家庭子女性别间的相互关系。从中可以看到，同胞数量对于家庭教育资源有挤压作用。随着同胞数量的增加，家庭教育资源的挤压效应越明显，个体受教育水平越低。这一现象在女性群体中尤为严重。[①] 从性别来看，女孩更容易因为兄弟竞争被压缩乃至剥夺受教育的机会。这反映了不同性别间教育资源的不平等，这也恰恰是性别不公的表现之一。

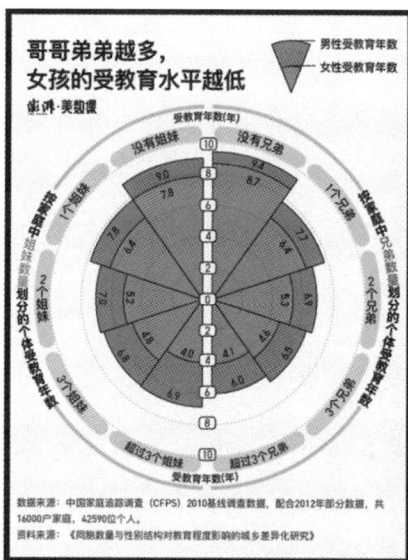

图 6-18　扇形图示例：女孩受教育程度与家庭子女性别之间的关系

（图片来源：杜海燕，王亚赛. 数说"我的姐姐"：成为多孩家庭中的女孩意味着什么？[EB/OL].（2021−04−13）[2022−12−30]. https://www.thepaper.cn/newsDetail_forward_12101492.）

（七）雷达图

雷达图用于展现某一事物不同方面的分布情况。从中心点发散出长度相等的若干辐条，每个辐条代表一个比较的维度，数值的大小决定点在辐条上

---

① 杜海燕，王亚赛. 数说"我的姐姐"：成为多孩家庭中的女孩意味着什么？[EB/OL].（2021-04-13）[2022-12-30]. https://www. thepaper. cn/newsDetail_forward_12101492.

离中心点的距离；将每个辐条上的不同点连接起来，就构成了一个雷达图。示例见图6-19。

雷达图的优点是，在比较一个事物在各个方面的进展、优劣、偏向等指标时，显得非常直观。图 6-20 展示了四种品牌的手机各项性能的比较，让人一目了然。但是雷达图的缺点也比较明显，即如果比较的维度过多，辐条过于密集，在视觉上会让人感到混乱。

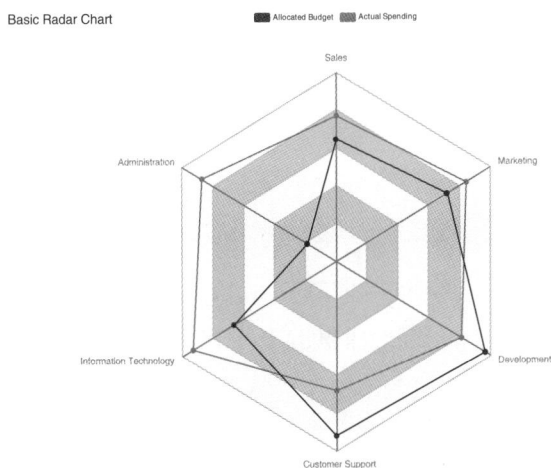

图 6-19　雷达图示例

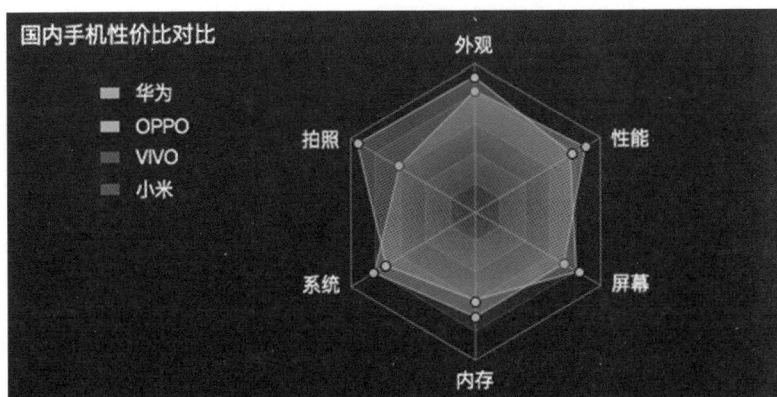

图 6-20　雷达图示例：国内 4 款品牌手机的性价比对比

（图片来源：维度学概述［EB/OL］.［2020-12-30］. https://baijiahao.baidu.com/s?id=172534531206715451
2&wfr=spider&for=pc.）

125

（八）数字地图

数字地图是纸质地图的数字形态，是在一定坐标系统内具有确定的坐标和属性的地面要素和现象的离散数据，在计算机可识别的可存储介质上概括性的、有序的集合。数字地图可以非常方便地对普通地图的内容进行任意形式的要素组合、拼接，形成新的地图。用户可以对数字地图进行任意比例尺、任意范围的绘图输出，还可以利用数字地图记录的信息生成新的数据关系。笔者指导的学生团队参加 2022 年第七届中国数据新闻大赛时提交的作品《这个夏天，我们都是"烫达人"——数说中国高温》，以地图显示了 2022 年中国各地出现高温天气的地理分布。[①]

（九）盒须图

盒须图又称盒式图，通常用于展示一组数据的分布情况，如最大值、最小值、中位数以及上下临近的两个四分位数。它主要用来反映原始数据的分布特征，还可以进行多组数据的比较。根据这几个数位点画出来的图形像长着胡须的盒子，故称盒须图。盒须图常常用于品质管理、异常值识别等。示例见图 6-21。

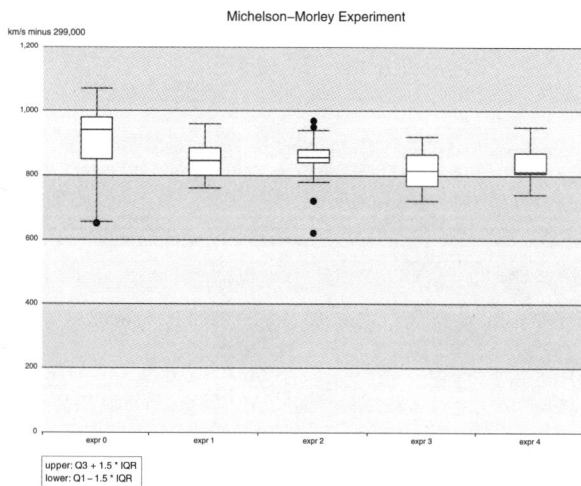

图 6-21　盒须图示例

---

① 详见中国数据新闻大赛官网《作品展示》栏目，网页链接：http://www.cdjcow.com/list.asp?classid=73。

再看图 6-22，清晰地标出了几个数位，信息一目了然。

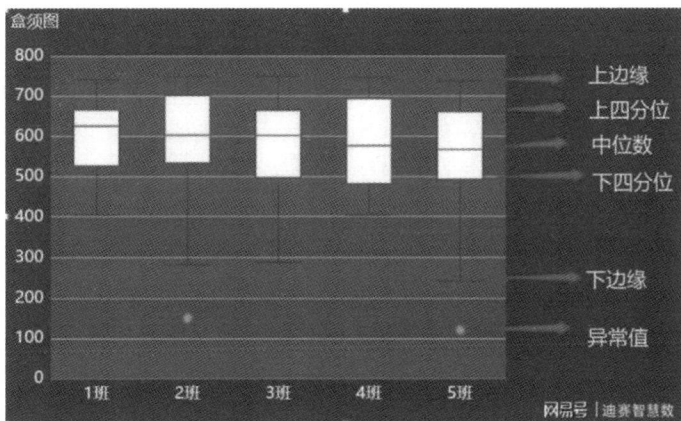

图 6-22　盒须图的现实使用案例

（图片来源：年终报表设计之盒须图，让图表代替你总结工作[EB/OL].（2021-12-20）[2022-12-30].
https://www.163.com/dy/article/GRM1NE0S0552Q0S2.html.）

（十）面积图

面积图也称矩形树图，是一种相对简单的数据可视化形式，通过具有视觉吸引力的矩形块呈现信息。可使用维度定义树形图的结构，使用度量定义各个矩形块的大小和颜色。面积图包含两个度量，一个度量控制大小，另一个度量控制颜色。它一般用于比较相差极大的数值；数据量不多的情形下，一般也用面积图进行比较。面积图比单一维度的条形图或矩形图显得更加紧凑和直观。如曾经获得 2018 年 "凯度信息之美奖" 金奖的作品《发生在印度的强奸》（*Rape in India*），用面积图的形式展示了施暴者和受害者之间的关系（见图 6-23）。数据显示，发生性侵害事件时，来自身边熟人的强奸在事实上多于陌生人的施暴。该作品在分析了印度强奸案件的报案数量、立案数量、案件审理的时间和数量、施暴者与受害者的关系、受害者年龄等指标后，呈现了一个触目惊心的事实：印度司法无力导致强奸行为猖獗，熟人作案发案率高，而且受害人日益低龄化。受害人从成年女性下延至女童，进一步说明印度女性的社会地位低下，缺少权益保护。最终结论是：正是因为印度存在根深蒂固的系统性的 "强奸文化"，才导致强奸行为成为无法清除的社会痼疾。整个作品数据量丰富，可视化形式多样，数据分析条理清晰，事实清楚准确，体现了深切的人道主义关怀。

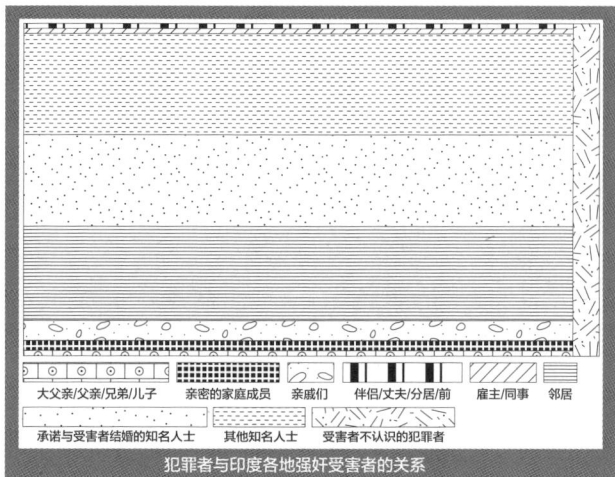

图 6-23　面积图示例：犯罪者与印度各地强奸受害者的关系

（十一）气泡图

气泡图可以在一组圆圈中显示数据，主要用于比较不同数据的数值关系。

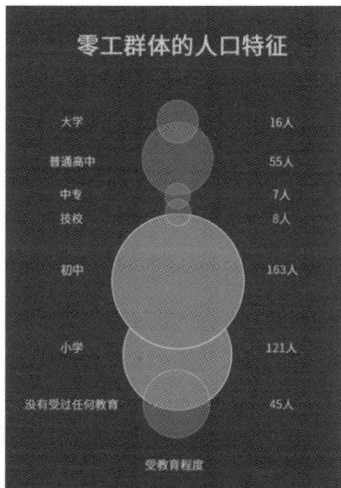

图 6-24　气泡图示例：零工群体的受教育程度

第七届中国数据新闻大赛一等奖作品《城市里的"零"魂》，用气泡来表示城市里零工群体的教育程度（见图 6-24）。

（十二）树状图

树状图多见于思维导图，用来梳理结构成分或关系逻辑。近年来，树状图的运用场景增多。示例见图 6-25。

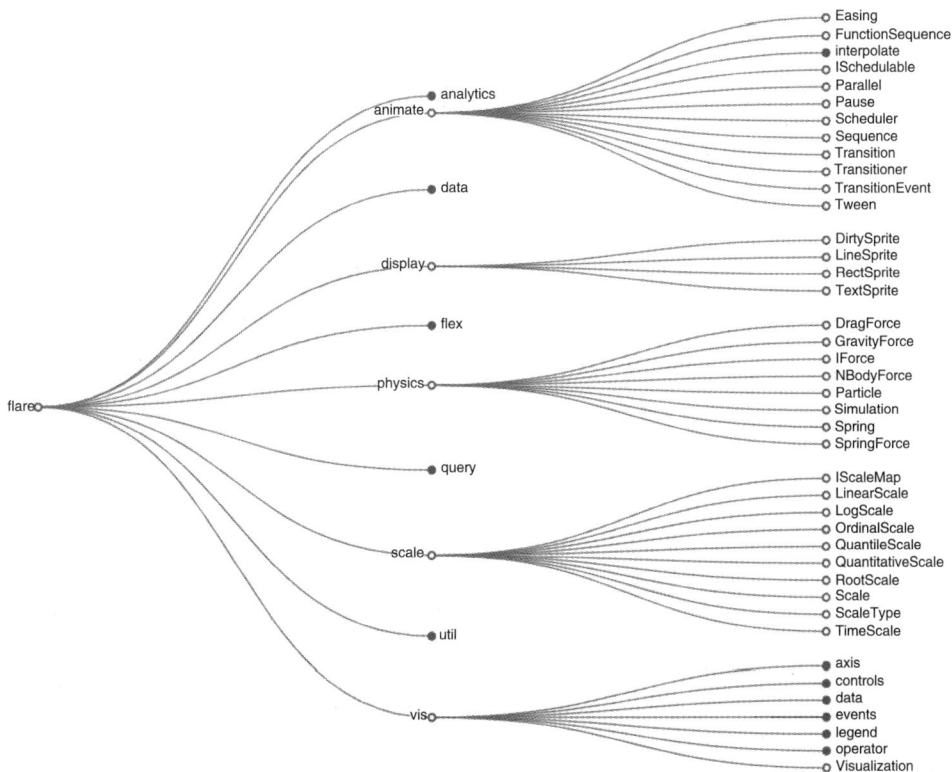

图 6-25　树状图示例

我们在使用这些数据图形时，重点是要根据数据特点或者数据关系选择合适的图表。比如，吴小坤就列出了几种情形，用来表达数据与信息图表之间的需求对应关系①：（1）对比。在两个或两个以上的要素进行比较时，经常

---

① 吴小坤. 数据新闻制作简明教程 [M]. 上海：复旦大学出版社，2018：114.

会用到以下图形：柱状图、散点图、折线图、饼图等。（2）描述分布状况。可以用柱状图、饼图、盒须图、散点图等。（3）解释局部与整体之间的关系。可以使用柱状图、饼图或树状图等。当然，数字地图可以用来呈现地理空间上的局部—整体关系，或者是某个现象与事件的地理分布情况。（4）表达变化趋势。常用柱状图、折线图等。自变量和因变量可以各自作为 X 轴和 Y 轴，两者之间存在一定的变化关系。（5）寻找差异性或者偏差因素。常用折线图、柱状图、盒须图等。（6）多组数据的描述或比较。如果数据关系比较复杂，或者存在多组数据维度，可使用气泡图、散点图、折线图等。

使用数据图表的基本原则是：按需定制，根据叙事语境选择合适的图表。图表形式切忌过于单调，但是也要避免过于花哨，干扰读者对信息的理解。这就涉及数据可视化的基本原则了。

三、数据可视化的基本原则

数据新闻中的可视化，主要是利用数据挖掘的结果，对信息进行解读、诠释，揭示其中隐含的社会意义和社会价值。也就是说，数据新闻的可视化是发掘或建构新闻价值的过程。它强调的是数据挖掘的可解释性、可交互性和可理解性。针对具体的新闻应用场景，数据挖掘常常用于文本分析、图像分析、用户行为分析、时空数据分析、深度学习和聚类分析等，从纷繁复杂的社会现象和形形色色的数据流中寻找并提炼新闻价值。在"数据—信息—新闻"的转化过程中，运用数据可视化工具和方法的基本原则可以归纳为以下 6 点：（1）将数字置于语境中。（2）为读者做好计算，而不是让读者自己计算。图表中要显示结果，而不是显示计算的过程。（3）使用尽可能少的字体和颜色，界面干净、区分度高，颜色要有意义。（4）图表要简洁易懂，为读者着想。（5）对故事构思进行多次迭代，以寻找最优的叙事方式和可视化形式。（6）寻找能让尽可能多的人明白的语言和表达形式。[①]

这里尤其是要强调产品思维。即制作出来的数据新闻作品要尽量符合视

---

① 黄慧敏. 最简单的图形与最复杂的信息 [M]. 杭州：浙江人民出版社，2013：129-130.

觉规律、大众的审美品位和理解水平，不要使用过于复杂的数据图形，以免"乱花渐欲迷人眼"，影响了用户对信息的理解和吸收。因为我们的大脑对事物的感知是有优先级的，这种优先级基于对事物辨识度的感知。比如我们对颜色差异的识别要快于对形状差异的感知。因此，数据可视化设计要遵循以下规律：一是要符合格式塔心理学原则（即人会将缺失的信息自动补全），图形设计要留出一定的想象空间；二是遵循辨识度排序原则，即在设计中强调对比性，通过对比差异来体现事物之间的区别与变化；三是配色时牢记"少胜于多"的原则，颜色种类尽量不多于三种，要多用互补色、渐变色，能够突出差异，或者在视觉效果上比较统一、和谐。

此外，还要有交互思维和服务意识。在制作数据新闻时，不能仅仅把眼光落在内容重建和可视化呈现方面，而要着眼于实现技术与人文的融合、内容交互和服务创新，即实现智能化、个性化和社会化，将数据、信息与社会和个人连接起来，而其中的连接物就是"产品"。要让数据技术真正落地，为人们的衣食住行和个人发展服务。所以，数据新闻除了要借助媒体的生产、传播和接收系统，更要转化成"日常之物"，让自身内容真正服务于人们的信息需求、社会交往和行为决策，实现既"叫好"又"叫座"。

四、可视化新闻的功能与不足

可视化的优点是简化信息、吸引眼球、便于理解和认知等。根据陈为等人的归纳，可视化的作用体现在 6 个方面：（1）揭示想法和关系；（2）形成论点或意见；（3）观察事物演化的趋势；（4）总结或积聚数据、存档和汇总；（5）寻求真相和真理、传播知识；（6）探索性数据分析。[①]

数据可视化是制作数据新闻的技术手段之一。在进行可视化设计时，要充分考虑适用的场景：一是要直观表达事实，用视觉化手法来完成叙事；二是能够从数据中发现不同的视角，打破常规思维，帮助用户看到一个不同的世界，或者是长期以来被主流社会忽视的问题、趋势等；三是通过数据挖掘和

---

① 陈为，沈则潜，陶煜波，等 . 数据可视化 [M]. 2 版 . 北京：电子工业出版社，2019：4.

分析，能够向用户展示那些人们司空见惯却熟视无睹，日积月累之下正在形成的潜流、风潮或者流行趋向，从而预测人类社会的未来走向和变化趋势等，帮助用户更好地理解人类社会的复杂性和多变性。

从当前国内的数据新闻实践现状来看，数据可视化还存在一些问题，具体表现在 3 个方面。

一是可视化形式单一。目前，我国媒体制作的数据新闻仍然以静态图为主，其次是动态图表，以及少量的交互动图等。从整体来看，可视化类型单一，在融合新闻以及富媒体的融合创新方面还有待探索。

二是场景融合的能力不足。当前，数据新闻还局限于对节日、仪式或重大事件的报道，较少进入日常生活场景和工作场景。随着 5G 时代的到来，万物互联的程度进一步提升，数据新闻的多场景生成也正在推开。但是，要真正突破内容与技术瓶颈，实现由 PGC（媒介组织生产内容）到 UGC（用户生产内容），再到 AIGC（人工智能生成内容）的跃升，关键前提是加强人机协作场景的落地普及，由机器人去做大量的基础性工作，媒体从业者则完成独创性内容的生产。

三是"所见即所得"冲击客观性。数据可视化的一大优势在于"所见即所得"，将数据转化为直观易懂的信息和知识，为用户节省了获得信息的时间和精力，提高了信息传播的效率。但是，用户对于新闻现场的理解与认知，是基于现场观察，如果过分依赖人工再造的"新闻现场"，如 VR 或 AR 场景，以及所谓虚实交融的 XR（混合现实）环境，迷恋替代性技术，也即过度媒介化，那么新闻的客观性必然会遭受冲击。

第三节　可视化设计的工具和在线使用平台

一、入门级工具

（一）Excel

数据新闻制作的入门级工具当然是 Excel 了。Excel 软件是我们在日常工作和生活中经常用到的电子表格，基本上能够满足我们日常处理数据的要求。使用时，我们选择数据，点击"插入"，选择合适的图表类型，就可以根据需要生成可视化图表了。

图 6-27 是关于 2020 年新冠疫情流行期间某一国家的确诊人数增长情况。根据案例设定具体要求：（1）选中数据表，插入折线图；（2）修改折线图设置，选中对象，点击"+"修改图表元素，包括添加轴标题、图标题等；（3）插入文本框，添加折线标记。

图 6-26　Excel 操作步骤示例（一）

在具体操作过程中，我们要先选中数据对象才能进行下一步操作。如图 6-27 所示，打开 Excel 文件中的源数据 data1.xlsx（数据已经提前收集整理好），选中左侧数据栏，点击"插入"，工具栏中选择"折线图"，就会自动生成右侧所示的图表。然后根据要求，进行图表元素的修改和设定，以及为折线添加文本标记。

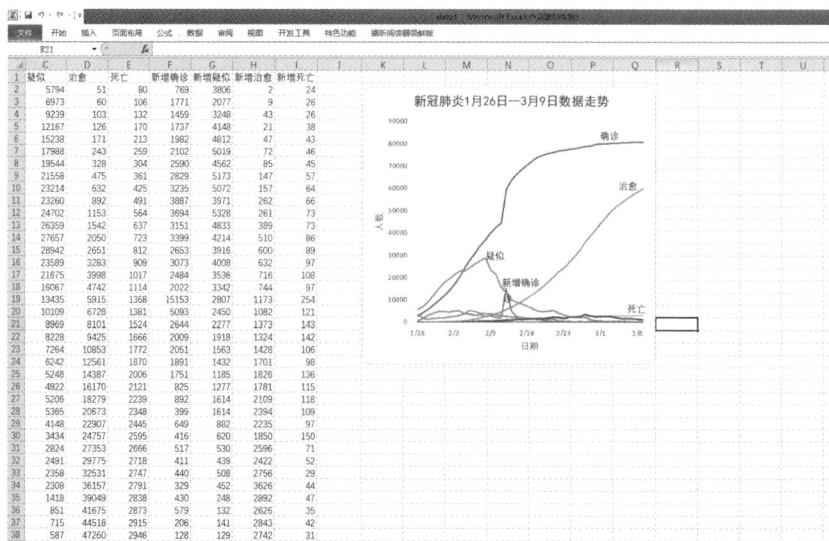

图 6-27　Excel操作步骤示例（二）

　　当然，我们也可以根据最新报告的病例和死亡人数表格绘制各个疫情国家现有确诊、累计确诊和累计死亡人数的分布饼图，显示排在前 10 位的国家，10 名以外的都归入"其他国家"（用"other"表示）进行统一显示。仍然按照上面介绍的"选中数据对象——插入饼图——修改字段属性"的步骤进行操作。见图 6-28。

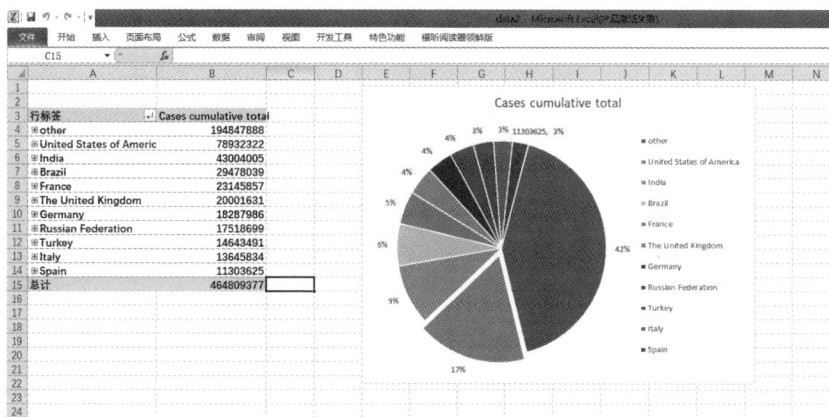

图 6-28　Excel操作步骤示例（三）

Excel的函数功能非常强大，包括数学函数、统计函数、查找与引用函数、日期与实践函数、文本函数等。常用的函数名称及公式如下：

求和函数 =SUM（number1,number2……）

平均值函数 =AVERAGEIF（criteria_range,criteria,average_range）

计数函数 =COUNTIF（criteria_range,criteria）

逻辑函数 =IF（logical_test,value_if_true,valure_if_false）

时间和日期函数 =YEAR/MONTH/DAY（serial_number）

查找与引用函数 =VLOOKUP（lookup_value,table_array,col_index_num,range_lookup）

运用函数公式，可以帮助我们有效地提取相应的数据进行归类、汇总、计算和分析。在实际运用过程中，我们可以反复练习，直到熟记于心、运用自如。它能极大地提高我们的数据图表处理能力和工作效率。

数据透视表是汇总、分析、呈现复杂数据的一个绝佳功能，它可以通过高度灵活的数据字段布局来实现很多函数的功能，无须通过公式计算，可以大大提高数据分析的效率。[①]使用数据透视表功能，同样是先选中要进行数据透视的工作表，然后点击"插入"，选择工具栏下方的"数据透视表"，出来一个"创建数据透视表"的对话框。系统会自动选中整张工作表，记得要把数据透视表放在"新工作表"中，这也是一个默认选项，然后点击"确定"就可以创建了。如图 6-29 所示，列字段是世界各国的新增新冠确诊病例、累计病例、新增死亡率和累计死亡率等，行字段是各项对应数值。

---

① 详见吴小坤.数据新闻制作简明教程[M].上海：复旦大学出版社，2018：73-76.

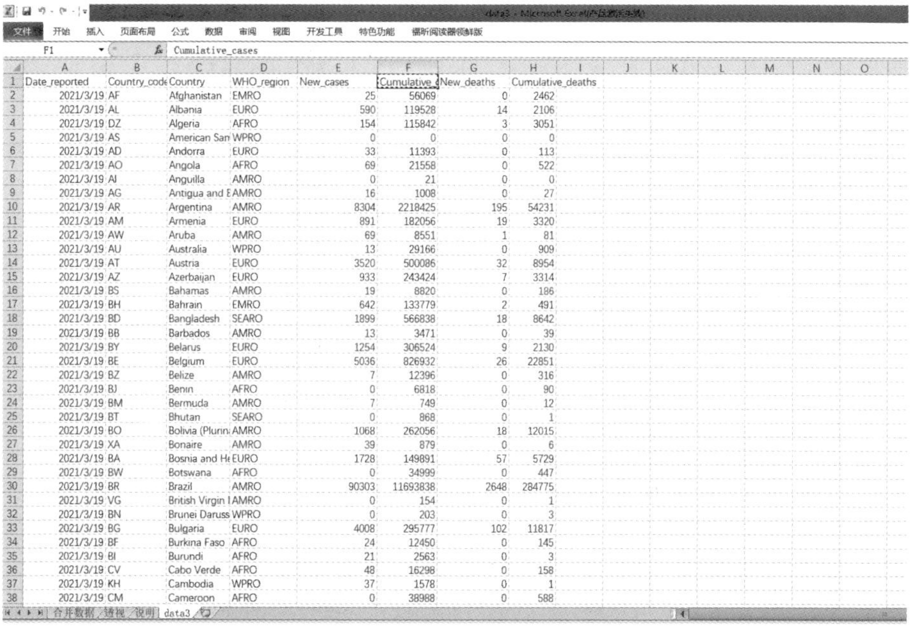

Date_reported	Country_code	Country	WHO_region	New_cases	Cumulative_c	New_deaths	Cumulative_deaths
2021/3/19	AF	Afghanistan	EMRO	25	56069	0	2462
2021/3/19	AL	Albania	EURO	590	119528	14	2106
2021/3/19	DZ	Algeria	AFRO	154	115842	3	3051
2021/3/19	AS	American San	WPRO	0	0	0	0
2021/3/19	AD	Andorra	EURO	33	11393	0	113
2021/3/19	AO	Angola	AFRO	69	21558	0	522
2021/3/19	AI	Anguilla	AMRO	0	21	0	0
2021/3/19	AG	Antigua and E	AMRO	16	1008	0	27
2021/3/19	AR	Argentina	AMRO	8304	2218425	195	54231
2021/3/19	AM	Armenia	EURO	891	182056	19	3320
2021/3/19	AW	Aruba	AMRO	69	8551	1	81
2021/3/19	AU	Australia	WPRO	13	29166	0	909
2021/3/19	AT	Austria	EURO	3520	500086	32	8954
2021/3/19	AZ	Azerbaijan	EURO	933	243424	7	3314
2021/3/19	BS	Bahamas	AMRO	19	8820	0	186
2021/3/19	BH	Bahrain	EMRO	642	133779	2	491
2021/3/19	BD	Bangladesh	SEARO	1899	566838	18	8642
2021/3/19	BB	Barbados	AMRO	13	3471	0	39
2021/3/19	BY	Belarus	EURO	1254	306524	9	2130
2021/3/19	BE	Belgium	EURO	5036	826932	26	22851
2021/3/19	BZ	Belize	AMRO	7	12396	0	316
2021/3/19	BJ	Benin	AFRO	0	6818	0	90
2021/3/19	BM	Bermuda	AMRO	7	749	0	12
2021/3/19	BT	Bhutan	SEARO	0	868	0	1
2021/3/19	BO	Bolivia (Plurin	AMRO	1068	262056	18	12015
2021/3/19	XA	Bonaire	AMRO	39	879	0	6
2021/3/19	BA	Bosnia and He	EURO	1728	149891	57	5729
2021/3/19	BW	Botswana	AFRO	0	34999	0	447
2021/3/19	BR	Brazil	AMRO	90303	11693838	2648	284775
2021/3/19	VG	British Virgin I	AMRO	0	154	0	1
2021/3/19	BN	Brunei Daruss	WPRO	0	203	0	3
2021/3/19	BG	Bulgaria	EURO	4008	295777	102	11817
2021/3/19	BF	Burkina Faso	AFRO	24	12450	0	145
2021/3/19	BI	Burundi	AFRO	21	2563	0	3
2021/3/19	CV	Cabo Verde	AFRO	48	16298	0	158
2021/3/19	KH	Cambodia	WPRO	37	1578	0	1
2021/3/19	CM	Cameroon	AFRO	0	38988	0	588

图 6-29　Excel操作步骤示例（四）

而我们要完成如图 6-30 所示的数据分析相关操作：

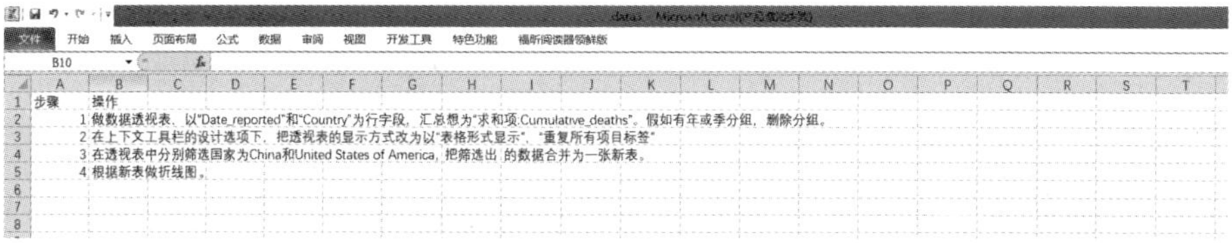

步骤	操作
1	做数据透视表、以"Date_reported"和"Country"为行字段，汇总想为"求和项:Cumulative_deaths"。假如有年或季分组，删除分组。
2	在上下文工具栏的设计选项下，把透视表的显示方式改为以"表格形式显示"、"重复所有项目标签"
3	在透视表中分别筛选国家为China和United States of America，把筛选出 的数据合并为一张新表。
4	根据新表做折线图。

图 6-30　Excel操作步骤示例（五）

首先，我们在新表中选择"插入"——"数据透视表"，图 6-31 右侧列出了所有的字段名：报告日期（Date_reported）、国家代码（中国是China，美国是US）、国家（Country）、新增病例（New_cases）、累计病例（Cumulative_cases）、新增死亡（New_deaths）、累计死亡（Cumulative_deaths），我们把Date_reported、Country拖到"行标签"，把 Cumulative_deaths拖到"数值"栏，选择的是"求和项"，分别求中国（China）和美国（US）的累计死亡率，得到两张表格，我们把它们拼在一起，就得到了图 6-31 左边显示的两张关于中国和美国的类似死亡率的数据透视表。

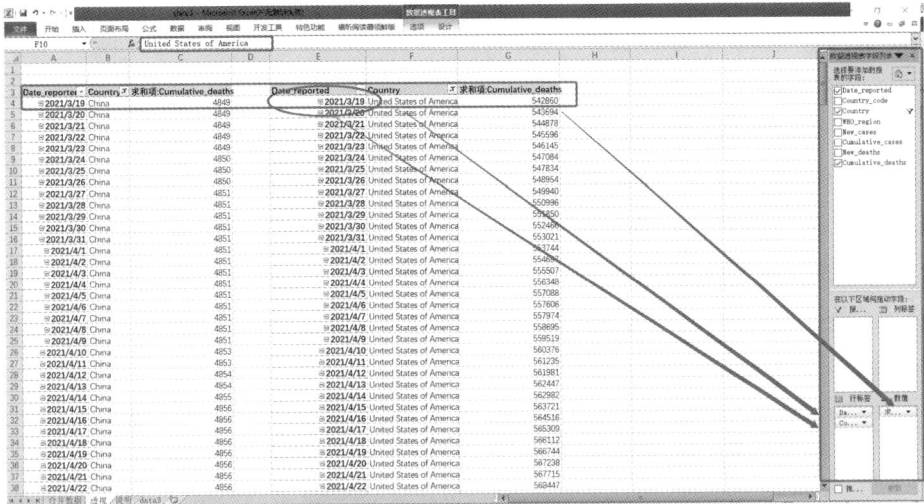

图 6-31　Excel 操作步骤示例（五）

然后，根据列字段完成的分类汇总表格来绘制折线图，见图 6-32。

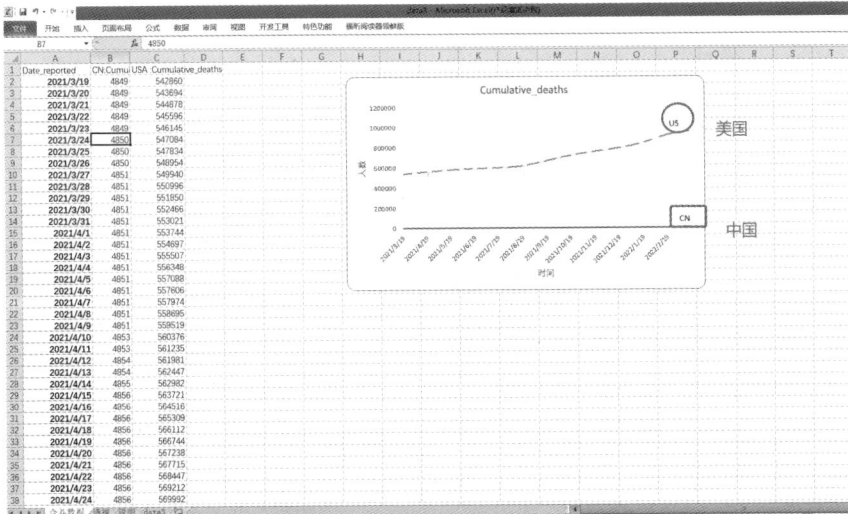

图 6-32　Excel 操作步骤示例（六）

图 6-32 中，实线是中国，虚线是美国。因为中国的数值过小，几乎已经贴近 X 轴，并不明显，而美国的折线图的走势非常醒目。两相对比，可以得出一个结论：2020 年新冠大流行期间，美国因新冠死亡的累计人数远远超过中国。接下来就可以就两国的防疫政策、救治措施、医疗条件等方面的因素展开具体分析了。

（二）Tableau

1.软件介绍

Tableau 不仅是一款可视化软件，还是一个强大的大数据可视化分析工具。它的安装和操作方式十分简便。安装和下载地址：https://www.tableau.com/products/desktop/download? os=windows。打开网址后会出现一个安装界面，安装完成后的界面如图 6-33 所示。

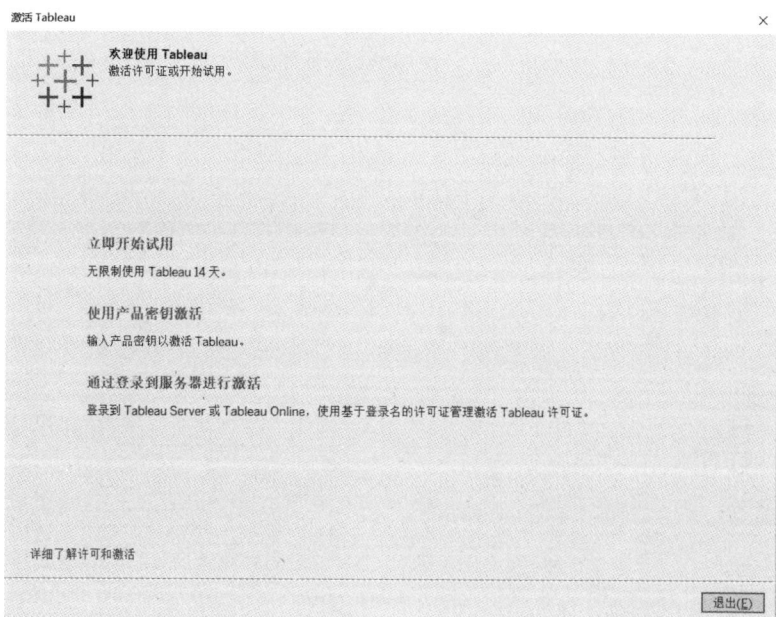

图 6-33 Tableau 安装完成界面

Tableau旗下的产品有Tableau Desktop、Tableau Server、Tableau Online、Tableau Public、Tableau Reader等。这款软件和Python相比，无须用户编写代码，新的控制台也可以完全自定义配置。控制台不仅能够检测信息，还提供了完整的分析能力，而且控制灵活，具有高度的动态性。[①]

2.使用步骤

打开Tableau软件，根据需要选择数据源，可以连接Excel、CSV、SQL等多数据格式。转到工作区。Tableau工作区包含菜单、工具栏、"数据"窗格、功能区和一个或多个工作表。通过这些文件，我们可以对分析结果进行组织、保存和共享。

打开Tableau时，系统会自动创建一个空白工作簿。也可以创建新的工作簿：选择"文件"——"新建"，或者将工作簿连接到已有的文件中。数据源可以是Excel文件、txt文本文件、Access数据库文件或CSV、SQL等数据库文件。我们可以将需要导入图表的数据分别拖放到"行"和"列"，右边智能板块将显示可适用的图标类型，点击选择一个类型就会在工作区生成图表。操作完成后，我们需要保存和导出工作簿。保存格式有工作簿（.twb）、书签（.tbm）、打包工作簿（.twbx）、数据提取（.tde）、数据源（.tds）、打包数据源（.tdsx）等Tableau专用的文件格式。对于要导出的工作表，右击该工作表标签，选择"导出"，就会出现需要导出的工作表的保存路径，文件扩展名是.twb。

使用Tableau创建数据图表，作为免费用户，需要把图表发布到Tableau Public上公开分享才能保存，保存以后可以下载pdf、png等格式的文件，也可以下载嵌入代码，然后直接放入稿件的网页中，以交互图表的形式出现在数据新闻报道中。

Tableau还有一种故事模式，它是按顺序排列的工作表集合，包含多个传达信息的工作表或仪表板。故事中各个单独的工作表称为"故事点"，创建故事的目的是揭示不同事件之间的关系、提供上下文信息、演示决策与结果的

---

① 王国平．Tableau 数据可视化从入门到精通：视频教学版 [M]．北京：清华大学出版社，2020：4.

关系。[①]所谓仪表板，是指显示在单一面板的多个工作表和支持信息的集合，便于同时比较和检测各种数据，并可实现添加筛选器、突出显示、网页链接等操作，使工作表之间层层下钻，实现更具交互性的工作成果展示。概括来说，就是对用户制作的所有可视化图表的一种整合。

2021年，笔者带领学生使用 Tableau 软件完成数据可视化作品，《中国家庭生育政策变迁——中国女性能支配自己的身体吗？》是作品之一。该作品的可视化图表以仪表板的形式集合了几张图表，分别是女性生育二孩的意愿、影响二孩生育的社会家庭因素、中国各省结婚登记率分布、中国整体生育率统计图（1959—2020年）。将它们放在一起，能够很好地展示和解释中国生育政策、女性生育二孩意愿和社会制约因素等的相互关联。见图6-34、图6-35。

图6-34 可视化作品《中国家庭生育政策变迁——中国女性能支配自己的身体吗？》报道首页

---

① 王国平. Tableau 数据可视化从入门到精通：视频教学版 [M]. 北京：清华大学出版社，2020：131-132.

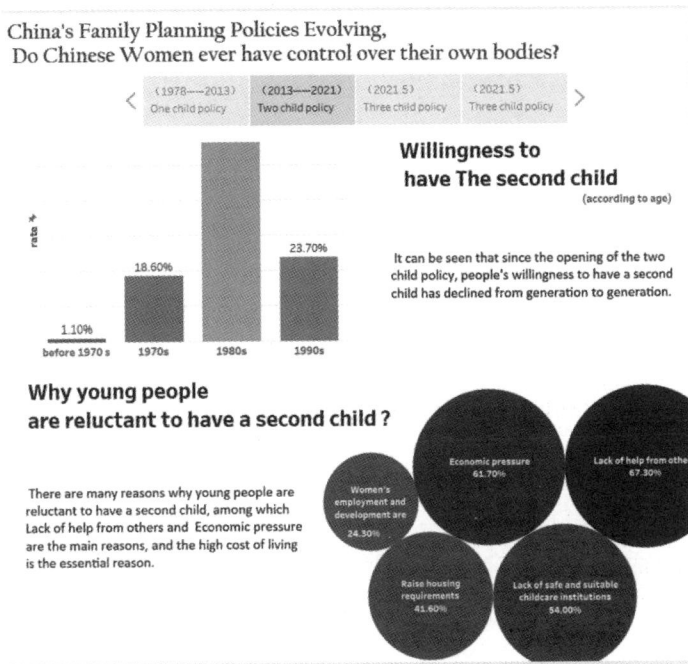

图 6-35　中国家庭生育意愿统计仪表板

从使用体验上来说，Tableau 简单、易用、上手快，操作简便、迅速。它集复杂的计算机图形学、人机交互和高性能的数据库于一体，实现了跨领域、跨学科的融合运用。美中不足的是它的试用期太短（14天），而付费版本昂贵。所以在国内的使用范围有限，用户可以选择 Microsoft Power BI、阿里 DataV、腾讯云图 TCV 或百度 Sugar 等可视化工具来替代，或者直接使用 Python 等开源软件。

二、在线可视化平台

（一）镝数聚

镝数聚（https://dydata.io）是中国首个数据查找与可视化平台，不仅提供高质量的数据资源，还能帮助用户完成从数据获取到数据分析与处理，再到数据可视化呈现与发布的全程工作。

根据其官方网站的介绍，作为一个以数据为核心的写作和分享社区，镝数聚打破数据可视化展示与传播的技术壁垒，融合新闻学、信息学、统计学、计算机科学、艺术设计等学科，为用户呈现数据。用户在同一个页面就可以完成文字、交互图表、图片的混合编辑，无须在数据可视化工具和文本编辑工具间来回切换。在同一个平台上，用户就可以完成从数据处理到发布的大部分工作。

（二）Flourish

Flourish（https://flourish.studio/examples/）是一个便捷好用的在线可视化平台。打开后的页面见图6-35。注册后，选择模板，导入数据，就可以在线生成需要的图表。Flourish上的图表不仅类型丰富，而且包括静态和动态样式，满足用户多方面的需要。

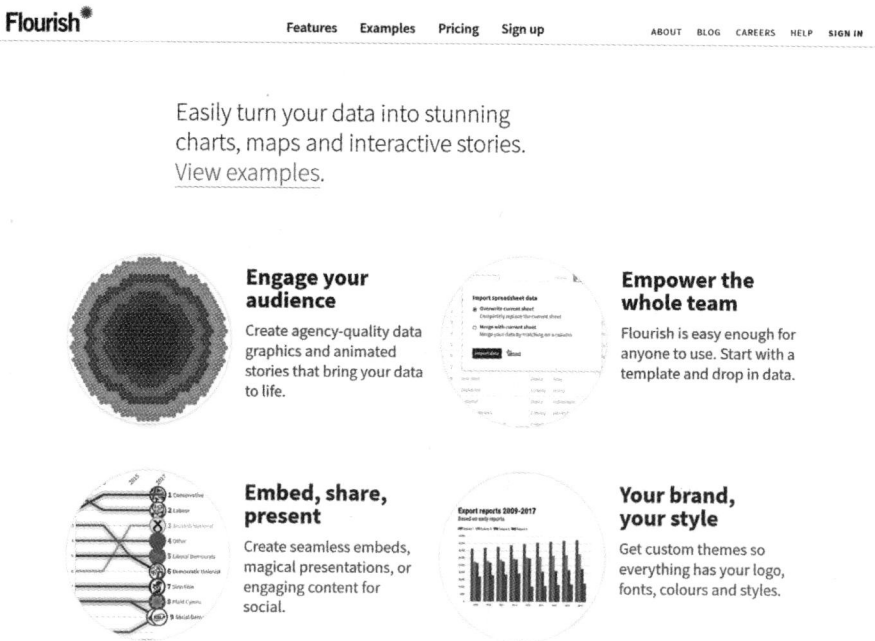

图6-35　Flourish打开页面

（三）花火数图

花火数图（https://hanabi.data-viz.cn/index?lang=zh-CN）是数可视公司旗

下的一个数据可视化平台。注册、登录后即可使用。花火数图提供多种图表类型和使用场景，并提供图表教程，对新手用户十分友好，稍加练习即可上手。只要载入数据，就可以根据选择的模板生成图表，还可以进行自定义设置。见图6-36。

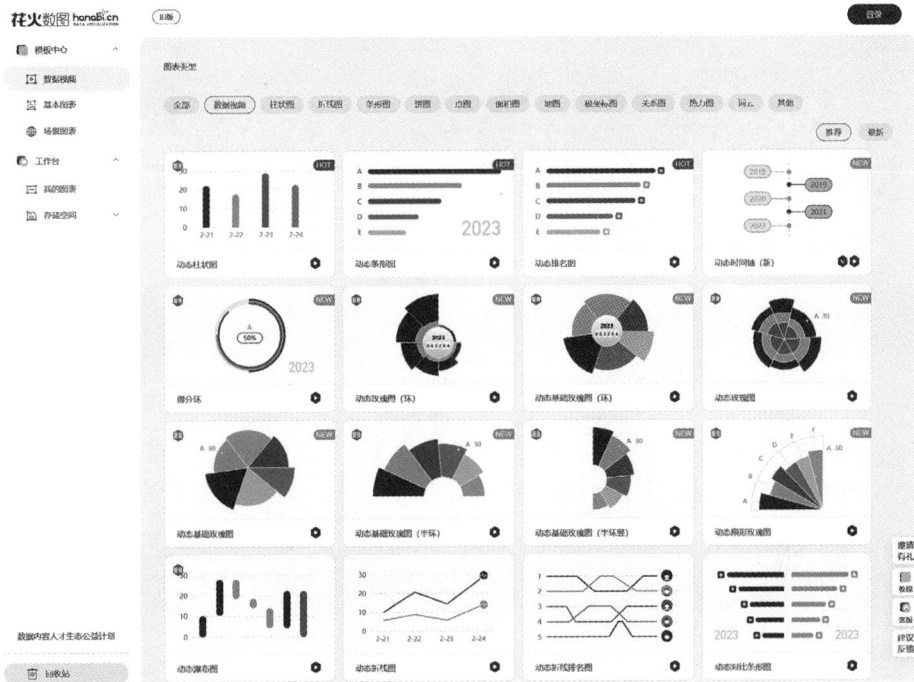

图6-36　花火数图使用页面

（四）ECharts

ECharts（https://echarts.apache.org/zh/index.html）是一个基于JavaScript的开源可视化图表库，通过它可以向网页中添加直观、动态和定制化的图表。ECharts提供常见的图表类型，还提供可用于地理数据可视化的地图、热力图、线图，可用于用户关系数据可视化的关系图，以及漏斗图、仪表盘等，并且支持图与图之间的混搭。见图6-37。

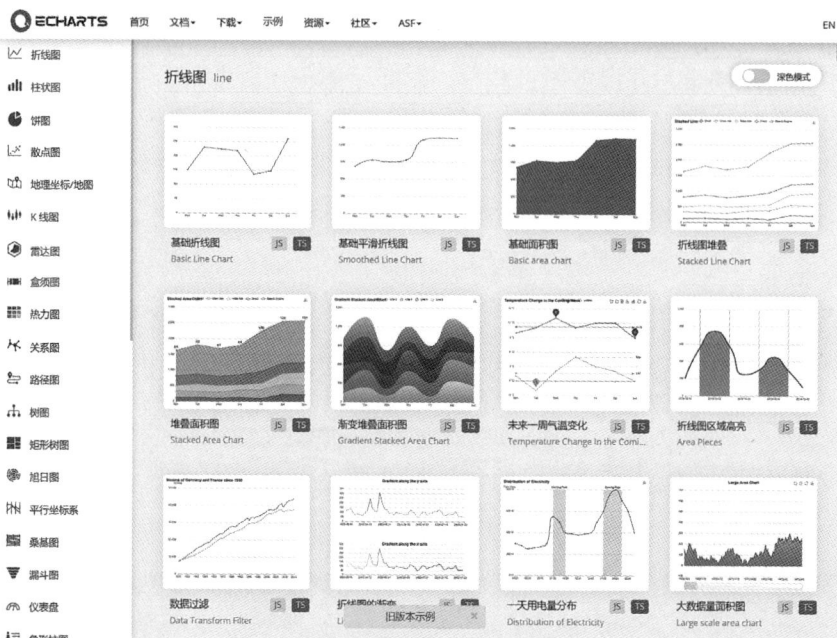

图 6-37　Apache ECharts 使用页面

ECharts 的优点在于，不擅长编写代码的用户也能迅速上手使用。用户选择图表模板，左边栏会自动显示图形代码，右边栏则是可视化图表。用户可以通过更改或添加/减少数据，来相应地改变图形呈现状态，操作简便。见图6-38、图 6-39。

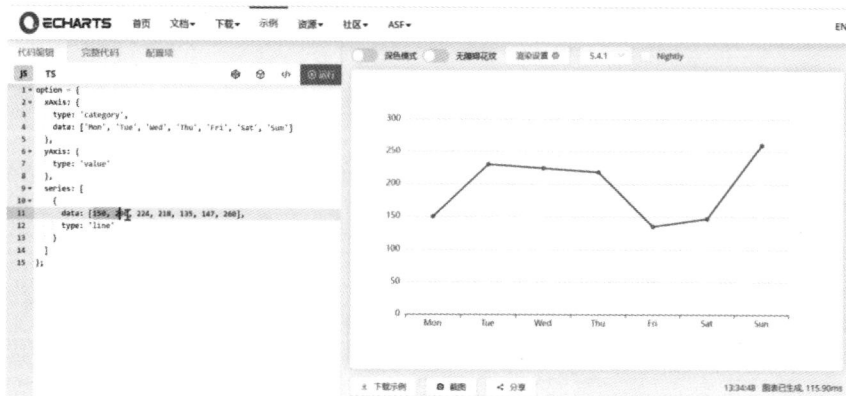

图 6-38　ECharts 操作示例（一）

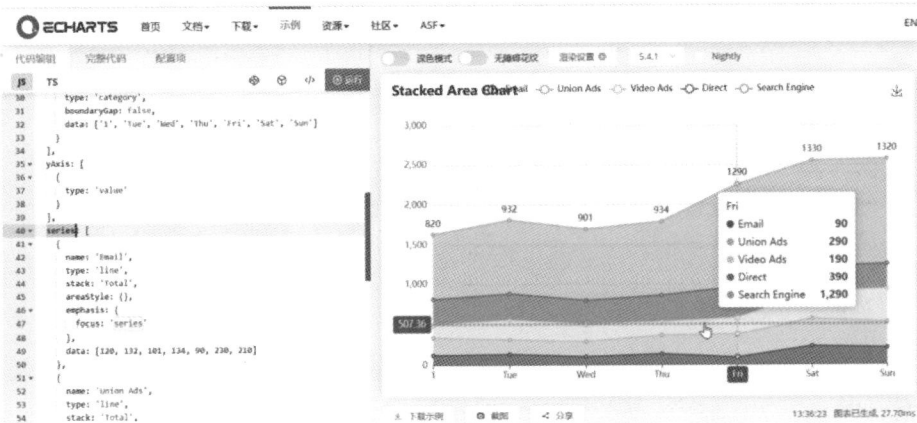

图6-39　ECharts操作示例（二）

有Python基础的用户，还可以把Python和ECharts结合起来，利用Pyecharts软件（http://pytcharts.org/#/），设计更加复杂和多元的可视化图表。Pyecharts的首页介绍见图6-40。

图6-40　Pyecharts首页介绍

三、关于新媒体的一些数据网站

这里再介绍一些其他的数据网站。如在微信文章编辑方面，可使用"微小宝"（data.wxb.com）；在微信公众号数据监控与分析方面，可使用"极致了"（www.jzl.com）；新媒体数据信息比较全的网站有"新榜"（www.newrank.cn），可用于获取数据资源；提供数据报告以及舆情分析报告的网站有"清博"（www.gsdata.cn）。

结　语

上文介绍了各种数据可视化工具和在线平台，有助于初学者掌握数据可视化的入门知识和相关工具。这些可视化工具基本上能够满足办公、科研、市场调查和日常生活所需。我们常说："工欲善其事，必先利其器。"如果要做好数据分析和可视化设计，掌握这些工具和平台是非常必要的。不一定要样样精通，只要选择其中两三个技术工具，多多练习，运用纯熟，就足以让我们在进行数据分析时游刃有余。

但是，还有另一句话说得好："重剑无锋，大巧不工。"真正的能力不是靠一两个工具来获得的，而是要靠个人的实力和思想修为，体现在对于事实本身的掌握和理解，以及对各种社会关系和形势局面的洞察上。数据新闻归根到底还是要"讲一个好故事"，所以无论可视化的形式如何变化，它的真正使命依然是真实地再现新闻场景，讲好打动人心的新闻故事，满足人们对信息和知识的渴求。

在社交媒体流行、"用户生产内容"的潮流推动下，各种数字媒介和数字文化产品以及服务除了关注内容和技术的"互嵌"之外，也越来越重视情感的连接、分享和认同。因此，数据可视化设计，除了要打破数据"冷冰冰、枯燥乏味"的常规印象，在形式上做到好看、好玩之外，还要用好可视化工具与平台，与用户产生情感互动和连接，从而起到更好的传播效果。

在进行可视化设计时，有一些技巧值得我们关注：（1）以时间换空间，在有限的屏幕空间展示更多的数据。（2）注意视图的多样性，以及不同视图之间的转换。（3）突出重要的数据，使不同图表各有侧重。（4）整体上要有清晰的视觉运动轨迹，逻辑架构要清楚，图表先后顺序要合理。（5）善用"减法"，把与主题相关、逻辑上重要的信息留下来，删掉其他无关细节或信息。

有必要再次强调：数据可视化不等于数据新闻，数据可视化只是数据新闻报道呈现结果时的一种表达形式，你也可以选择其他的方式去表达。任何数据新闻，最终都要回归新闻价值，因此，不要流于"炫技"和"为可视化而可视化"。

第七章

010101010101010101010101010101

技术牵引：
新技术与数据新闻发展

第一节　大数据技术对媒介融合的推动

当前，我们正处于一个高度数字化的世界里，伴随而来的是日益强大的网络世界、高度综合化的技术和日益量化的社会，大数据技术在各行各业中日益发挥重要作用，而算法也从一个专有名词走进我们的日常生活，开始被越来越多的人所熟知。比如，购物网站利用个人的浏览历史来给你推荐商品；视频网站根据你的浏览历史推断你的信息喜好，给你固定推送可能感兴趣的视频内容；华尔街的金融家利用算法分析民众的情绪走向，操纵股票的囤积与抛售。除了金融、医疗、通信、影视传媒、商业等领域，算法还可以用于社会治理。如中国在新冠疫情期间推出的健康码、行程码、场所码等数据收集系统，能准确地跟踪个人的行程，将之与个人健康监测、行动轨迹、社交网络以及与他人的时空交集紧密编织起来，为疫情防控提供了精准的数据信息。时时见诸媒体网站的疫情地图，更是勾画出疫情分布、溯源、扩散和管控的清晰路线和治理格局。算法在战争领域也大放异彩。俄乌战争爆发以来，我们清楚地看到，现代智能化战争已经改写了昔日以兵力多寡、战力强弱来论英雄的格局。致命自主武器如人工智能支持的制导导弹、军事无人机和武器化机器人，借助身份识别技术，可以对战略目标进行精准打击，令对手防不胜防。

大数据技术应用于新媒体传播中，也能带来巨大的媒体创新，提升信息的资源价值，使之转化为媒体的数字资产，实现媒体产业的数字化升级与变革。具体来说，当前大数据技术应用于媒体的具体表现和优势体现在以下四个方面。

第一，构建媒体数据库，夯实信息资源基础。新闻媒体可以利用大数据、云存储、云计算等新技术，对媒体的音视频、文本、图片等非结构化数据进行分类，使原本不相兼容的媒介形态走向多态融合，丰富其表现形式，提升信息的综合价值。

第二，构建数据共享平台，推进传播渠道融合。在开放的数据共享平台，专业媒体、个人、组织机构等可以自由地上传、下载信息，从而有助于及时获取需要的数据信息，降低新闻生产成本。

第三，媒体的数字化改革促进多屏联动、跨界传播。随着全媒体技术的广泛运用，移动传播、互动传播和多屏传播成为新常态，这也进一步推动了传统媒体与新兴媒体的融合。如此一来，新旧媒体无论是在新闻生产方式、呈现方式还是在传播渠道方面，都能互相取长补短，实现双赢。

第四，大数据技术促进传媒机制发生变革。在媒体机构内部，数据新闻团队与专业报道部门互相嵌合，通过加强团队协作来促进内部的融合。前面介绍过的澎湃新闻2015年的报道《一路向北》，就是举团队之力，共同合作，在形式表达、内容空间与叙事张力方面探索报道创新。这个案例很具有代表性。它说明了新闻生产的团队协作以及跨界合作将成为常态。仅仅依靠新闻记者，往往无法独立完成数据新闻的深度报道项目，而必须与大数据技术公司、平面设计师、数据分析师、电脑程序员和产品经理等人共同合作。另外，项目制、外包模式等工作模式也会越来越多地应用于新闻作品生产中。

当然，即使我们对媒体大数据技术的应用抱有非常乐观的预测，囿于资金、技术和人才资源的短缺，当前媒体在自建数据库方面还面临不小的困难。在从事相关数据处理分析时，也只能处理小体量的数据，对于大数据的处理分析尚表现得力不从心。反观百度、腾讯、阿里巴巴、网易等互联网企业，其内部已经积累了巨量数据，也掌控着大量中国网民的网络数据，拥有强大的数据分析团队和先进的云计算技术，成为企业大数据技术运用中的佼佼者。媒体企业在这些方面望尘莫及，未来可以考虑通过技术外包、跨界合作或者共建数据库的方式加强合作，完成对媒体数据信息的深度加工和广域传播。

第二节　机器写作与人机协同

近年来，融媒体技术更加智能化，人们对机器写作（也称写作机器人、新闻机器人）也寄予厚望。但是，也有一些学者和业内人士提出忧思：机器写作的应用会不会造成大量记者、编辑的失业？另外，内容生产领域内出现大量的机器写作内容，会不会从根本上改变新闻所具有的人文内涵？新一代的智能新闻业和它的用户面貌，将呈现怎样的变化？而它们又会给人类社会造成怎样的影响、产生何种意义？本节将结合机器写作的现状和当前技术的发展程度，擘画机器写作的角色、功能定位，并讨论在可预见的未来，人机交互协作带给新闻业的巨大革新，以及给创作者和用户带来的无穷想象力。

一、机器写作发展历程

（一）机器写作的应用

机器写作最早出现于美国。2006 年，美国汤姆森公司开始使用机器人撰写经济和金融方面的新闻稿件。2007 年，美国科技公司 Automated Insights 开发了一款名叫 WordSmith 的软件，它可以自行编写一些简单的事件类新闻，比如体育、财经类的新闻，雅虎、美联社的相当一部分新闻就是由 WordSmith 编写的。2014 年，美联社开始使用算法分析上千份此前由人工撰写的收益报告。在那之后，各大新闻机构纷纷与技术公司合作开发或者自行开发机器写作系统。如，《纽约时报》的机器人编辑 BlossomBot，每天可以推送 300 篇文章，BlossomBot 的主要职责不是写文章，而是辅助编辑挑选出潜在的热文，而经过 BlossomBot 筛选的文章的点击量是普通文章的 38 倍。《华盛顿邮报》

使用一款名为 Truth Teller 的软件来核实新闻的准确性。《洛杉矶时报》的员工设计了智能系统 Quakebot，专注处理地震突发新闻。路透社利用名为 Open Calais 的智能解决方案帮编辑审稿。《卫报》利用机器人筛选网络热文，生成实验性的纸媒产品，每月发行 5000 份。①

　　除了大众媒体，新闻机器人在社交媒体上也成为一项普遍的应用。如 Facebook、Twitter 和 Telegram 等平台将新闻机器人作为一项重要的技术基础设施。各新闻编辑室开发和利用新闻机器人来高效地传播信息内容。如 Twitter 平台上机器人账号的流行，正在形成新的内容生态系统：@Poem_exe 发布的每日一诗，可以供用户与家人或朋友分享，并成为生活乐趣之一。借助语法警察机器人 @ _grammar_，用户可以更好地发布推文。@ earthquakeBot 使用美国地质调查局的数据，帮助研究人员搜集相关数据，使其更好地了解地震背后的模式；还能帮助用户及时了解地震动态信息，采取防灾避灾措施，在关键时刻这甚至能挽救人的生命。@ censusAmericans 可以根据 2009—2013 年美国人口普查局的数据，随机选择发布个人传记，在不涉及个人隐私的情况下，展现了许多美国人的日常生活。《纽约时报》的 @ NYT4thDownBot 可以实时收集相关数据和信息，支持记者的工作（还有 ProPublica 利用机器学习工具收集仇恨言论的项目和《华盛顿邮报》的 Feels Bot，均应用于 Facebook），作为面向公众的监视和警报工具（例如美国全国公共广播电台的 @ Botus，《今日美国》的 @ big_cases，《洛杉矶时报》的 @ muckrockbot），甚至可以推动新闻问责和对内容的深度审查。这些新闻机器人的目标，通常是促进受众与新闻机构及其内容的互动。

　　近两年来，人工智能创作领域的发展更是突飞猛进。2020 年，OpenAI 发布了一款名为 GPT-3 的写作程序，可以根据输入的关键词进行自动联想，生成文章。而其竞争对手 DeepMind 开发出了用一句话生成一个剧本的写作型 AI——Dramatron，给它一句描述中心戏剧冲突的话，它就能自动写出标题、

① 国内外智能写稿机器人大 PK，你更看好哪个？ [EB/OL]. [2022-12-30]. https://cloud.tencent.com/developer/news/13995.

角色、场景描述和对话。2022 年可以称得上人工智能生成内容（AIGC）爆发的一年。2022 年 10 月，AI 绘画《太空歌剧院》在美国科罗拉多州的数字艺术节上拿下一等奖。11 月，美国人工智能研究实验室 OpenAI 推出的聊天机器人 ChatGPT 横空出世。ChatGPT 是一款人工智能技术驱动的自然语言处理工具。它能够通过学习和理解人类的语言来进行对话，还能根据聊天的上下文进行互动，真正做到像人类聊天交流一样。它甚至还能写邮件、视频脚本、文案以及翻译文字，连写代码等复杂任务也不在话下。人工智能似乎正在突破"技术奇点"，开始挺进人类最引以为豪的艺术创作和情感交流领域。

近几年来，国内的写作机器人研发工作也取得长足发展。腾讯、今日头条、第一财经、百度等企业都有自主开发的机器写作和内容分发程序，且运作良好。2015 年 9 月 10 日，"腾讯财经"开发了机器人 Dreamwriter；同年 11 月，新华社迎来一位新"同事"——写作机器人"快笔小新"。2016 年，今日头条的"Xiaoming Bot"在里约奥运会期间撰写了 457 篇球类消息简讯和赛事报道。2017 年 1 月 17 日，《南方都市报》推出的南都机器人"小南"一秒钟就完成了春运稿件的写作。2017 年底，新华社发布了国内首条 MGC（machine generated content，机器生产内容）视频新闻，这是由"媒体大脑"用 10 秒生成的一条视频新闻，标志着机器写作已经可以实现短视频内容生产。2018 年，Giiso 写作机器人的问世，可视为商用机器人在国内的首次试水。Giiso 写作机器人是由深圳智搜信息技术有限公司推出的一款内容创作 AI 辅助工具，能够实现选、写、改、编、发全流程的智能化，人机协作，快速出稿。它拥有当时国内最先进的写作算法，研发者对它的定位是"让写作更简单"，认为它能够为媒体、金融、汽车、营销公关等领域提供写作方案。在商业应用方面，Giiso 的研发公司与深圳报业集团《晶报》和《深圳之窗》合作，利用技术为报纸提供内容的辅助创作。其研发者清华大学教授郑海涛认为，Giiso 可以"颠覆传统写作模式，将新闻内容生产模式进行工业化及智能化改造，十倍级地提高创作效率，助力内容生产"①。还有著名的写作机器人——"微软小冰"，自 2014 年推出至今经过七代进化，已然从一个对话机器人进化成为以情感计算为核心的完整人工智能，可以进行有情感的自主创作，它甚至写出了一本诗集《阳光失了玻璃窗》，并于 2017 年 5 月出版。这是人类历史上第一部由人工智能创作的诗集。从"码字机器"到"吟诗作画"，机器写作变得越来越智能化，正在颠覆人类的写作历史。2021 年 3 月，全国两会期间，人民日报智慧媒体研究院研发的"智能创作机器人"首次亮相，它集 5G 智能采访、AI 辅助创作、新闻追踪等多重本领于一身，成为记者、编辑的好帮手，策划、采访、编辑、评论、发布都可以通过人机协同，使报道更加出彩，让参与两会报道的编辑和记者"如虎添翼"。②2022 年，华为东京研究所 Digital Human Lab 与东京大学等合作进行研究，提出了目前为止最大规模的数字人多模态数据集 BEAT（Body-Expression-Audio-Text），由 76 小时动作捕捉设备采集的谈话数据和语义—情感标注组成。利用这一技术开发的社交 AI，不但能够和人进行动作交互，还可以"敏感地"捕捉对话人的情感变化，从而自动调整对话状态。也就是说，未来如果我们想要一个"善解人意""知情识趣""通人性"的 AI 助手兼搭档，是可以实现"私人订制"的。

除了语言文字生产和交流，在图片编辑方面，2022 年，网易互娱 AI Lab 与上海交通大学合作进行了研究，创新性地提出一套基于可微矢量渲染器的解决方案—— CLIPVG，首次实现了在不依赖于任何生成模型的情况下，使用文字进行引导的图像编辑。也就是说，通过说话引导 AI 进行自动修图。

经过十几年的发展，机器写作技术从最初的模板化、格式化的内容生产，进化到具备了自动筛查、纠错、摘要、剪辑、发布等原本只有人类才具有的文字处理能力（见表 7-1）。从最早的文本内容生产到数据处理及可视化设计，再到图片和视频内容的生产剪辑，从最早的程式化文字堆砌到现在具有情感

---

① 清华大学教授郑海涛：Giiso 写作机器人 让智能写作赋能融媒升级 [EB/OL].（2019-09-02）[2022-12-30]. http://www.cqps.gov.cn/ps_content/2019-09/02/content_4570268.htm.
② 张健，张深源，等 . AI+5G！人民日报 "智能创作机器人" 亮相两会 [N]. 人民日报，2021-03-06.

特征的文本联想创作或者视频生产，技术的迭代升级，让写作机器人的写稿能力越来越强大、越来越"聪明"，甚至从模仿阶段逐渐过渡到了"创作"阶段。而且，随着情感计算技术的加入，写作机器人也越来越具有拟人化和情感化的特征。[①]

表 7-1　机器写作系统及应用领域

名称	使用媒体	发布时间	主要应用领域
Narrative Science	福布斯	2010 年 5 月	体育、财经
Quakebot	《洛杉矶时报》	2014 年 3 月	社会突发事件
WordSmith	美联社	2014 年 7 月	体育、财经
Dreamwriter	腾讯	2015 年 9 月	体育、财经
快笔小新	新华社	2015 年 11 月	体育、财经
DT 稿王	第一财经	2016 年 6 月	财经
Helioraf	《华盛顿邮报》	2016 年 8 月	体育
XiaomingBot	今日头条	2016 年 8 月	体育、财经
小南	《南方周末》	2017 年 1 月	社会动态
媒体大脑	新华社	2017 年 12 月	视频新闻制作
Giiso	深圳报业	2019 年 12 月	财经、证券
智能创作机器人	《人民日报》	2021 年 3 月	智能采访、辅助创作、新闻追踪

（二）机器写作的功能分类

目前，写作机器人的功能包括两类。一是辅助写作。写作机器人具有发现热点事件、梳理事件脉络、进行文本纠错和自动摘要的能力，可以从选题收集、素材整理、文章检查三个方面辅助创作，提升写作效率。比如，《华盛顿邮报》使用机器人 Truth Teller 核实新闻的准确性，路透社利用 Open Calais 的智能解决方案帮助编辑审稿。另外，像百度的写作机器人、南方报业的 Giiso 这类平台型智能写作助手，都属于辅助工具。二是自动写作。写作机器

---

① 耿磊 . 机器人写稿的现状与前景 [J]. 新闻战线，2018（1）：43-46.

人适用于财经速报、体育赛事战报或者春联创作等格式性强、内容偏向数据化呈现的领域。

自动写作又可以分为三类。第一类是基于结构化数据、知识库或优质资源直接生成的文章。速报和大部分知识类文章是基于这类技术方案。这类文章因为直接通过数据分析聚合或知识推理生成原始稿件，可以说是原创内容。比如，2017 年 8 月 8 日，中国地震台网中心的地震信息播报机器人用时 25 秒生成了一篇稿件《四川阿坝州九寨沟县发生 7.0 级地震》，内容包括地震参数、震中地形、热力人口、周边村镇、周边县区、历史地震、震中简介、震中天气等，另配有 4 张图片，全文共 540 字。

第二类是在已有稿件的基础上，通过内容分析聚合生成新文章。大部分资讯聚合类文章，如话题盘点、事件脉络梳理、热门要闻回顾等都属于此类。因为是基于已有稿件内容撰写新的稿件，因此可以看作二次创作。例如，深圳报业集团、南方报业传媒集团利用 Giiso 平台自主研发的写作机器人，只需要输入和写作主题相关的"关键词"，经过 3~5 秒的时间，它就可以搜集聚合全球大量数据，对数据进行整理，通过自我学习，写出一篇最长可达 2000 字的稿件。当然，这两种技术也可以同时运用于一篇文章中，进行混合创作。

第三类是快速从原始文本内容中抽取出重要信息，生成核心摘要内容。其主要应用于热点新闻的撰写以及摘要的生成。比如，Atman 机器写作就可以通过检索 PubMed 和其他的医学网站，根据关键字等信息，瞬间生成文献摘要等。

从机器写作的功能来看，辅助写作侧重机器的工具性，而自动写作侧重机器的智能化水平。这种结合了人工智能技术的写作机器人，在某种程度上可以替代人工，甚至比人工做得更好。因此，笔者大胆畅想：未来写作机器人可能不仅是作为助手，而是能真正成为人类的搭档与伙伴，甚至成为工作团队中的一员。

二、机器写作的优势和短板分析

机器写作可以看作人工智能与新闻业融合的成功案例。机器写作系统依靠的是人工智能技术和大数据的支持，能够在短时间内完成高效的信息检索，利用大数据对新闻线索进行深入分析挖掘，通过自然语言处理进行语义的识别和语言的组织表达，通过机器学习和知识库进行文本纠错。同时，还可以结合线上线下多模态数据来丰富新闻信息的内容，通过数据化的内容提高新闻可读性和可信度，通过可视化的方式进行内容呈现，从而扩大了自动化新闻的生产优势，增强了信息的整合加工能力，提高了新闻生产和分发的效率。[1]

从媒介经营角度来看，随着广告收入和订户数量的流失，新闻业"双重售卖"的盈利模式正在遭受严峻挑战。美国一位传播学者认为，内容聚合和网络化，使数字平台生产更廉价内容的压力越来越大，导致了"低收入、无报酬的新闻业"[2]，内容不再是王者，而面临网络与自媒体平台的冲击，传统新闻业也面临新的产业危机。

当然，柳暗花明处，转机也随之浮现。融合新闻和新型新闻平台的出现，以及流量变现、商业活动等，为新闻业开辟了新的"财源"。新闻报道中正在出现可行的新商业模式，使新闻业摆脱了依靠广告和发行的传统盈利模式的限制，将会给未来的新闻业带来更多的生机与活力。同时，使用"新闻机器人"这样的自动化程序来取代记者、编辑的角色，也是降低内容成本的选择之一。

尽管机器写作在信息采集和写作效率、新闻产业革新方面表现出色，其在实际应用中还存在一些短板。比如，目前的机器写作系统基本都是预先设定好模板，达到一定条件后自动生成文稿，如体育比赛战报，写作机器人只需要根据实时战况填入比分等赛事数据，或者根据预置规则进行内容纠错、聚合及摘要等。但在自动化内容生产过程中缺乏人机交互、协作与融合，造

---

[1] 李君婷. 人工智能写作发展前景探析 [J]. 新闻研究导刊，2019（13）：68.

[2] Bakker P. Aggregation, Content Farms and Huffinization: The Rise of Low-Pay and No-Pay Journalism[J]. Journalism Practice, 2012(5-6): 1-9.

成机器写作模式固化，缺少个性和灵活性，缺少新闻写作过程中复杂的心理活动、写作风格和写作规律，缺少写作者的情感映射、思维逻辑和价值观因素。[①]例如，机器写作可以迅速发布新冠疫情信息，但写不出"山川异域，风月同天"这样具有"文艺范"的句子。机器人可以博古通今，但是无法像牛顿那样，从苹果落地的现象中顿悟出万有引力的规律。这一特点决定了机器写作的应用领域比较有限，基本上只用于快讯、动态消息和公告等程式化写作，在新闻体裁和表达内容上受到一定的限制。[②]从国内外的媒体实践来看，目前写作机器人基本上只能担任初级采编的角色，难以实现对信息价值的深入挖掘，以及对复杂的社会深层关系的分析、理解和追溯，难以胜任需要进行调查分析的深度报道和调查性报道的写作。

国外学者对机器写作也有持批判观点的。例如，有研究者指出："软件生成的内容被认为是描述性的和乏味的，而且也不一定是客观的。"[③]此外，算法推荐和"自动投喂"的程序设定，让用户饱受垃圾邮件和所谓"定制推送"的信息轰炸，不胜其扰。

三、未来：深度协作与人机交互融合

作为一项研发成本昂贵且被寄予厚望的人工智能技术，机器写作如果仅仅用于信息速报或者提供聚合摘要，投入产出比严重失衡，显然得不偿失。那么，如何优化现有的机器写作架构和生产形态，以实现新闻生产流程的重塑？如何实现人机的深度交互，以及应用场景和内容形态的突破，让机器写作深度参与到全场景的新闻生产报道中，使之满足新闻传媒业转型升级和智能媒体的核心需求？笔者对这些问题进行了深入思考，本着"开放共融、人机交互、深入理解"的设计宗旨，构想了一个"深度人机协同的机器写作系统"（见图7-1），以实现人机协同在新闻传媒领域的全场景、全流程应用。

---

① 欧阳霞. 机器无法替代人新闻写作的心理依据 [J]. 青年记者，2017（9）：54-55.
② 何苑，张洪忠. 原理、现状与局限：机器写作在传媒业中的应用 [J]. 新闻界，2018（3）：21-25.
③ Clerwall C. Enter the Robot Journalist: Users' Perceptions of Automated Content[J]. Journalism Practice, 2014(5): 519-531.

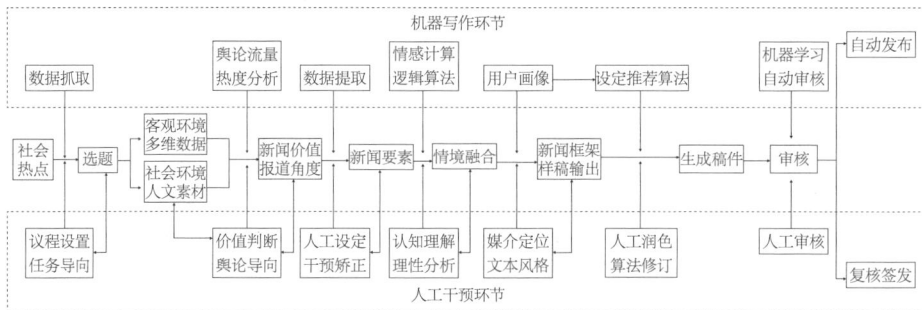

图 7-1　深度人机协同的机器写作系统架构

在图 7-1 中，围绕"新闻生产"这一核心命题，笔者分别构想了机器写作和人工干预两个环节，这两个环节深度交融、相辅相成，贯穿于新闻生产的全流程。在热点发现、选题策划、素材收集、数据处理、数据呈现、行文布局、自动纠错、格式修正、自动审核、场景识别、精准分发等环节深度应用机器写作，充分发挥机器写作的优势。而人工既是主导方，也是协作者。操作者可以从热点选题中筛选新闻议题，给机器人设定写作任务，也可以结合当下社会环境和技术语境，对事实进行价值判断，确立并引导舆论，在算法逻辑中辅以人类的价值理性，结合用户画像和媒介定位，调整和优化自动化文本的框架、内容与风格，输出和生成稿件。

在内容分发环节，初稿生成后，可以通过机器学习算法对稿件中的语法、敏感词、信息数据等进行全方位审校，并验证是否符合新闻机构设定的标准，完成自动审核、修正和发布流程。对于动态信息，可利用智能程序实现自动审核与编发。而对于深度报道或综合信息，新闻采编人员可以进行人工审核，根据实际需要对稿件进行润色，还可以对算法进行"调教"，重新生成稿件，直到符合标准并且达到满意水平为止。另外，在某个账号或者特定的采编人员多次使用后，将激活该系统的机器学习记忆模式，下次登录使用时，系统会自动匹配该采编人员的写作风格。通过人工审核，加强事实核查与价值观输出，再进行发布，能够确保事实与价值的平衡、公共性与个性化的调和。

这种"深度人机协同的机器写作系统"，可以实现机器与使用者（操作者）之间的深度沟通、融合交互，让机器得以深度理解使用者的意图，即时反馈创作信息、修正不足，高效地生产和分发信息。这种人机一体化的协作系统，由于人机双方互补短长，具备了强大的工作能力和较高的生产效率。

与此同时，内容平台通过大数据进行信息检索与反馈，通过算法匹配，根据新闻内容和用户画像进行精准分发，从而更好地满足用户的信息需求。同时，根据用户反馈数据，通过自然语言处理、情感计算及触摸交互等方式，进行深度的人机互动，也有助于实现新闻产品的个性化定制和人性化体验提升。

在构想这一深度人机协同模型时，笔者力图融入"人、物（机器）、环境"（包括自然环境和人文环境）三要素，并实现三者之间实时有效的交互及深入透彻的意图理解：既要让机器发挥其强大高效的检索优势、大数据分析优势和自动学习优势，又要通过情感计算，让机器"理解"新闻产品的模式以及新闻人的思维方式、情感变化和价值观，能与协作者和用户进行情感沟通，具备一定程度的情绪感知能力，从而在输出的文稿中体现出一定的个性和情感。

毕竟，现有的情感计算技术领域，已经在表情识别、姿态分析、语音的情感识别和表达方面取得了一定的进展，多模态技术也正在成为人机交互的研究热点。麻省理工学院与卡内基梅隆大学、日本的东京大学、中国的中国科学院自动化研究所都在积极研发融合了情感计算与多模态技术的人机交互系统。多模态的人机交互模式和情感计算技术的运用，能够集自然语言、语音、手语、人脸、唇语、头势、体态势等多种信息交流通道于一体，并对这些通道信息进行编码、压缩、集成和融合，集中处理图像、音频、视频、文本等多媒体信息。[1]这些方面的技术突破，为实现人机对话和情感沟通提供了广阔的想象空间。

笔者认为，这种深度融合的机器写作和人机交互系统，不仅可以用于新

---

[1] Franklin B. The Future of Journalism:In an Age of Digital Media and Economic Uncertainty[J]. Digital Journalism, 2014(3): 254-272.

闻写作，以及作为辅助工具应用于学术论文写作，比如进行文字加工、处理长文摘要、进行信息分类等，还可以用于文学创作与艺术创作，比如写诗、写小说、作曲等。总之，它的应用场景和前景十分广阔。

四、基于HMC的人机协作团队构想

回到绪论中的问题：人工智能会不会替代人类记者？对于这个问题，经济学者早就做出了否定的回答。美国经济学家亨利·黑兹利特（Henry Hazlitt）在著作《一课经济学》中以18世纪中期的第一次工业革命对英格兰纺织工业的冲击为例，指出新机器的应用并不会导致大量失业，反而会创造更多的就业机会。机械棉纺机在推广过程中曾受到纺织工人的大规模抵制，因为他们担心危及生计；而事实上，到1787年，整个英格兰的纺织工人数量从7900人增加到了34万人，增加了43倍。黑兹利特认为，在经济活动中，生产才是根本，是前提，而就业是生产带来的客观后果。担心就业而忽视生产变革的需求，就是本末倒置。所以，今天对于新技术应用可能会导致就业危机的担忧，跟当年抵制工业机器的行为一样不值一驳。

从应用层面来说，机器写作对于提高新闻生产效率、提高内容质量，无疑大有好处。美国传播学者马特·卡尔森（Matt Carlson）认为，机器书写新闻文本的能力不断提升，远远超过人类记者的生产能力，这将给记者带来巨大的挑战和竞争。当然，他也指出，这种新的新闻技术对新闻劳动的未来、新闻组织形式的整合以及新闻权威的规范基础等，都会带来一系列的冲击。这预示着新闻内容的广阔领域将出现新的可能性。[①]例如，为了提升用户体验、增强情感共鸣，未来媒介中装置的机器人系统，可以通过自身的感知分析和认知理解模块、可穿戴生理传感及情感计算技术，收集用户线上线下行为数据，经过分析判断，"感知"人们对该事件（或报道）的情绪和态度，及时修正或补充报道内容，比如利用超文本技术，增进用户对新闻及其社会意义的

---

① Carlson M. The Robotic Reporter Automated Journalism and the Redefinition of Labor, Compositional Forms, and Journalistic Authority[J]. Digital Journalism, 2015(3): 416-431.

理解。

"新闻机器人"如果想实现全场景应用，就应该遵循开放与交互的原则，在人机沟通（human-machine communication，简称HMC）的背景下，从提高写作机器人的沟通能力入手，寻找人机互动的最优方案，更好地解决不同传播对象、传播场景和传播目标下的需求满足与意见反馈的问题。

在分工形式上，机器负责检索分析、故事构建、生产核查等计算量大、重复乏味的工作，而人负责方向把控、内容筛选、价值审核等主观性强、情感劳动投入高的工作。可以看出，人机协同机制能充分发挥机器的智能性和人的能动性。人与机器各司其职、各擅其长，在新闻内容创作过程中深度融合，产出优质内容，最大限度地提高传播效率。

美国传播学者赛斯·刘易斯（Seth C. Lewis）等认为，我们对于自动化新闻学的研究，需要从HMC中学习很多东西，也需要重新理解AI时代的人类、机器和新闻的关系。他们以信息源来自《纽约时报》的Twitter新闻机器人AnecbotalNYT为对象，通过追踪该机器人与Twitter用户之间的互动，研究用户如何感知和响应新闻机器人的行为，以及由此表现出来的积极与消极两种态度。刘易斯等在研究中指出："在过去的研究设想中，人是传播者，而机器是协调者。但是在HMC中，这一假设受到了质疑，即当机器进入原来人类的角色时会发生什么。这种理论上的重新定位提出了新的问题，即由谁或什么（技术）构成传播者，如何通过人与机器之间的交流建立新的社会关系，以及这将对自我、社会和传播产生何种影响。"[1]

在HMC的情境下，计算机通信领域和传播学、社会学等领域可以互相打通，共同解决人机之间情感沟通与分工协作的问题。未来的新闻业中，新闻机器人会得到相当程度的普及应用，它们的角色，不仅是人类记者的助手和工具，也是传播者和传播渠道，还可以充当信息经纪人，连接内容生产者和用户，并且在内容生产、用户匹配和新闻定制等一系列传播过程中充当"算

---

[1] Lewis S C, Guzman A L, Schmidt T R. Automation, Journalism, and Human-Machine Communication: Rethinking Roles and Relationships of Humans and Machines in News[J]. Digital Journalism, 2019(2): 1-19.

法看门人"①。这种从生产流程到应用场景的深度融合，正在把我们带入智能传播的时代，也从根本上重塑了人与机器的社会关系。

从我国政府出台的政策文件中也可以看到中央对这一趋势的洞察与肯定。2014 年发布的《关于推动传统媒体和新兴媒体融合发展的指导意见》和 2018 年发布的《关于加强县级融媒体中心建设的意见》，指明了融媒体将是未来传媒业的发展方向。2019 年底，科技部依托新华社，成立了媒体融合生产技术与系统国家重点实验室，其工作重点就是围绕人工智能在新闻生产流程中的应用，研究跨媒体信息分析与推理，以及人机协同复杂问题分析、响应及评估。政策支持和技术开发的双管齐下，为未来的融媒体和智能传播提供了强大的动力，也必将促进深度融合的机器写作和人机交互系统的开发和应用。

第三节 AIGC 潮流下的内容变革与认知革命

一、奇点临近？

"奇点"是数学、物理学和宇宙学中使用的概念。在数学意义上，是指一个未被定义的点，如数学函数 $1/x$，公式原理规定 x 不能为 0；当 $x=0$ 时，奇点出现，它代表一个异常的集合，无法定义且实际上不存在。而在物理学和宇宙学中，奇点是指在可测量的、四维的物理时空中不存在的点，也指宇宙大爆炸发生的起点，或者是黑洞中心的点，具有奇异的性质，包括密度无限大、时空曲率无限大和无限趋近于 0 的熵值等。它是一个无限无形的点。不论它在科学中如何定义，我们可以看到，奇点代表着超越当下常识的、无法确定的、具有无限可能的，以及迥异于并颠覆寻常事物和人类认知的某种东西或趋势。因此，它不仅对自然科学理论产生了巨大的影响，也必然会给人类认知带来颠覆性的改变，甚或是某种意义上的"认知革命"。著名的计算机科学家约翰·冯·诺依曼（John von Neumann）曾说过一句耐人寻味的话："不

---

① Lewis S C, Guzman A L, Schmidt T R. Automation, Journalism, and Human-Machine Communication: Rethinking Roles and Relationships of Humans and Machines in News[J]. Digital Journalism, 2019(2): 1-19.

断加速的科技进步，以及对人类生活模式带来的改变，似乎把人类带到了一个可以称之为'奇点'的阶段。在这个阶段过后，我们目前所熟知的人类的社会、艺术和生活模式，将不复存在。"① 美国知名的未来学家、奇点大学校长、谷歌工程总监雷·库兹韦尔（Ray Kurzweil）把"奇点"视为未来社会的一个绝妙"隐喻"："当智能机器的能力跨越奇点后，人类的知识单元、联结数目、思考能力，将旋即步入令人晕眩的加速喷发状态——一切传统的和习以为常的认识、理念、常识，将统统不复存在，所有的智能装置、新的人机复合体将进入'苏醒'状态。"② 如果我们认同这个隐喻，用奇点评价美国技术公司 OpenAI 于 2022 年 11 月底研发问世的人工智能语言模型 ChatGPT 在全世界人工智能研究和生产领域引发的"狂飙"，那就再贴切不过了。

ChatGPT 是一个基于 NLP（natural language procedure，自然语言程序）技术的全新聊天机器人。它能够通过学习和理解人类的语言来进行人机对话，还能根据聊天的上下文语境进行互动，能够回答问题，提供解决方案，发现并承认错误，质疑不正确的假设，还能拒绝不恰当的请求。在信息输出方面，它能将人机对话转换成自然流畅的、可理解的、符合逻辑的语言文本，从而协助人类完成一系列任务。事实上，在此之前，以机器学习为主要工作原理的一系列人工智能技术运用就已经出现。如 AI 绘画、AI 创作、AI 客服、AI 主播、AI 翻译、AI 助手、AI 管家、AI 医生等自动化程序，在现实场景中得到越来越多的应用。人工智能正试图全面进入并接管人类的社会、艺术和生活领域。科学家大胆预测，2030 年，非生物意义上的人——人机复合体（全息人、仿生人或者类似科幻小说《三体》中的具有高度灵性的意识和身体的智能体"智子"），以及被智能装置全新"武装"或"改造"的"超人类"将出现。无论将这种高度智能化、仿真化的社会叫作"苏醒"还是"元宇宙"，本质上来说，都预示着新人类、新社会和新生态的到来。

当然，关于社会"苏醒"状态的描绘，并非库兹韦尔的独创。关于苏醒

---

① 雷·库兹韦尔. 人工智能的未来 [M]. 盛杨燕，译. 杭州：浙江人民出版社，2016：4。
② 雷·库兹韦尔. 人工智能的未来 [M]. 盛杨燕，译. 杭州：浙江人民出版社，2016：4。

的说法，最早是由美国科幻作家弗诺·文奇（Vernor Vinge）在 20 世纪 90 年代提出来的。1993 年，他在美国航空航天局（NASA）召开的一次会议上预言：50 年之内，技术奇点就将来临。他把超越这一奇点的新人类的状态，定义为"智能电脑的苏醒""超人智能共同体的苏醒"和"宇宙的苏醒"。30 年后，我们看到，其中的部分预言业已成真，比如由互联网、智能手机、社交网络等构成的所谓"电子乌托邦"，以及由现实世界和借助 VR、AR、XR 等技术生成的虚拟世界（元宇宙）交织而成的多维时空、宇宙空间站、在物质生产和内容生产领域日益普及的自动化操作流程等。即使是在向来被视为机器学习的"禁区"以及人类最后"保留地"的创作领域，随着人机交互技术、卷积神经网络技术、模式识别等人工智能技术的提升，一股被称为 AIGC（artificial intelligence generated content，人工智能生成内容）的潮流正在形成。

二、AIGC 潮流的兴起

2015 年，国务院颁布《关于积极推进"互联网＋"行动的指导意见》，将人工智能列为"互联网＋"11 项重点推进领域。国家发布的"十三五"规划、"十四五"规划，把智能化作为制造业升级的重要抓手。2016 年，谷歌公司的智能机器人 AlphaGo 在围棋对战中击败了世界高手李世石。2018 年，写作机器人开始在国内外传媒领域大放异彩。2019—2021 年，虚拟主播、"数字人"在影视娱乐、综艺节目、电子游戏、晚会直播乃至新闻节目中纷纷"抢滩登陆"，以其"人设稳定、从不塌房、无偿加班且 24 小时在线"等种种优秀品质，备受雇主和观众用户的喜爱，重新定义了"打工人"的概念。无人驾驶、自动图片生成等应用也大受好评。2022 年以来，AI 绘画凭借丰富的创意与便捷的创作过程迅速走红，国内外互联网巨头纷纷跟进推出 AI 创作类平台和工具，吸引了大量用户、研究人员和技术爱好者参与。以 AI 艺术创作为代表的人工智能生成内容正成为数智环境下网络信息资源发展的重要趋势。[①] 早期

---

① 李白杨，白云，詹希旎，等．人工智能生成内容（AIGC）的技术特征与形态演进 [J/OL]．图书情报知识：1-9.[2022-12-15]. https://kns.cnki.net/kcms/detail/42.1085.G2.20221128.1005.002.html.

的AIGC主要是作为辅助工具，用于生产具有固定模板的内容。而当下最先进的AI创作似乎隐然有了超越人类的可能性。2022年8月，艾伦的AI绘画作品《太空歌剧院》（见图7-2）在美国科罗拉多州博览会上获得数字类作品第一名。这一新闻发布后，世人惊诧不已。

图7-2　AI绘画作品《太空歌剧院》

写作机器人也在新闻传播领域大显身手。写作机器人是利用计算机程序，"将结构化的数据通过软件自动转化成可叙述性的新闻，也被称为"软件生成的新闻"[1]。它通过深度学习能够实现自动抓取和分析数据、自动写作、自动生成音视频和自动化发稿，具有秒速出稿、信息精确、内容质量高等优点。[2]目前，关于利用机器人写作的人机交互研究和应用正在向人机协同的深度领域拓展。

2022年被称为AIGC元年。2022年11月30日，OpenAI公司在历次试错版本上隆重推出了基于大型自然语言模型的聊天机器人应用ChatGPT。凭借强

[1]　李佳，潘卫华.人机传播与新闻自动化的研究[J].新闻前哨，2020（11）：99-100.
[2]　赵伟.人工智能对新闻采编的影响和对策研究[J].中国地市报人，2022（8）：86-87.

大的深度学习算法技术，ChatGPT可以完成流畅对答、写剧本、写代码等多项工作。它甚至可以创作诗歌和笑话，这是一种之前被认为只属于人类的能力。[①]此外，ChatGPT在内容生成方面表现出无限潜力，成为学生、广告人、媒体人的福音和"理想搭档"。根据媒体报道，美国学生中有89%的人利用ChatGPT完成作业，以至于大学的教授不得不向校方提出抗议，要求改变考核形式，以及在校园内禁用ChatGPT。学术界也在讨论，在论文发表中是否可以给ChatGPT署名，或者禁止利用该程序来写作论文。产业驱动的AIGC更是迎来爆发式增长。其应用场景包括远程医疗诊断、虚拟现实、数字孪生、融合共生等，还扩展到了数字建模、虚拟人、场景合成、艺术创作等更多领域。[②]

OpenAI的创始人山姆·阿尔特曼（Sam Altman）曾表示："十年前的传统观点认为，人工智能首先会影响体力劳动，然后是认知劳动，再然后，也许有一天可以做创造性工作。现在看起来，它会以相反的顺序进行。"[③]由此也掀起一场关于AI替代人类的讨论。数据分析员、咨询师、插画师、媒体工作者和教师等从事内容生产的群体感受到了危机，抵制AIGC的声音此起彼伏。当然，关于人工智能是否会替代人类的争议已持续数十年，到现在仍然没有结束。科学家曾经预言，人工智能的应用将会掀起人类历史上的"第四次革命"——图灵革命。[④]它不但重新塑造了社会形态，还给人类的自我认知带来新的机遇和挑战。

但是，无论是机器人ChatGPT还是AIGC的潮流，都必须服膺于其背后的算法规则和用于训练"学习"的数据库，必须基于自然语言模型或其他借助语音、图像或文字等符号系统输入数据、输出结果的计算机语言体系和计算过程。它与人类所使用的语言符号迥然有异。"人类的语言符号天然地具有多异性和暧昧性的特征，语言符号的含义与社会的约定俗成和当时的语境有着极强

① 董静怡. 爆火出圈的 ChatGPT 和它背后的万亿商业化狂想 [N]. 21 世纪经济报道，2022-12-12.
② 李白杨，白云，詹希旎，等. 人工智能生成内容（AIGC）的技术特征与形态演进 [J/OL]. 图书情报知识：1-9.[2022-12-15]. https://kns.cnki.net/kcms/detail/42.1085.G2.20221128.1005.002.html.
③ 董静怡. 爆火出圈的 ChatGPT 和它背后的万亿商业化狂想 [N].21 世纪经济报道，2022-12-12.
④ 卢西亚诺·弗洛里迪. 第四次革命：人工智能如何重塑人类现实 [M]. 王文革，译. 杭州：浙江人民出版社，2016：4-5.

的关系。与人类语言不同的是，算法只具有形式逻辑计算功能，无法洞悉输入语言背后的社会属性，这为问题的准确编码带来了困难。"[1]只是历史的车轮滚滚向前，技术的发展并不会因为人类的怀疑而有所停留。

三、加速回报定律的实现

库兹韦尔认为，"加速回报定律"是信息科技中的基本理论。这个定律是：信息科技的发展按照指数规模爆炸，导致储存能力、计算能力、芯片规模、带宽的规模暴涨。[2]基于这个定律，他做出了多条预言。其中包括"2029年，新一代智能机将通过图灵测试，非生物意义上的人将在这一年出现"。2022年问世的ChatGPT，也被认为是最有可能通过图灵测试的机器人。继哥白尼革命、达尔文革命、神经科学革命之后，人类迎来了第四次革命——图灵革命。这些人类革命都是在哲学认识论的基础上，解决了从主观到客观的认识问题的形而上的革命，体现了一种批判性思维。

图灵革命使我们认识到人工智能的价值，因为它的出现，人类在逻辑推理、信息处理和智能行为领域的主导地位已经不复存在。人类不再是信息圈毋庸置疑的主宰[3]，人工智能取代人类，能够执行越来越多的原本需要人类思想来解决的任务，从而使人类在一个又一个领域逐渐丧失了原本独具的地位，如绘画、写作、计算、编程、设计、播报、表演、教育、咨询乃至决策等。如此一来，我们不得不在观念上修正自我认知。未来，我们将和人工智能一样，被视为信息有机体之一，人机共生将成为普遍现象，人类将和可以进行逻辑化和自动化信息处理的其他信息智能体一道工作，共享自然和人工领域内的成就。在工作方式和日常生活中，我们将越来越多地将自己的记忆、决定、日常安排和其他活动，以一种人机融合的方式，依靠或外包给信息智能体去打理。"思维"的创造力再一次爆发出巨大的能量：我们创造出的"新

① 黄佩，贾文颖.符号主义人工智能的技术逻辑与算法偏向 [J].中国新闻传播研究，2022（2）：43-53.
② 雷·库兹韦尔.人工智能的未来 [M].盛杨燕，译.杭州：浙江人民出版社，2016：4.
③ 卢西亚诺·弗洛里迪.第四次革命：人工智能如何重塑人类现实 [M].王文革，译.杭州：浙江人民出版社，2016：107.

大脑"将会达至我们曾以为高不可攀的境界，并显示"神通"——预见未来。在充满不确定性和重重风险的后现代社会，人类极力想要拥有一种"先见之明"——对未来形势或事物发展走势做出准确的判断和预测，也就是"预言"的能力。自古至今，似乎只有极少数身怀绝地通天之能的先贤圣人、宗教始祖才具备。但是，人类大脑皮质的飞速发展，让我们今天做出的预测性判断在准确率上大大提高。就像电脑程序能够基于大量的数据、精密的计算和科学模型，做出正确的预测一样，人类的思考也可以获得指数级的跃升，从而提高进行判断、预测和推断的"性价比"。这是人类思考基因的进化，这也能够解释为何信息技术会呈现指数级增长，以至于大大突破了"摩尔定律"的时限。这就是库兹韦尔所预言的"加速回报定律"。他认为，我们在生物进化过程中看到加速度，同样也在技术发展过程中看到加速度（比生物领域快得多），加速度本身其实是生物进化的副产物。[①]如ChatGPT在经过10年的蛰伏后，于2022年底问世后，仅仅过了3个多月，比它更为先进的ChatGPT-4惊艳亮相，在互动学习和自我进化能力上更胜一筹。人工智能最初是模仿人类的大脑功能而设计出来的，但是随着信息技术的迭代升级和训练数据库的海量扩增，以及机器与人类互动交往的深度与广度日益扩展，它的智能程度飞速提升，也为我们带来了迥异于以往的新知递增模式和知识应用领域。从可穿戴智能设备到AI助手、"延伸式大脑"，甚至是"精神伴侣"等，人机融合、人机共生、人机共创或将成为未来社会的主要生存与发展方式。

四、机器利维坦——人工智能会接管人类社会吗？

AIGC具有独特的技术特征，可以归纳为数据巨量化、内容创造力、跨模态融合、认知交互力等方面。实际上可能远不止如此。在强大的技术逻辑下，它深入日常生活、经济生产和社会治理的各个层面。技术和社会之间的关系，涵盖了应用、适应和使用等人—技术—社会的具体互动机制，是一个动态的、

---

① 雷·库兹韦尔. 人工智能的未来 [M]. 盛杨燕，译. 杭州：浙江人民出版社，2016：248.

持续的再生产过程。就新闻领域而言，智能技术和数字媒介相比于传统新闻，具有更加激进的新特征[1]，即不仅报道和塑造社会现实，还介入对社会现实的改造，在社会变迁中发挥更加能动的作用。尤其是当人工智能和自动算法已经让人的主体性隐隐显露出危机，"机器换人"的趋势或许在所难免，在这个过程中可能会导致一种技术失控，对人类文化形成潜在威胁。具体来说，表现在以下方面。

（一）算法操纵

算法以技术无意识（technological unconscious）的方式在社会生活中占据了越来越重要的位置，广泛地影响人们的日常决策并演变为一种新的权力形式。随着人工智能算法技术社会应用的大规模开展，可以说，算法已经成为当今世界的一个文化逻辑，它嵌入了网络社会的几乎所有领域，参与构建了社会信息基础和人们的认知框架。

（二）"黑箱效应"带来的技术滥用

算法系统的高度复杂性叠加深度神经网络模型本身固有的非线性等特点，使得普通用户几乎不可能掌握算法处理的技术细节及动态特征。同时，由于商业竞争、技术垄断等多种显而易见的原因，大部分的算法都是在不接受公开审查的环境中创建的，而且很难通过谈判进入编码团队或获取他们编制的源代码。[2]因此，用户面对的是算法技术本身的结构性隐匿而产生的"黑箱效应"。[3]在"黑箱"隐喻下，算法领域被塑造为一个不透明的、抽象的技术领域，关于算法的知识也被框定为被技术精英垄断的专业壁垒高耸的纯粹技术性知识。[4]人工智能也可能成为被"技术黑箱"操纵和利用的工具。由于其无法解释计算或输出的机制与结果，我们可能对其中的谬误难以察觉，也无法及

---

① 常江.什么是数字新闻：认识论的视角 [J].山西大学学报（哲学社会科学版），2022（3）：68-74.
② Kitchin，R. Thinking Critically About and Researching Algorithms[J]. Information Communication & Society，2017 (1): 14-29.
③ 常江.什么是数字新闻：认识论的视角 [J].山西大学学报（哲学社会科学版），2022（3）：68-74.
④ 赖楚谣."算法的社会性知识"：短视频内容创作者的算法解释与知识的集体建构 [J].国际新闻界，2022（12）：109-131.

时纠正计算结果。比如，数据处理的方式之一，就是对数据进行识别、分类和评估，无论使用哪一种算法，都有可能将当下社会中的刻板印象或歧视渗入计算过程中，最后呈现出来的结果，或多或少会对某个数据群体形成歧视、排斥或拒绝。这种算法歧视，针对的可能是性别、民族、收入、阶层和生活方式等。①如果人工智能技术被大量地运用于教育、司法、传媒、社交、医疗等领域，有可能出现如下情形：AI存在价值理性的判断缺失，即使是通过自动算法学习获得所谓价值判断的AI，也无法避免人为价值介入或社会文化中内嵌的价值偏见造成的算法黑箱。②果真如此，则可能出现无法挽回的灾难性后果。

（三）深度伪造

AIGC基于风格迁移和模仿生成的内容在深度伪造、有组织的信息操控等方面加剧了信息伦理问题。AIGC超强的模仿创作能力具有"双刃剑"属性，即AIGC技术使虚假信息更"真实"、更具欺骗性，而且在多模态情境下可以采用"半真半假"的文本、语音、视频形式欺骗用户，这被称为"骗子的红利"。③2023年3月28日，一则新闻在网上广泛流传：有特效师利用AI合成技术，把自己的面容"嫁接"到剧中男主身上，伪造了与多位知名女星"亲密互动"的画面，被指控为"隔空猥亵"，其本人也遭到明星粉丝的人身攻击。④更早一点，一则关于"杭州市政府3月1日取消机动车依尾号限行政策"的新闻在当地市民的朋友圈中广泛流传。最终证明，这不过是某市民在与ChatGPT聊天时要求它以此为题生成一则新闻，拿来和友人开玩笑，不料竟迅速成为当天的"热点新闻"。⑤AIGC生成的假新闻，在内容和形式上更

---

① 凯伦·杨，马丁·洛奇.驯服算法：数字歧视与算法规制 [M].林少伟，唐林垚，译.上海：上海人民出版社，2020：94-95.

② 崔洁，童清艳.解构与重构："人格化"虚拟AI新闻主播再思考 [J].电视研究，2022（2）：62-64.

③ Chesney B, Citron D. Deep Fakes: A Looming Challenge for Privacy, Democracy, and National Security[J]. California Law Review, 2019, 107: 1753-1820.

④ 新浪网.用这种方式"热吻女星"，算不算隔空猥亵？律师回应……[EB/OL].（2023-03-28）[2023-03-30]. http://k.sina.com.cn/article_2663751563_9ec59f8b01901gc6x.htm.

⑤ 杭州3月1日取消限行？ChatGPT所写，警方将发布调查结果 [EB/OL].（2023-02-17）[2023-03-30]. https://baijiahao.baidu.com/s?id=1758046393112600557&wfr=spider&for=pc.

加令人真假难辨，对新闻业的真实性原则和专业主义构成极大的挑战。

（四）信息操纵

AIGC 的大规模自动生成特征会导致出现更为普遍的有组织的信息操纵，即利用更加智能化的社交机器人、网络水军等进行舆论操纵。在突发事件、政治选举、国际冲突等活动中，如果有人恶意操纵信息，使用 AIGC 大量生产和投放有误导性、煽动性的信息，无疑会加剧各种矛盾和冲突。

（五）惰性依赖与认知重塑

当下，人们对人工智能的忧虑集中于两点：一是机器人大规模接管人类工作，会造成诸多职业的消亡；二是人类会对人工智能产生惰性依赖，从而在认知能力、行为能力和思考能力等方面显著退化。情况果真如此吗？

ChatGPT 的出现表明，AI 主持人目前就已经可以通过模拟人格化表达来与人类进行对话，因此，情感并不是人类最后的防线。随着算法与程序的迭代、渲染技术的增强、元宇宙产业的成熟，未来的 AI 智能必然实现令人真假难分的人格化具身表达。[①] 如随着写作机器人和算法新闻的普及，从某个方面来说，"无论是生产层面的机器人写作，还是流通层面的个性化分发，都预示着'人'在一个正常运转的新闻业中并非不可或缺"[②]。人工智能的应用领域扩大化的确会给当前的社会带来一系列冲击，例如引发产业结构、就业结构的新变化，引起"技术性失业"。人工智能对于人的本质、人的思维和人的主体性地位将形成新的挑战[③]，甚至有可能将其放逐到"新社会"之外，造成人类的日渐边缘化。

数字时代的人类身份也会发生重大变化，即从"透明身体"转向"共享身体"。"共享身体"使我们乐于与其他人分享自身的健康状况，包括疾病体验、手术记录、病史及治疗方案等。寻求社会接纳，成为医药治疗之外的另

---

① 袁鸣，包磊. 从模仿到超越：元宇宙视野下 AI 虚拟主持的具身融合 [J]. 上海广播电视研究，2023（1）：21-32.
② 常江. 什么是数字新闻：认识论的视角 [J]. 山西大学学报（哲学社会科学版），2022（3）：68-74.
③ 雷想. 机遇与困境：人工智能视域下的传媒新业态和伦理思考 [J]. 东南传播，2020（6）：32-34.

一种"治愈"手段。如今，虚拟偶像、虚拟主持、数字员工、数字助手、数字教师等虚拟身份逐渐进入大众视野，现实社会中的社交、购物、娱乐等皆在重塑之中，人们的生活方式、交互体验将发生重大变革。[①] 在元宇宙的仿真现实中"重建自我"，或者与人工智能"同伴"进行更加密切的情感互动，可能会重新塑造我们的社会关系。

当然，发生重大变化的还有教育。远程教育、慕课（MOOC，大型开放式网络课程）、付费课程、知识直播间等，改变了面对面课堂的传教式授课形式，让知识接受者转变为知识创造者。从AIGC过渡到"算法生成知识"，似乎是一个触手可及的前景。有研究者把这种知识建构方式称作"算法的社会性知识"，它是一种动态的知识体系，随着整个不稳定的算法生态快速变动。[②]

AIGC的最大的变革体现在人类的知识生产和传播领域，进而对人类的精神生活、文化传承、意识形态等产生重要影响。智能内容生成是一种对人类已有知识、发现、认知等的再现。只不过，它是在依据算法模型进行信息提取基础上的再现，水平并不高，并且它无法想象未来、预测未来。而这恰恰是人的主体意识的重要组成部分。资深新闻人陆小华教授就认为："如果说新闻出版行业有什么工作内容是智能内容生成技术和产品所永远不能代替的，除了新闻工作者的使命感、价值观、情感和同理心外，更重要的是，我们还拥有对未来的想象能力，对真相的探寻能力。"[③] 提问能力、预测与想象的能力，会是我们最终的底牌吗？

五、文化堕距：如何穿越危机重重的黑暗森林

技术悲观论者认为：人类在人工智能方面的探索和创新发展，有可能是"自掘坟墓"。人工智能真的会成为人类自身的"掘墓人"吗？未必如此。事实上，人类在研制关系到人类安全的科技产品时，总是优先考虑"稳定"而

① 常江. 什么是数字新闻：认识论的视角 [J]. 山西大学学报（哲学社会科学版），2022（3）：68-74.
② 赖楚谣. "算法的社会性知识"：短视频内容创作者的算法解释与知识的集体建构 [J]. 国际新闻界，2022（12）：109-131.
③ 陆小华. ChatGPT等智能内容生成与新闻出版业面临的智能变革 [J]. 中国出版，2023（5）：6-13.

非"先进"。何况，在物质文化与非物质文化之间，人类总是表现出明显的"文化堕距"。[①]美国社会学家威廉·奥格本（William F. Ogburn）最早提出"文化堕距"概念，它指的是物质文化与非物质文化之间的发展差距。通常来说，非物质文化与物质文化在发展速度上存在一定的差距，非物质文化一般具有滞后性。如果说整个人类文化可以划分为物质、制度和观念三个层次，那么，从变迁的速度上看，物质和技术层面的变化速度最快，制度层面次之，变化速度最慢的就是观念形态的文化。[②]相比较而言，机器擅长处理具有家族相似性的事物，即将事物抽象为普遍和一般并进行同化处理，人则是优于处理非家族相似性的事物，即人类可以从不相似的事物中抽取相似性。[③]也就是我们所说的想象力和主动创造性。

不可否认，由数据垄断和消费主义所豢养出来的数字文化的简单化、同质化，一定程度上也造成了许多人的心智退化。自 2016 年短视频和直播潮流兴起以来，我们已经习惯了短平快和高度简单化的视频语言，千篇一律的"抖音神曲"，以及评论区大同小异的文字表达、连篇累牍的复制语，等等。种种迹象表明，一场静悄悄的"词语退化"趋势正在发酵。词语，或者说语言文字，与我们的认知与思维紧密相关。语言的堕落，意味着机械复制时代的符号文化让我们在无意识中"降智"。如果有一天，智能机器人能够进化到产生自主思维，做到像人一样思考，而人类已经"降智"到和如今机器同样的思考水平，则危机不可避免。

当然，这种担心在某些学者看来或许是杞人忧天。澳门大学法学教授於兴中认为，人性包括理性、情感和信念三个层次。这三个层次可以称为智性、心性和灵性。即人们不仅具有智能，而且具有情感力和灵感力。人类的决策能力主要依靠逻辑和经验，但也不能忽略心灵和精神的影响。人工智能是人类智性的产物。其智性体现在理性、可计算性、规律性、功利主义和经验上。

---

① 袁鸣，包磊.从模仿到超越：元宇宙视野下 AI 虚拟主持的具身融合 [J].上海广播电视研究，2023（1）：21-32.
② 孙立平.现代化不同因素之间的变化速度差异及其影响 [J].社会科学研究，1991（5）：53-57.
③ 刘伟.追问人工智能：从剑桥到北京 [M].北京：科学出版社，2019：233.

人工智能要超越人类，那它必须在情感和精神的层面有所补益。[①] 目前的智能机器人还是只能依靠事先置入的数据和预设程序来工作，未来通用人工智能、超级人工智能还存在于想象世界和科幻作品中。但是对于人类却有现实的例子说明，人类可以摆脱先天的"基因设定"，成就不可思议的事情。如美国著名的神经科学家詹姆斯·法隆（James H. Fallon）教授，其家族基因具有先天病态，连续数代都出现过穷凶极恶的罪犯、流氓和精神变态患者，他本人的脑部CT图也显示了其存在脑部缺陷。但他本人最终逃过了"恶魔的诅咒"。尽管他的基因和大脑有缺陷，但是他拥有幸福快乐的童年、充满爱心的母亲。尽管他的性格中仍然有自私冷漠的特征，但在爱的环境里长大让他没有堕落成罪犯和精神病人，而是成为受人尊敬、家庭幸福的科学家。这是一个非常典型的例子。说明即使人生来有基因缺陷，凭借情感、理性和信念的力量，也可以成就自我。我们对大脑的功能和运作机制目前还了解甚少。关于无意识和潜意识现象，至今仍然无法做出明确解释。那些天生只有半脑或者因为疾病而切除半边大脑的人，他们依靠"半脑"仍然活了下来，而且仍然具备本以为因为半脑缺失而会丧失的视觉[②]和语言功能。[③]另外，针对裂脑患者的实验发现，他们的两个脑半球独立运作，分别发挥作用，但在身体适应过程中学会了互相配合与分工合作。

鉴于人脑机制如此复杂难测，我们难以想象，一个机器人能够自我进化，自动修复程序缺陷，从而实现自我拯救、自我实现。至少到目前为止，尚无任何报道或研究指出机器人可能有感觉和情感。即使是克隆人，也只能是一个物理意义上的"皮囊"，缺少了人的灵性和情感。

除了具有自由意志，人类还具有认知跃升、突变的能力，这是支持人类思考、探索和创新的能力。比如，在科学领域，苹果落地启发牛顿提出万有引力定律；在宗教领域，释迦牟尼在菩提树下参悟七年而得道涅槃；在文学领

---

① 於兴中.数字素养：从算法社会到网络3.0[M].上海：上海人民出版社，2022：26.

② Muckli L, Naumerd M L, Singer W. Bilateral Visual Field Maps in a Patient with Only One Hemisphere[J]. Proceedings of the National Academy of Science, 2007(4): 372-376.

③ Curtiss S, de Bode S. Language After Hemispherectomy[J]. Brain and Cognition, 2020(1-3): 135-138.

域，"神来之笔"比比皆是。这是独属于人类的、无与伦比的思维形式。即使发达的人工智能具备了沟通、意义和计算能力，甚至能够模拟人脑进行创造性思考，就像库兹韦尔所说的那样，通过"智能爆炸"①，让硅基生命具有了人脑般的情绪反应和思考能力，或者完全不同于人类的意识与情感，但是"信仰飞跃"（或者说认知飞跃、开悟等等）仍然是人类生命独一无二的特性和优势。未来，对于我们所创造出来的通用人工智能，或者其他机器智能体，我们可能会用另一套术语体系来描述它们的特性与意识过程，或者我们会给它们赋予"人性"，以及其他人格化特征。但无论如何，在大自然和强大又神秘无比的未知世界里，在不确定的将来，我们必须始终保持敬畏和谦卑的态度。

现实来看，人工智能的发展与立法问题，可能最终是一场技术与制度的"赛跑"。面对技术与媒介变迁中的文化滞后现象，我们一方面要理性看待，另一方面也要直面挑战，推进认知革命，压缩人工智能技术发展过程中的文化滞后进程，使得社会整体的思维发展尽可能地适应和跟上人工智能的发展步伐。这一改变的关键就在于制度建设与执行。②

结　语

杰瑞·卡普兰（Jerry Kaplan）教授认为，引入创新科技会导致工作本质的变迁。包括人工智能技术在内的创新技术会改变我们的生活，也会对社会和整体的外部环境带来重大影响。它会替代某些工作，如出租车司机，但是也会创造新的工作。但是当机器人代替人掌握了控制权力，或者说决策的权力时，就是人类面临重大危机即被机器人圈养的时刻。"由于这些机器接管了大部分困难和讨厌的工作，它们也许能为我们提供前所未有的闲暇和自由。但是它们也可能成为我们的管理员，防止我们伤害自己、破坏环境。""最开始，它们调整的可能仅仅是用户的行车路线，但是最终，这些系统可能会控制我

---

① 雷·库兹韦尔．人工智能的未来 [M]．盛杨燕，译．杭州：浙江人民出版社，2016：4．
② 袁鸣，包磊．从模仿到超越：元宇宙视野下 AI 虚拟主持的具身融合 [J]．上海广播电视研究，2023（1）：21-32．

们生活的地点、我们学习的内容，甚至我们结婚的对象。"①当然，只要人工智能或者其他智能技术仍然需要人机协作，人类就不会被替代——无论是被圈养，还是被机器思维操纵，人类的最终命运就像马克思所说的那样：资产阶级首先生产的是它自身的掘墓人——无产阶级。福柯也说过，权力再生产出了它的对立面——权力的反叛或抵抗。这如同进行一场左右互搏的游戏。在两者的对抗和博弈中，迎来最终的结局——"万物皆有裂痕，那是阳光照进来的地方"。秦朔曾说："每一次由人所发动的工具革命最终都让人惊叹不已，从石器和火到电与互联网。所有工具在赋能于人的同时，都会造成某种异化和恐慌。但历史演进轨迹似乎是，人机可以各擅其能，美美与共。"②对于科技与伦理之间关系的争论与担忧从未停止，但这恰恰也为技术创新和人类想象力的飞跃提供了源源不绝的灵感和动力。

---

① 杰瑞·卡普兰. 人工智能时代 [M]. 李盼，译. 杭州：浙江人民出版社，2016：198-199.
② 杰瑞·卡普兰. 人工智能时代 [M]. 李盼，译. 杭州：浙江人民出版社，2016：1.

第八章

降维与重构：
数据新闻的变化、挑战与应对

数据新闻当下面临的挑战，主要是其叙事逻辑面临来自传统时代新闻价值的质疑。我们用以解释和剖析数据新闻的理论依据和分析框架，仍然是继承了传统的新闻理论逻辑和术语体系，难免出现不适配的情形。本章将从议程设置功能、"守门人"理论、交往场景、认知理性等角度进行分析。

第一节　算法新闻视角下的议程设置功能反思

一、议程设置理论的提出与演进

议程设置假说是传播学的重要理论之一。而其理论来源可以追溯到 1922 年沃尔特·李普曼（Walter Lippman）在其著作《民意》中提出的"拟态环境"假说。在李普曼看来，媒体在外部世界和我们头脑中关于世界的想象之间设置了障碍。"报纸营造了一个虚假的'拟态环境'，而公众却把它当做现实本身，形成关于世界的错误的想象。"[①]以此为基础，李普曼揭示了不精确的新闻报道局限与大众媒体理想社会功能的偏差。而议程设置理论的另一重要源头是保罗·拉扎斯菲尔德（Paul Lazarsfeld）与罗伯特·默顿（Robert Merton）提出的"大众媒体具有地位赋予功能"的论述，即大众媒体通过赋予报道对象显著性以提高其在公众视角中的权威性和合法性。20 世纪 60 年代，美国传播学者库尔特·朗（Kurt Lang）和格拉迪期·朗（Gladys Engel Lang）就朝鲜战

---

① 刘海龙. 大众传播理论：范式与流派 [M]. 北京：中国人民大学出版社，2008：222.

争后美军总司令麦克阿瑟（Douglas MacArthur）到达芝加哥时的电视转播画面进行了实证研究，发现电视转播画面中人群夹道欢迎、热情欢呼的盛大场面与现场的人气寥落、反应平平的真实场景形成鲜明对比。他们从而证明："眼见不一定为实，媒介所呈现的事件与真实事件之间存在差距。"①

1963年，美国学者伯纳德·科恩（Bernard Cohen）关于大众媒体功能"不能决定人们怎么想，但可以决定人们想什么"的论述，一针见血地揭示了议程设置在建构信息环境方面的功能，其观点与1968年传播学界耳熟能详的教堂山研究成果不谋而合。在这次研究中，麦克斯维尔·麦库姆斯（Maxwell McCombs）和唐纳德·肖（Donald Shaw）展现了媒体议程和公众议程的高度关联性，他们由此认为，大众传播媒体报道量越大的问题，越容易被公众认为是当前最重要的问题。媒体议程设置理论就此形成。

尽管麦库姆斯和肖的研究揭示了议程设置的存在，并将媒体对公众的影响转换成了信息传递的排序过程，使议程设置作为一个理论框架对后来的媒介功能研究产生了深远的影响。但媒体议程和公众议程之间在逻辑上的因果关系却尚未被科学证明；而且由于过于注重宏观的研究，缺乏具体微观的实证研究数据的支撑，导致该理论假设也不断受到质疑。1973年，雷·芬克豪泽（G. Ray Funkhouser）发表了对20世纪60年代三个美国主要新闻周刊的越战议程与公众对越战关注度的研究，揭示了新闻报道与现实世界的脱节，在这种脱节中，公众认知出现了背离现实而趋同于媒体的现象。这次经验性研究为议程设置过程的存在提供了具有较强说服力的证据。进入20世纪80年代，传播学者仙托·艾英戈（Shanto Iyengar）和唐纳德·金德（Donald R. Kinder）用实验研究的方法，除了证明电视的议程设置效果外，还进一步提出了电视新闻的铺垫效果。这使得议程设置的研究进入第二阶段——属性议程设置，即从对宏观过程的考察落实到对具体信息属性特征的传播效果研究。随着"框架"理论的提出，研究者日益认识到，媒体对信息不同的属性进行的重要性的排序，会影响公众对某一事件特征的认知。进入网络传播尤其是社交媒

---

① 刘海龙.大众传播理论：范式与流派[M].北京：中国人民大学出版社，2008：223.

体时代，议程设置的作用机制和过程较之从前更是发生了巨大的改变。我们通过新旧媒体的对比来加以说明。

二、媒体新闻选择在传统议程设置中的角色与功能

尽管议程设置理论揭示了媒体议程与公众议程之间的关联性，但其观察视角更偏向于二者长期的、双向的、宏观的运动及其影响，而对于议程设置功能在大众媒体内部的运作机制少有揭露。换言之，在"大众媒体可以决定人们想什么"的理论被详加阐释的同时，"大众媒体如何决定人们想什么"却没有被充分说明。对此，控制研究中的"把关人"研究和"微议程"研究共同指向了议程设置中的一些基础性问题——谁设置了媒体的议程，以及如何设置媒体的议程。

库尔特·勒温（Kurt Lewin）和戴维·怀特（David White）在关于媒体的"把关人"研究中，认为传播者拥有设置媒体议程的权限，而巴斯（Bass）的"双重行动模式"进一步指出新闻采集者可以决定给公众"看什么"，而新闻加工者可以决定公众"怎么看"，这与铺垫效果理论中关于"大众媒体不仅可以决定人们看什么，还可以决定人们怎么看"的论述可谓殊途同归。

在大众媒体内部的把关链中，新闻选择作为媒体从业者的一种职业行为，贯穿于新闻生产流程的始终。新闻记者在采访与写作过程中基于新闻价值标准对新闻要素的选择、编辑，在内容筛选与版面安排中对新闻报道的加工取舍，这些行为共同反映出大众媒体的新闻选择是一种组织行为。而在这些选择行为中，新闻价值、宣传价值、报道方针、媒体定位、新闻伦理要求与法律规范等，均是新闻选择原则的组成部分，这些原则既是新闻生产流程中媒体共同遵守的核心规范，也是大众媒体进行意识形态生产的基础。

此外，大众媒体对新闻选择原则的普遍认识，决定了其所传播的符号中蕴含的内容、视角、价值、态度与立场，受众对符号的解码行为则促成了媒体议程和公众议程的高度相关性。在新闻选择视角下，议程设置理论揭示的重要内涵是：公众议程虽然表现为大众媒体议程设置功能主导下的意识产物，

但其更深刻地表现为大众媒体新闻选择原则的外化、放大与延伸。这既体现在大众媒体受外部环境影响而对新闻选择原则做出能动性修正，也体现为受众在满足需求和媒介依赖中逐渐培养出的潜在性认同。

然而在互联网以及社交媒体兴起之后，传统上由大众媒体主导的议程设置过程发生了显著变化。伴随着传播权的下放和公众参与程度的提高、网络社群的聚集、信息体量的剧增、社交平台的高度市场化等，以往为大众媒体专业性选择和组织化操纵的议程环境，开始受到算法中隐含的价值观和意识形态的介入，而且将被更多复杂因素所干扰。因为"数字无好坏，亦非中立"。我们能从基于算法的社交媒体信息筛选机制中窥见社交媒体传播策略的变动，并进一步延伸出新媒体时代议程设置功能的新特征。

三、社交媒体时代的算法推送与议题选择

（一）催生算法的技术因素：网络社群与信息过载

从信息传播的角度看，社交媒体的特征是工具性强于生产性。"媒介赋权"功能将传播话语权由传统媒体下放至社交媒体的用户手中，导致公众和社会之间的连接与聚合无须依赖于大众媒介。传者与受者之间垂直的传播结构被打散了，大众关于"信息共同体"的概念也被弱化了，随之而来的是网络传播社群的大量涌现和传播结构的日趋平行化。在基于兴趣的分众化和基于社群的聚合化的共同作用下，网民群体呈现出先割裂为网络社群，再聚合为社会整体的过程。但是，网络社群的聚合也呈现出不稳定的状态，这要归因于网民对自我身份的认同要经历认知、情感评价、行为活动三个层面。[①]这也意味着网络社群在规模化发展的同时，其连接结构又呈现为一种弱关联性，社群的结构会随着成员的认知、情感和行为的变化而发生变动。

另一个不可忽视的信息环境特征是，在微观层面，大众分化为社群，而在宏观层面，信息体量则以几何倍数增长。社交媒体较低的准入门槛和高度的开放性，促使社群内用户数量激增，用户的参与度也不断提升，"用户生产

---

① 江根源，季靖．网络社区中的身份认同与网民社会结构间的关联性 [J]．新闻大学，2014（2）：83-92.

内容"的风潮涌现，必然会进一步导致信息体量的膨胀。而以往在电子论坛中以发布时间排序的信息设置手段，已不能适应社交媒体发展所需的商业化运营，也不利于重要信息或高质量信息的展示与传播。同时，用户的心理也发生了从"喜悦拥有更多信息"到"疲劳于过多信息"的转变。[①] 在多种因素的共同作用下，社交媒体的信息筛选与排序面临机制重建问题，而传统的新闻选择原则已不适用于新媒体平台。如何从海量信息中快速筛选出高质量信息，以及如何提高弱关联性网络社群的凝聚力，成为社交媒体首先要面对的效率问题，这也是媒介迭代过程中需要厘清的内在逻辑。它要求传播工具的革新必须带来传播效率与信息质量的同步提升，并在此基础上进一步发挥媒体的社会整合功能。算法便在这样的信息环境和技术逻辑下应运而生。这也标志着新旧媒体之间正发生着从以价值规范为主导的新闻选择机制到以算法为主导的信息筛选机制的巨大转型。

（二）基于单向投票机制的信息排序算法

据新浪网公布的《热门微博管理规范（试行版）》，新浪微博运营团队选择热门微博主要考虑的是该条微博的转发数、点赞数和微博发布时间等各项因素，其权重各不相同。除此之外，微博的内容中含多张图片、"双#话题"，以及站内长微博都能得到热度加权，而内容中包含外链、图片长微博、非原创信息都会导致热度降权。同时，热门微博话题的榜单每小时更新一次。

尽管新浪微博并未公开具体的算法公式，但我们根据其相关描述并结合微博点赞与转发的热度堆叠模式，可以推断其算法和 Hack News 算法的规则基本一致。[②] 即：

$$score = \frac{P-1}{(T+2) \cdot G}$$

---

① 邓建国. 筛选与呈现：信息疲劳背景下的移动内容传播新趋势——以雅虎新闻摘要与 NYT Now 为例的分析 [J]. 新闻记者，2015（6）：16-24.
② 基于用户投票的排名算法（一）：Delicious 和 Hacker News[EB/OL].（2016-03-15）[2022-12-30]. http://www.igooda.cn/jzjl/201603251067.html.

其中，*P*为赞同数，*T*为发布时间，*G*为设置的重力参数。排除可以自行设置的*G*值，得分受两个客观因素影响：*P*值和*T*值。在微博的信息传播过程中，我们可以将*P*认定为是点赞数和转发数与各自权重乘积的总和，*P*值和得分呈正相关，即点赞数和转发数越多，该条微博的得分越高，*P*-1即默认排除发布者自身。*T*值与得分呈负相关，即随着时间的流逝，一条微博的得分会降低。*G*值起到平衡作用，管理者将*G*值设置得越大，热门信息的更迭速率就越大。

虽然热门微博的排序算法与加权因素、降权因素的排列还有待进一步探究，但究其本质，单向投票机制是微博信息传播与排序的基本特征。排除时间流逝和传播者自身行为外，算法所考量的所有传播要素皆与热度得分呈正相关。此类基于单向投票的排序算法，优点在于使新媒体赋予用户的传播权能得到快速释放，信息价值塑造高度依赖于用户的态度和行为，而用户对信息的主动性和自组织性也得到了提高，从而加速了网络社群的聚合。同时，单向投票机制一改大众媒体时代传播模式中的慢循环、弱互动和低时效的弊端，在社交媒体中，传者与受者并非两个独立的个体，二者的身份角色可以互动和互换，媒体议程依赖于个体议程的聚合来实现，进而媒体议程能凭借网络传播的高效即刻影响公众议程，推动信息在即时反馈中快速发酵，带来强大的舆论效应和社会影响。在这个过程中，媒体议程与公众议程在互动中产生混融，呈现出快循环、强互动、高时效的显著特征。

但单向投票机制的弊端也同样明显，即反对者的态度或意见在单向投票的排序机制中难以体现和表达，单条信息的负面作用便很难得到揭示。虽然平台管理者能凭借发布时间和重复内容等要素对信息进行可信度修正，但其功能仅限于更迅速地抓住热点信息和避免信息同质化。相较于传统媒体的信息把关与选择机制，单项投票策略反而容易导致信息价值在博弈中的退化与失衡。因为在社交媒体中，用户同样拥有信息传播权，而信息价值高度依赖于用户流量所赋予的热度和关注度，由此，针对某条特定信息的反对与批评意见在这种单向投票机制中难以表达，有可能导致社交媒体放任言论失衡，出现舆论失范。

因此，笔者认为，单向投票算法具有显著的两面性：一方面，它能推动高质量信息快速传播；另一方面，它会让那些低质量信息的阅读量暴增。前者表现为诸如空气污染事件中媒体议程对政策议程的有力推动。在"随手拍解救乞讨儿童"活动中甚至产生新媒体议程主导传统媒体议程的"超议程设置功能"。① 后者则表现为各类娱乐化信息长期占据热门排行榜，甚至倒逼部分传统媒体与自媒体采用"标题党"等形式博取眼球。"娱乐至死"的负面效应已经在网络、自媒体平台和各社交网站上频频出现，媒体议程与公众议程在这种缺乏理性引导和意见抗衡的情况下，呈现出公共领域消解、舆论失范、网络暴力泛滥等令人担忧的局面。

（三）基于双向投票机制的信息排序算法

基于单向投票机制的算法具有两面性，所以针对社交媒体信息排序的算法改良思路之一，就是把"赞同"与"反对"功能同时加入算法。诸如Reddit 算法、Stack Overflow 算法等都是基于双向投票机制的算法。以知乎为例，在 2014 年 12 月 5 日以前，知乎基于双向投票机制的信息排序所依赖的是较为简单的算法，其简化后的公式为：

$$score = u-v$$

其中，u 为加权赞同数，v 为加权反对数。② 得分越高的回答在页面上能得到更加靠前的排名。但需要注意的是，得分并非完全取决于赞同用户与反对用户之间的数量对比，用户权重是影响回答得分的重要因素之一。例如，某话题的高权重用户对一个回答点击"赞同"或"反对"，那么其产生的加权数可能为 2 或者更高；而对一般用户而言，同样行为带来的加权数只为 1。知乎创始人黄韬曾指出："用户在某个问题下的权重，是根据他过去在相关话题下的回答得到的赞同、反对和没有帮助的票数来计算的。"③ 换言之，用户在某个问题

---

① 王金礼，魏文秀. 微博的超议程设置：微博、媒介与公众的议程互动——以"随手拍解救乞讨儿童"事件为例 [J]. 当代传播，2011（5）：68-70，74.

② 黄韬. 知乎如何对回答进行排序？你的一票很重要 [EB/OL]. [2022-12-30]. https://zhuanlan.zhihu.com/zhihu-product/19902495.

③ 黄韬. 知乎如何对回答进行排序？你的一票很重要 [EB/OL]. [2022-12-30]. https://zhuanlan.zhihu.com/zhihu-product/19902495.

上赞同或反对的权重，由其以往在类似话题上的传播活跃度和传播质量决定。

由此，建立在用户态度与行为反馈基础之上的社交媒体，其信息排序算法得到了进一步的完善，不仅由单向投票机制发展为双向投票机制，而且赋予那些拥有意见领袖身份的用户以较高权重，以发挥其正面引导的效果。而"反对"功能的加入，也使算法中出现了与信息传播潜力呈负相关的因素。用户的抽象态度与价值判断通过算法得以量化，形成意见合流，经过对用户身份等要素进行的可信度修正，最终产生社交媒体中的热门话题。

四、算法驱动下的议程建构、互动与混融

（一）基于双向投票机制的信息排序算法的显著弊端

1.宏观层面"观点的自由市场"的复苏与"自我修正功能"的简化

"观点的自由市场"属于资本主义传播制度规范中对报刊功能的一种假说。在社交媒体兴起之后，用户发布某种信息或对某种信息的评判，往往不受传统新闻价值的制约，而取决于自身的喜好和价值观念，加之用户体量庞大、信息传播便捷、交流反馈迅速等因素的影响，社交媒体中的信息传播在某些方面又呈现出"观点的自由市场"中多元信息碰撞、意见争执不休、过度煽情、娱乐化等一系列特征。而理论上的"自我修正功能"无法真正起到平衡舆论的作用。因此社交媒体中算法的功能，除了自动筛选信息外，实际上还是"自我修正功能"的体现与简化。在知乎的算法中，也设置了"赞同"与"反对"的双向投票系统，它试图通过不同意见的碰撞讨论来营造开放的舆论环境，希望通过单纯的数量对比发挥"自我修正功能"。

但问题在于，"观点的自由市场"中意见的差异需要以文字来表述，而在知乎的双向投票算法中，态度的碰撞仅仅通过数值大小来展现，用户表达自身态度的过程只需要动动手指就能完成，而其动机被淡化。这意味着，在社交媒体中，用户个体甚至不需要发表具体观点来表明立场，就可以展现自我的态度（例如通过表情包和动图等）。过于简单的意见符号既然不能表明观

点，也就谈不上修正谬误。而在观点表达被省略的过程中，态度的展现也更容易滋生随意性。

2.微观层面的数字陷阱

以知乎早期使用的算法为例：得分=加权赞同数−加权反对数。这种算法看似简洁合理，但在实际信息传播中会出现另一类不合理现象。如某个回答的加权反对数超过加权赞同数，那么在得分为负值的情况下，便会出现其排名位列加权赞同数和加权反对数都为0的回答之后。这就减弱了赞同者的声音。此外，还有信息遮蔽的问题。"赞同"与"反对"并非完全对立的关系，而是对立统一的关系，这使得在没有充分考虑赞同数与反对数之间数量关系的情况下，某一条信息或某一个事件，虽然有许多人关注和热烈讨论且亟待更加充分的交流和意见交锋来得出明确的结论，结果反而因为得分为负失去了曝光度（如2017年的榆林产妇跳楼事件喧嚣一阵便匆匆沉寂）。这不仅是对信息价值的背离，在深层次上更表现为意识形态转化为数字逻辑中的理性谬误。这也充分暴露出，作为一种意识形态的公众意见在被算法量化的过程中存在逻辑缺陷，以及该算法在反映信息热度上存在功能缺失。

2014年12月5日以后，知乎采用了新的算法，即"威尔逊算法"，学名为"二项分布样本的威尔逊置信区间下界"。这个算法由美国数学家埃德温·威尔逊（Edwin B. Wilson）加以完善并运用于二项分布的参数估计之中，2009年，芝加哥软件工程师埃文·米勒（Evan Miller）提出这种算法可用于具有正负双向投票系统的排序中。[①] 其公式如下：

$$P = \frac{u}{v}$$

$$score = \frac{P + \dfrac{z^2}{2n} - \dfrac{z}{2n}\sqrt{4n(1-p)p + z^2}}{1 + \dfrac{z^2}{n}}$$

其中，u 为加权赞同票数，v 为加权反对票数，z 为参数。$u \geq 1$，即默认回答

---

① Miller E. How Not to Sort by Average Rating [EB/OL]. [2022-12-30]. http://www. evanmiller. org/how-not-to-sort-by-average-rating. html.

者给自己一张赞同票。

威尔逊算法的使用，使知乎的信息排序算法经历了从简单加减到复杂算法公式的转变，而将二项分布运用于对立事件的运算之中，其进步性表现在两个方面。其一，该算法基于数理统计中的二项分布定律，score的取值区间为 [0，1]，避免了双向投票中简单减法运算导致产生负值的局限，因赞同数和反对数过于接近而产生较小值或负值的现象不会再发生。其二，赞同比 P 值的合理应用。在新的算法中，赞同比 P 值受分母中赞同与反对总数 n 值的约束，当赞同与反对总数很小的时候，P 值的比率便不能成为得分的主要因素。同样，在此基础之上，即使 n 值很大，若 P 值不随之增大，则总得分依然很小。P 值与 n 值的对比关系确立后，不仅避免了赞同比作为制约得分的唯一决定因素在小样本中的局限，而且使反对数较多的低质量信息也相应地处于排序的末位。

不过，需要指出的是，威尔逊算法虽然较好地平衡了"赞同"与"反对"的关系，但是也忽略了时间要素，这种局限性背离了传统新闻价值中的时新性原则。发布时间没有被纳入算法考量，导致在话题讨论过程中先发布的高质量、高热度信息会掩盖后发布的潜在高质量信息。这的确是一种遗憾。因此，如何考量"赞同""反对"与"发布时间"三种要素之间的关联性，又成为社交媒体算法建设中面临的新课题。一个重要的原则是：新闻推送和转发的算法，应该嵌入体系化的公共利益规范。算法的目的应根据公共利益原则进行调整，使之促进优质内容的产生，而不应单纯由点击量（流量）绑架新闻的内容。①

（二）算法在议程融合中的社会整合作用

算法中蕴含的信息价值与投票数量的高度关联性、媒体和公众的平权化，有力地推动了社交媒体中媒体议程和公众议程的互动与融合。如果说信息技术的发展导致了传播效率的提升和传播权的下放，为信息传播提供了一

---

① 张凌寒. 权力之治：人工智能时代的算法规制 [M]. 上海：上海人民出版社，2021：135.

个"虚拟公共空间"，那么算法则在这个场域发挥着话语建构的作用。在这种传播语境下，议程建构降低了对传播体制和媒体地位的依赖程度，而更多地考量公众的参与度和认同度，呈现出"媒体议程"和"公众议程"共生共存、相互塑造、高度同步的格局。

在议程环境的互动与混融中，算法不仅发挥着建构话语的作用，也取代了大众传媒整合社会、引导舆论的传统职能。在大众传媒时代，新闻媒体在整合社会、塑造舆论环境和公众性格方面发挥了重要功能，从某种程度上讲，这种功能也是维系现代社会的基础。因为保持现代社会民主高效运转的重要前提之一便是：公众必须对公共事件有足够的注意力。网络社群的分化削减了这种注意力，而新闻的聚类算法又让分化的社群得以重新专注起来。社会学研究指出：社会结构分化程度越低，社会整合机制结构就越简单。反之，社会结构分化程度越高，社会整合机制就越复杂。任何一个社会的存在和发展都需要社会各要素之间的协调统一。①算法在通过聚合大量用户参与制造热门信息的同时，于无形中整合了一个庞大的、"正在关注某事件"的社会群体。出于对内心孤独感和人格不协调的逃避，社会个体会主动参与到相关信息的传播活动中。这就是算法引导下"议程融合"与"社会整合"的双向同步过程。

五、语境阻隔与技术理性的反思

综上所述，大众媒体时代的公众议程是传统新闻选择原则的放大与延伸，其本质表现为媒体意识形态对公众意识形态的影响、指引与聚合。同时，在传受双方慢循环、弱互动的交往反馈过程中，大众媒体以新闻选择的能动性，实现对公众认知的理解与修正。

在新媒体时代，各种新兴媒体成为"价值守门人"和"数字守门人"，在议程设置中发挥了基础性作用。以海量信息的筛选和排序作为衡量传播效率的标准，以加速聚合网络社群为自身利益的出发点，新媒体既要面对信息的

---

① 刘素宏，丁艺．议程融合、媒介社区化和自我赋权：公民新闻与社会整合的分析框架 [J]．电子政务，2013（7）：66-73.

泛滥与过载，又要考量用户需求的多元化与个性化，权衡利弊之后，引入算法技术成为各类媒体平台的不二之选。在信息价值意识转化为机器语言的过程中，由于机器语境与价值语境在逻辑上的不对等、新媒体自身把关意识和法律意识的淡薄，以及信息价值观念的缺失，以算法为中介的媒体议程与公众议程出现背离。进一步而言，算法虽然实现了信息价值的模式化，但也不可避免地出现了意义上的失真和模糊。这体现了机器线性思维与人脑逻辑思维的本质差别。在这种语境阻隔与思维差异中，信息价值到底能否被算法量化的问题难免被人争论不休。

同时，算法的广泛运用也不断引发人们对于技术理性的质疑。"正如议程设置带有浓厚的政治意味和意识形态色彩一样，新闻挖掘和分析算法在回答特定问题时，也会带有某种偏见。当我们搜索某个人的信息时，如果算法提供不友善的搜索项后，本来对他不了解的用户在搜索他的信息时可能会被引入某个特定方向。因此，算法不仅仅是在预测，还有助于控制用户的行为。"[1] 虽然算法主导下的信息传播更注重公众参与，但算法的滥用可能会导致社会偏见的盛行和意见的分裂，因为"信息茧房"效应会强化个人意识而导致群体极化和社会分化。在信息过载和人工智能逐渐普及的情况下，价值感性与技术理性能否有效结合？人工干预能否弥补技术理性的谬误？如何消除算法主导下议程设置的弊端与问题，而又不损害传播权下放带来的信息红利？上述问题值得研究者进一步探究和阐释。

第二节 "数字守门人"与新闻专业主义的危机

2018 年，国家开始重点规范和整治互联网及社交媒体中存在的信息乱象，整治对象基本上囊括了所有类型的内容平台，重点打击这些平台上泛滥的低俗色情内容。2018 年 4—5 月，针对"暴走漫画"通过今日头条平台发布

---

① 范红霞，孙金波 . 数据新闻的算法革命与未来趋向 [J]. 现代传播（中国传媒大学学报），2018（5）：131-135.

含有丑化恶搞烈士的内容一事，国家广播电视总局责令今日头条网站永久关停该公司客户端软件及公众号，文化和旅游部也表示要对该公司从快从重作出行政处罚。[①]2018 年 6 月 30 日，国家网信办约谈抖音、搜狗等五家公司，针对抖音在搜狗引擎的投放广告中出现侮辱英烈内容问题，要求五家公司自约谈之日起启动广告业务专项整改。[②]此前，《人民日报》曾连续刊发三篇社论，批评今日头条等网络平台利用算法推荐技术，向公众推送大量低俗信息和色情内容。2019 年 1 月，微信公众号"才华有限青年"（咪蒙旗下自媒体）发布了文章《一个出身寒门的状元之死》，引发社会舆情，导致咪蒙微信公众号及其旗下自媒体矩阵被全部封号，永不解禁。我们看到，在互联网的内容审查和规制上，国家权力毫无疑问占据主导地位。

在社交媒体大行其道的今天，数字传播技术打破了主流媒体对信息的垄断，其把关权力也被严重削弱；而互联网的开放性、匿名性和信息的海量性，以及社交平台上各类"用户生成内容"信息的泛滥，使得"信息流"、自主分享的传播方式，逐渐取代了以往大众媒体议程设置的功能模式。如此一来，对于内容的把关，呈现出"数字守门人"交互作用、共同博弈的局面。

一、从传统守门人到"数字守门人"

"守门人"（gatekeeper）理论由勒温在其 1947 年出版的著作《群体生活的渠道》中首次提出。勒温认为，信息传播的渠道上总是包含了若干"关卡"，信息传播能否顺利进行，取决于守门人的意见或是某种公认的规范准则。在传统媒体时代，信息传播的守门人角色通常由记者、编辑等专业人士充当。少数人拥有绝对话语权，守门人经过层层把关删除"无用"信息，将"有用"信息传播给受众。这个过程也称"把关"。传统意义上的把关主要指信息的传播、修改和删除，且依据一定的新闻价值标准，带有很强的"传者

---

① "暴走漫画""今日头条"恶搞英雄烈士受处 [EB/OL]. （2018-05-31）[2022-12-30]. http://m. news. cctv. com/2018/05/31/ARTIyZ2zRp3agBCqni7EBdxF180531. shtml.
② 北京市两部门联合约谈抖音、搜狗等五家公司 [EB/OL]. （2018-07-02）[2022-12-30]. http://media. people. com. cn/n1/2018/0702/c14677-30103323. html.

中心论"特征。

进入社交媒体时代，基于用户生产、分享和互动传播的内容模式打破了传统守门人的独特性和垄断性。一方面，每个用户都可以生产、编辑和发布感兴趣的内容。另一方面，擅长内容聚合和分发的新媒体平台涌现，覆盖资讯、电商、旅游、出行、物流、教育等行业。为了提升内容产品分发和匹配的效率，它们普遍使用算法进行内容推送，精准地投放广告，达到"千人千面"和"信息定制"的效果。但是，这些网络新媒体内容芜杂，可谓泥沙俱下，造成了严重的信息污染。

数字传播时代依然需要把关人，只不过，其角色构成和把关机制发生了很大的变化。广泛的用户参与看似造就了"互联网民主"，但是新媒体平台为了追求流量和商业利益，一味迎合用户的心理需求，哗众取宠，甚至为博"出位"、博"眼球"而刻意制造虚假信息以及低俗甚至恶俗的内容，造成了极大的负面影响。算法偏见和算法权力的滥用，加剧了社会分化，也容易引发群体极化效应。此外，由于用户数量庞大，严肃新闻在新媒体时代似乎失去了市场优势，即使像《人民日报》、新华社这类主流媒体，在探索媒介融合的过程中，其新媒体上的内容，也不免陷入新闻"轻量化""娱乐化"的尴尬处境。媒体的过度商业化，使严肃新闻的信用被不断侵蚀和压缩，众声喧哗中人们选择远离公共政治，随之而来的是价值观的迷失。同时，网络主体的多样性、匿名性，意见领袖的导向性，以及信息的病毒式扩散等，使得信息传播的不确定性增加、信息干扰增多，在没有相应把关机制的情况下，那些缺乏判断力的受众很容易形成偏见、产生极端观点。信息把关面临十分严峻的考验。

我们已经迈进数字化时代，人类的所有活动经过各式电子设备都可以留下数据痕迹，这些设备和使用它的用户通过网络连接构成庞大的数据源，而网络信息爆炸的背后就是这些不断涌动的数据和算法。数字技术下的超文本、超链接意味着用户不再依赖于传统守门人提供的有限信息。[①]但这并不意味着"守门人已死"，而是说我们需要更符合当下信息环境的新一代守门人角色。

---

① 陶艺音.试论互联网时代"守门人"的角色变异[J].探索思考，2011（12）：23-26.

二、"数字守门人"的角色分配与权力流动

在大数据和移动互联网的技术推动下，由于传播者、媒介和接受者的界限变得模糊，传统守门人的角色被重新定义和分配，其把关权力也从垄断式、单向性走向流动式、共享性。

（一）角色分配

1.内容生产者的自律与节制

只要拥有一部智能手机和网络，人人都可以是内容的生产者。用户将自己创造的内容发布在网络上，通过公开传播的方式传递给其他用户。内容生产者可以把自己掌握的知识、信息或者生活／工作状态，制作成符合自身价值观和利益的内容，再以创造、分享和与他人协作的方式传递出去，通过与他人的互动，收获满足感和认同感。而且，在互联网时代，那些拥有专业知识和强大的社会动员能力与影响力的人更容易成为关键意见领袖（KOL）。那些粉丝数量动辄以数百万甚至上千万计的微博"大V"，以及占据头部资源的自媒体人和流量明星，利用自身的强大影响力、社会资本和关系网络，左右着大众的价值观和社会行为。

数字传播时代的内容生产基本上包括四类：UGC（用户生产内容）、OGC（职业生产内容）、PGC（专业生产内容）和AAC（算法生产内容）。随着人工智能的应用逐渐普及，我们还将看到AIGC（人工智能生产内容）逐渐成为新型的内容生产方式。因此，内容生产的门槛、形式等都发生了巨大的变化。[1]除了人类生产者之外，人工智能写作的加入，让机器人也成为内容生产者，只不过，它的生产和分发过程完全是借助算法来实现和完成的。以今日头条为例，它只是一个内容聚合和分发平台，完全没有原创内容，而是基于用户的媒介使用习惯和社交网络数据进行挖掘分析，再通过算法向用户提供其可能感兴趣的新闻信息。

---

① 仇勇.新媒体革命2.0：算法时代的媒介、公关与传播[M].北京：电子工业出版社，2018：3.

2.分发平台的内容审查与惩罚机制

上文提到过，类似今日头条的算法分发模式逐渐成为诸多自媒体平台内容管理和运营的通用模式。分发平台指为内容分发提供服务的各类平台，它根据大数据计算将信息分发给有需要和感兴趣的人。目前，"三微一端"（微博、微信、微视频和移动客户端）正逐渐取代传统媒体而成为用户获取信息的主要途径。

通过算法集成和分发，一方面，从"人找信息"转变为"信息找人"。这些平台通过算法技术，对用户做出的过滤选择行为数据进行统合计算，从而精准地进行"用户画像"分析，再结合当前传播热度和用户的兴趣爱好，对信息进行分类和先后排序。根据用户高频阅读首页信息的习惯，前置重要信息（用户可能会选择的、能够带来商业利益的信息），后置次要信息，屏蔽用户不想看到的负面信息。另一方面，采取删除、限流等方式，降低用户接受某方面不利信息的概率。

算法分发和把关，不仅能降低网站运营的成本，也能提高用户的搜索效率。但是，算法并非完全就是客观和中立的。相反，它有先天缺陷。其一，刻板性。数字技术通过特定程序设定，筛选符合字段的一切内容并予以删除，不存在情感成分和内容价值判断，这就有可能出现机械思维下的"误判"。其二，不平等性。在不同的人群中，由于经济、教育水平的分化和差距，必然存在巨大的"数字鸿沟"。在"技术决定论"统摄利益分配的政治经济场域，那些垄断了数据和技术特权的大公司、组织机构、政府机关和学术科研团体必然拥有守门人的特权，那些掌握大量数据和技术工具的"顶层"守门人占有信息优先权，而那些处于"底层"的人群，只能被动地接受他人选择的结果。这也意味着算法工程师的认知理性，在一定程度上会影响信息内容的传播，当然也不可避免地带有技术和知识阶层的偏见。算法偏见乃至算法歧视，与互联网的开放、共享原则并行不悖。

3.用户的自主选择与"茧房"束缚

用户既是内容的接受者也是内容的生产者。有美国学者指出："可敬的新闻业发现自己处在历史上的罕见关头，破天荒地，它的新闻守门人角色不仅被新技术和竞争力量所威胁，而且可能被它所服务的受众所动摇。"[1]因为存在内容生产者和分发平台的激烈竞争，用户拥有了更多的选择。平台为增强用户黏性而设置兴趣分类，提供"不感兴趣"等选择按钮，这种对个性化功能的重视，有助于充分发挥个人的信息主动性和创造性，加强社会的多元性。此外，随着社交媒体的兴起，"弱连带、强社交"的人际关系网络也延伸到传播关系中。用户之间的分享、互动、接纳与共享，以及互惠互利的网络式协作方式，扩充了人类的知识版图，也建构了马塞尔·莫斯（Marcel Mauss）所谓的"混融"社会。[2]

美国资深记者比尔·科瓦奇（Bill Kovach）和汤姆·罗森斯蒂尔（Tom Rosenstiel）认为，当下的新闻消费者已经不像以往那样被动地等待新闻"喂食"，而是选择主动出击，他们积极地查询信息，甚至参与新闻生产。[3]"今天在决定何为新闻的过程中，公众扮演着更重要的角色。下一代新闻业必须欢迎并且为更具参与性的公民服务。"[4]在他们看来，新闻不再是"讲故事"，或者过去那种"摆事实、讲道理"，而更多的是新闻的生产者与消费者之间的一种对话。当普通人也成为信息生产中的一员时，我们过去强调的媒介素养，仅仅是受众的信息解读能力，如今，当用户具有了"数字守门人"的权利和责任后，媒介素养还应包括其参与新闻生产的能力。"数字守门人"的使命，不仅包括"讲一个好故事"，还包括成为合格的参与者和对话者。

在发展传播学中，大众媒介被视为对民众进行教育的途径和手段。"教育的通常目的是增加知识，并减少愚蠢、不确定性和无知。"[5]在信息社会里，我

---

① 曾莹. 守门人、前锋与中场：试论网络时代守门人角色的嬗变 [J]. 福建师范大学福清分校学报，2007（2）：63-66.

② 详见范红霞. 微信中的信息流动与新型社会关系的生产 [J]. 现代传播（中国传媒大学学报），2016（10）：58-59.

③ 比尔·科瓦奇，汤姆·罗森斯蒂尔. 真相 [M]. 陆佳怡，孙志刚，译. 北京：中国人民大学出版社，2014：179-180.

④ 比尔·科瓦奇，汤姆·罗森斯蒂尔. 真相 [M]. 陆佳怡，孙志刚，译. 北京：中国人民大学出版社，2014：178.

⑤ 卢西亚诺·弗洛里迪. 第四次革命 [M]. 王文革，译. 杭州：浙江人民出版社，2016：93.

们通过媒介所获取的不仅是事实和技能，更重要的是要懂得设计者和生产者的文化。也就是卢西亚诺·弗洛里迪（Luciano Floridi）强调的，"知识的游戏包括了玩家、旁观者和游戏设计者"[1]。只了解事实和技能是玩家策略，而教育真正重要的部分发生在"游戏"设计层面。因此，参与传播，仅仅掌握信息和知识是不够的，即使参与到信息生产当中来也依然不够，我们还需要一种更高的洞察力——数字洞察力，也就是批判性地观察和学习这个游戏，并且熟知规则，懂得如何去设计"游戏"，在信息—技术—自我之间获得更多的掌控力与创造力。关于数字化时代的自我认知，在下一节中我们会展开论述。

自媒体的兴起冲破了传统媒体的边界，传者和受者的身份在某种程度上合二为一。媒介的边界、传受的边界、信息的形式与内容的边界正在消失，新的传播关系在无边界的格局中被重构。新兴媒体削弱了传统媒体的话语权，专业媒体的把关在一定程度上被弱化。而且，今天的信息传播更加依赖于人们的社交网络，人际信息传播更加突出；搜索引擎等通过个性化算法推荐将信息分发给不同的用户。信息传播将借助多种通道流向用户。

（二）"数字守门人"之间的权力流动

1.平台权力日益集中

首先，内容生产者必须通过分发平台传播信息、表达意见，才能将信息传递给用户。以微信公众号为例，自媒体人即生产者通过微信平台发布内容，微信后台按照平台规则审核，有权删除"违规"内容，传播者发布的信息依然受到平台守门人的挑选和制约。今天，网络平台逐渐超越了网络服务商的角色，成为网络空间规则的制定者和执行者。算法事实上主宰了网络空间的日常运营。因此，对网络交易中的违法行为或自媒体中的失范言论，网络平台拥有最便利的发现和限制能力，是违法行为的成本最低的控制者。[2]世界各国因此也都强化了对网络平台法律责任的要求。2016年以来，很多国家都开始要求社交媒体平台主动承担监控义务，对用户上传的淫秽色情、暴

---

[1] 卢西亚诺·弗洛里迪.第四次革命[M].王文革，译.杭州：浙江人民出版社，2016：95.
[2] 张凌寒.权力之治：人工智能时代的算法规制[M].上海：上海人民出版社，2021：20.

力血腥、恐怖惊悚、仇恨煽动等有害信息加强监管并责令承担法律责任。我国国家网信办要求网络平台强化主体责任与社会责任。[①]

其次，大数据技术、定位技术、人脸识别技术等为事实核查提供了一种可行的路径。[②]此外，研究者也指出，为弥补算法把关之不足，很多平台引入了"人工审核＋技术把关"的模式。如2020年，Facebook宣布上线一套"事实核查系统"，这套系统将允许用户通过信息流上的下拉菜单标记想要核查的新闻报道，随后由算法进行半自动化核查，或与第三方核查人员协作，以此判定是真实报道还是虚假消息。[③]"智能平台'人机结合'的事实核查可以兼顾效率和质量，可加强对信息内容的把关和审核，既发挥了新技术的优势，又彰显了人的智慧，实现了人与机器的优势互补。"[④]而且，平台的社会责任从设计开发阶段延伸到了算法的应用和产生损害性结果的阶段，这种全程监管和责任追溯正好对应了网络平台技术权力过度扩张的社会现实，因而有更强的束缚力。此外，因为平台之间存在竞争关系，在算法规制上的"顶格"要求有助于形成行业倒逼机制，迫使平台之间加强监督，从而在一定程度上限制了不良内容的散播行为，净化了网络环境。

2.政府规制是互联网治理的强力手段

2017年12月29日，国家网信办针对今日头条、凤凰新闻手机客户端持续传播色情低俗信息、违规提供互联网新闻信息服务等问题，分别约谈两家企业负责人，责令企业立即停止违法违规行为；今日头条旗下产品"内涵段子"被永久下架。2017年底至2018年，全国"扫黄打非"办公室相继约谈网易云音乐、百度网盘、B站等多家网站负责人，要求大力清理涉色情低俗信息。2019年4月8日，新浪微博管理员发布公告称，因为涉嫌发布有害时政信息，站方根据《微博社区公约》《微博投诉操作细则》等社区管理规则，对

---

① 网信办提出网站履行主体责任八项要求 [J]. 中国质量万里行，2016（12）：6.
② 王军，王鑫. 国内外对失实新闻的核查机制初探 [J]. 新闻爱好者，2019（2）：42-45.
③ 张凌寒. 权力之治：人工智能时代的算法规制 [M]. 上海：上海人民出版社，2021：135.
④ 王军，王鑫. 国内外对失实新闻的核查机制初探 [J]. 新闻爱好者，2019（2）：42-45.

一批存在违法行为的账号实行禁言、关闭等处置措施。①在这一系列雷霆手段背后，不难看出政府加强互联网管理的决心和执法思路。2021年10月，国家市场监督管理总局发布《互联网平台落实主体责任指南（征求意见稿）》，对网络安全、数据管理等提出了明确要求。特别是将涉及"网络黑灰产治理""算法规制""数据获取""风险防控""安全审计"等内容单列成文，要求超大型平台经营者建立健全数据安全审查与内控机制，对涉及用户个人信息的处理、数据跨境流动，涉及国家和社会公共利益的数据开发行为，必须严格依法依规进行，确保数据安全。②鉴于网络是失实新闻和虚假信息的高发区，而且网络过度追求自由化、娱乐化和利益最大化，网民素质又参差不齐，鱼龙混杂，寄望于平台自律和信息自净，未免效果甚微。因此政府的干预至关重要，只有引入外部的刚性约束和加大惩戒力度，才能引起分发平台和用户的高度重视，使其主动约束自身行为，加强对内容质量的把关。

3.基于用户自主选择的信息把关和全民"较真"

当下，用户在传播活动中拥有更多的主动权和选择权。人人都可以发表、修改和删除自己的言论，还可以举报或屏蔽他人言论。打开微信页面，公众订阅号上无数的小红点说明用户在发挥守门人的作用，自主决定接受或拒绝信息传播。同时，用户也可以发挥"用脚投票"的优势，在意识到自己的信息权利受到侵犯时，有权放弃当前使用的媒介而选择替代性产品，比如关闭朋友圈、卸载App、取消关注、关闭微博评论，以及设置好友权限、屏蔽好友、分组发布信息等。

如果说这些行为都是个人化的，那么国内外发起的公民事实核查和"众包"核查的实践经验，则证明了公民用户"把关"的合理性和价值性。"腾讯新闻2015年推出的《较真》栏目是一个致力于新闻查证和事实核查的全民平台，目标是对各种虚假新闻、缺陷新闻、谣言、钓鱼帖、营销帖进行查

---

① 微博禁言关闭六神磊磊等50个头部账号 [EB/OL]．（2019-04-09）[2022-12-30]. https://finance. china. com/tech/13001906/20190409/35623102. html.

② 互联网平台监管再出招！对数据安全、个人信息保护提出具体要求 [EB/OL]．（2021-10-30）[2022-12-30]. https://www. sohu. com/a/498205052_121124361.

证和快速打击，对人们感兴趣的、但缺乏必要新闻要素的消息进行溯源和核查。"[①]2017 年，这个栏目转型为事实查证平台，公民用户与政府部门、权威媒体和专家学者合作，共同阻击不实信息，形成多方联动、立体化的事实核查（把关）网络。美国的一些新闻网站还采取"众包"的协作新闻报道模式，依靠博客作者、公民记者共同进行新闻内容的生产。这种"用户生产内容"的模式也被国内的很多短视频平台采用。初代"网红"为吸引眼球而采取的低俗、出位和暴露策略，因为外部规制和内部约束，渐渐被人摒弃；现在公民用户的理性逐渐增强，责任感也日益提升。传者与受者之间的关系，从信息单向流动、双方不平等向传受两者合二为一，去中心化、扁平化以及更加民主和开放转变。在这个过程中，信息权力也发生了流动：从垄断走向开放，从控制走向自治，从专制走向民主。

三、"数字守门人"的特点与功能

（一）内容审查机制：平台、算法与人工审核

隐藏于算法决策背后的力量，是算法决策的使用者、平台和政府。当前，数字平台的内容审查主要由平台、算法和人工审核员共同承担。以直播平台为例，它实际上包含了多种内容审核机制。其一，平台审核。平台根据《互联网直播服务管理规定》等相关法律限制以及自身规则，删除或关闭违规的直播内容。同时按照特定标准进行排序筛选，设置直播榜单吸引用户注意力，实现议程设置。其二，算法审核。以新闻聚类网站为例，其每天对互联网上产生的新闻进行抓取，然后进行相似新闻聚类，经常使用的是 K-Means 聚类算法，目的是尽可能使相同类别的新闻聚合在一个类别中，方便用户浏览。在信息分发方面，则要使用新闻推荐算法。经常用到的是潜在因子算法。它不同于 Item-based 中通过商品之间的关联性推荐，也不同于 User-based 的群体性行为分析，而是根据用户的浏览历史、身份识别等信息，挖掘用户本身的特征，将新闻的标签转换为用户的特征标签，从而进行内容与用户之间的两

---

① 王军，王鑫.国内外对失实新闻的核查机制初探 [J].新闻爱好者，2019（2）：42-45.

两匹配，做到个性化推荐和精准推送。其推荐内容不仅包括各类新闻，还包括音乐、电影、游戏、购物等资讯。与传统的职业把关不同，算法的内容聚类和关联推荐更加精准，更具有个性化和"定制化"的效果。同时，使用关键词过滤技术也可以有效屏蔽有害或敏感信息，从而达到隔离用户、净化网页的效果。其三，人工审核。今日头条资深算法架构师曹欢欢博士表示，"平台出于内容生态和社会责任的考量，对于低俗内容的打压，标题党、低质内容的打压，重要新闻的置顶、加权、强插，低级别账号内容降权，都是算法本身无法完成的，需要进一步对内容进行干预"①。为了弥补算法程序中过于机械化和判断失误之不足，当然也是为了响应国家网信办的监管要求，很多信息发布平台和搜索引擎聘请专业审查人员对内容进行精细化审核。未来，"算法+人工"的内容审核与把关模式将成为行业主流。2018年1月，今日头条面向社会公开大规模招聘内容审核编辑，负责审核网站上是否存在暴力、色情、恐怖等不和谐内容。未来，其内容审核员的队伍还将继续扩大。

（二）用户的守门人功能：个性化与差异化

在数字化传播时代，用户也能担负起守门人的职责。一方面，作为内容生产者和发布者，用户对自身所发布的内容负有审核、修正的责任。如果存在发布（或转发）或煽动谣言、不实信息、色情信息、暴力信息、污蔑言辞的行为，要承担法律责任。另一方面，作为信息消费者，用户也有权举报不实新闻、暴力信息、色情信息或危害性言论。

用户的守门人作用体现出个性化与差异化的特点。卡尔·霍夫兰（Carl Hovland）和德弗勒（Melven L. Defleur）等人提出的"个体差异论"认为，受众成员心理或认知结构上的个体差异，是影响他们对媒介的注意力以及对媒介所讨论的问题所采取的行为的关键因素。② 由于受众在兴趣、爱好、性格和价值观等方面存在差异，面对大众媒介传播的信息，他们所做出的选择以及他们的理解和记忆等就体现出差异化和个性化的特点。算法分发技术针对

---

① 遭遇整改，招聘审核员，公开算法：从今日头条看人工智能的死角 [EB/OL].（2018-01-18）[2022-12-30]. http://www.sohu.com/a/217444396_99992437.
② 德弗勒鲍尔·洛基奇.大众传播学绪论 [M].杜力平，译.北京：新华出版社，1990：200.

用户的个性化偏好进行内容和商品的匹配推荐，使"守门"结果也呈现"千人千面"的差异化和个性化特点。用户可通过滑动界面自主选择内容，过滤"不喜欢"信息，通过点赞、打赏、关注等互动方式对信息进行筛选、过滤和设置。

（三）守门人权力转移

创造和分享已成为网络传播的重要途径。各类平台都设置了分享及转发按钮，用户发布一条信息，他的好友如果接受，还可以将该信息分享给下一级的好友，通过层层转发分享，信息扩散呈现裂变式、病毒化传播特征。借助人际传播网络，通过话题分享和场景转换，信息得以迅速扩散。传统的守门人处于媒介、社会和个人之间，无论他们在发挥守门人职责时遵循的是专业主义原则还是意识形态原则，他们都具备了某种信息控制的能力。而在今天强调表达与分享、互动与连接的自媒体时代，在去中心化、平等化和网络化的传播结构中，这种控制权已经逐渐受到消解，这有助于缩小不同人群之间的知识鸿沟。

四、"数字守门人"时代的信息风险

（一）算法专制的风险

其一，平台把持数据关口，形成数字霸权。这体现在数据和技术垄断者可肆意剥夺"底层"守门人的权利。例如，微博向用户强制推送广告，虽然其设有"不感兴趣"或"内容质量差"等选项，看似尊重用户的选择权利，但相同或近似的广告依旧会出现在下一次的使用界面上，可见用户的"守门人"作用被限定在一定范围。

其二，大众媒体议程的影响减弱，网络意见领袖的重要性日益凸显。网络意见领袖如资深的专业人士、专家学者，拥有千万粉丝的明星"大V"，后者在用户那里具有更高的知名度和信任度，他们的言行具有重要的示范效应。当然，这些网络意见领袖的观点并非完全正确，或者不偏不倚，其中有些人甚至还会散布有害思想如"网络民粹主义"、无政府主义、伪科学和民族虚无主义的观点，撕裂社会共识，制造社会不同阶层间的对立和分裂，危及国家安全。

（二）信息安全和个人隐私泄露的风险

个性化配置虽然为用户带来许多便利，但是许多信息平台也因此将用户的个人信息包括隐私悉数收入囊中，形成了海量的个人数据库。一旦这些数据泄露，或者用于不法交易和阴暗目的，将给个人甚至整个社会带来巨大的信息安全隐患。如今，世界各国关于保护个人信息安全的呼声日益高涨。

（三）"信息茧房"和"数字圆形监狱"的风险

凯斯·桑斯坦（Cass R. Sunstein）预言过，受众如果只注意自己选择的信息和使自己愉悦的媒介，久而久之，会将自身桎梏于像蚕茧一般的"茧房"中。[①]"信息茧房"效应会加深用户固有的偏见，往往形成偏激与极端的观点、言论或行为，导致自我认知的偏差和非理性的膨胀。对社会而言，"信息茧房"在满足个人信息需求的同时，也限制了公众的交往理性，甚至容易制造群体极化现象。

另一个值得关注的问题是，算法专制可能形成"数字圆形监狱"。在大数据时代，只要我们使用网络和智能手机，后台设定的算法技术可以不经过我们允许，在我们毫不知情，或者有意降低风险性而让我们乐意配合的情况下，收集我们的个人数据信息。我们深陷数字化网络，受到严密监控而不自知。

（四）算法缺陷带来的风险

机器终究不是人类，它严格遵守算法程序，但它无法进行人脑的"山路十八弯"的复杂思维。如视频网站后台设置敏感内容审核系统，但凡上传内容中存在敏感内容则一律删除或不通过，但计算机程序往往只关注于个别参数，而不考虑整体的合理性和合法性。算法"死板"的漏洞也意味着用户可以通过同义词改变或创建特殊符号来规避审核，算法词库总是滞后于用户创建新符号的速度，从而无法真正精准有效地排除不当内容。

---

① 凯斯·桑斯坦.信息乌托邦：众人如何生产知识 [M].毕竞悦，译.北京：法律出版社，2008：15.

在数字化传播时代，守门人角色有了新的内涵和特点，在具体的"守门"过程中，机器、算法和人工智能将扮演越来越重要的角色，这将会对传媒业的生产和分发，以及媒介、个人与社会的传播关系等带来深远的影响。这种变化及其意义，值得研究者展开进一步的探索和挖掘。

第三节　重塑主体：从场景连接到认知盈余

一、从"内容为王"到"场景融合"

传播的功能之一，是借助媒介传递信息与知识，从而形成个人对于自我和社会的认知。李普曼认为，媒介通过对现实世界的象征性反映，塑造了一个类似于现实世界的"拟态环境"，我们也可将其称为"观念世界"。从马克思和恩格斯的精神交往理论出发，通过大众媒介进行的符号（信息）交往，也是建立"以'语言'为媒介的人与人的社会关系"[1]，而其与传播学中所谓以"信息"为媒介的人与人之间的社会关系并无太大差别。因此，在探寻传播功能与社会关系/社会结构之间的联系时，我们可以借鉴这一理论。只不过，为便于分析，笔者将这种信息交往活动以及所建构的社会关系纳入罗伯特·斯考伯（Robert Scoble）关于"场景"的理论描述中。接下来，我们先厘清几个相关概念。

（一）信息茧房

传播媒介所建构的"拟态环境"并非现实世界的镜像式的真实反映。传播者在媒介信息、自身经验和知识、社会规范、意识形态等因素的影响下，通过对信息的选择、加工，最终形成关于外部环境的认知。根据伊莱休·卡茨（Elihu Katz）提出的使用与满足理论，面对媒介时，受众并不是完全被动的，相反，受众总是主动地选择自己所偏爱的和所需要的媒介内容与信息，因此，这种选择也造成了受众的信息屏障和认知边界。佛教中称之为"所知障"，而在传播学中，这种现象被称为"信息茧房"。这个概念由哈佛大学法学院教授

---

[1]　陈力丹.精神交往论：马克思恩格斯的传播观[M].1版.北京：开明出版社，1993：4.

桑斯坦在其著作《信息乌托邦：众人如何生产知识》中首次提出，上节内容中已有所涉及，不再赘述。"信息茧房"现象并非网络时代独有，只是随着媒介种类的丰富和传播技术的不断升级，受众的选择空间和自主性越来越大，而信息接收日益"窄化"。久而久之，受众将自身束缚在同质化的信息中，形成封闭的信息环境。

（二）信息蛛网

这是笔者针对"信息茧房"这一理论而提出的设想。"信息蛛网"结合了传播网络和社会关系网络这两者的共同特点，如网络化、扁平化、去中心化、以个人（受众/用户）需求为核心，以及以互动、分享、学习为目标的媒介化社会关系网络。笔者认为，随着互联网的普及，麦克卢汉（Marshall McLuhan）当年所预言的"地球村"时代已然到来，"媒介即信息"的论断揭示了媒介技术与人类之间相互支撑、相互塑造与相互控制的关系本质。"技术与大众传播互相支撑的关系，使得任何一次传播都会对技术的理念和规则进行有意或无意的强调。……技术的理念在潜移默化中改变我们。"[1]但是，麦克卢汉同时也说道："任何媒介或技术的'讯息'，是由它引入的人间事物的尺度变化、速度变化和模式变化。铁路的作用，并不是把运动、运输、轮子或道路引入人类社会，而是加速并扩大人们过去的功能，创造新型的城市、新型的工作、新型的闲暇。"[2]麦克卢汉看到了技术带给人们生活的改变，也看到了技术改变了人们自然形成的各种功能间相互配合、协调工作的平衡关系。弗洛里迪把人类社会的技术分为三类：一级技术（在人类和自然之间，类似于工具）、二级技术（能够与其他技术相连接，如工业革命时代促进技术间相互依存关系的基础技术，像引擎或发动机等）和三级技术（作为使用者的技术与作为敦促者的技术一旦被媒介技术关联在一起，技术便开始呈现指数级发展，如物联网、自动化程序、人工智能等）。[3]他认为，三级技术创造了一个新的空间（如网络空间），

① 李岩.传播与文化[M].杭州：浙江大学出版社，2009：86.
② 麦克卢汉.理解媒介：论人的延伸[M].何道宽，译.北京：商务印书馆，2000：22.
③ 卢西亚诺·弗洛里迪.第四次革命[M].王文革，译.杭州：浙江人民出版社，2016：32-37.

从闭合回路到内化技术之间，在技术使用者和敦促者之间，技术媒介借助交互界面而相互连接、互联互通，从而形成了网状的结构。从互联网到物联网，以及未来的语义网或者其他更加高维的网络空间，都是如此。

在社交媒体时代，信息在各团体之间共享，人们对于离自己很远的新闻了如指掌，在一些重要议题上逐渐形成相近的认知与价值观，进而形成虚拟的"共同体"，并组织一些全社会共同参与的社会行动。同时，随着知识协同生产和众筹文化的兴起，人们在维基百科、百度百科、知乎等网络知识社区一起生产知识，通过搜索引擎获知其他领域的信息，通过跨界合作不断拓展个人的职业和知识边界，并借助社交媒体强大的场景连接能力，使信息在不同的个体、社会团体间快速流动，原本可能存在的信息壁垒或"信息孤岛"状态不断被打破。桑斯坦所预言的"信息茧房"并非流行现象，相反，由于不同传播场景的相互感知、连接和智能化融合，借助网络化和人际化的传播扩散，传播结构和传播关系正逐步实现"破茧"和"结网"，我们正在迈入万物互联互通的场景时代。

（三）场景

"场景"并非一个全新的概念。其本义是指戏剧、电影中的场面，包括一定时间、空间内的人物行动和人物关系及其构成的影视剧画面。20世纪60年代，欧文·戈夫曼（Erving Goffman）在他的拟剧理论中就提出，人与人之间的社会交往在某种程度上来说就是一种表演。"场所"（场景）如同"剧场"，社会成员按照"剧本"扮演角色。人的交往行为又有"前台"和"后台"的区分。媒介提供的"场所"（或者说场景）对交流情境产生重要影响。[①]约书亚·梅罗维茨（Joshua Meyrowitz）吸收了戈夫曼和麦克卢汉的部分理论，提出了媒介情境论的主张。他指出，场景包括物质环境、精神氛围以及在场范围内的人和事；场景就是一种社会空间，它是设施、组织、机构、活动等的

---

① 欧文·戈夫曼.日常生活中的自我呈现[M].冯钢，译.北京：北京大学出版社，2008：19-21.

总称。①梅罗维茨将媒介交流环境称为"情境"。他认为，"信息环境"所构成的"情境"（场景）比物理场所更重要。媒介不是通过内容来影响我们，而是通过改变"场景地理"来改变我们，因为它能更有效地重新组织社会环境和削弱自然环境及物质场所间的密切联系。电子媒介还能够促成不同情境的合并。②进入21世纪，美国记者斯考伯在《场景时代》一书中对"场景"做了界定，认为场景是移动互联网时代的竞争核心。场景逐渐延伸到生活各个层面，并被提升到深度战略化的高度。斯考伯提出了关于场景时代影响社会变革的五个重要技术因素：移动设备、社交媒体、大数据、传感器和定位系统。他指出，技术驱动为互联网企业提供了参与场景争夺的基础。③

例如，抖音等短视频应用挤占了网络视频平台和电视的份额，导致"优爱腾"（优酷、爱奇艺、腾讯视频）和网络电视从相爱相杀走向联手共赢；"得到"App融线上教育与知识付费于一体；微信与支付宝之间的竞争领域不仅是支付场景，还包括通信、社交、出行、外卖、税务、医疗健康等第三方服务。

"在新的场景和生态中，信息的分发时间从定点转向随时，信息的分发空间从固定区域转向任何地方，单一的新闻信息、专业资讯已经转向多元的情感社交和日常生活。因此，移动传播时代媒介融合的本质是基于场景的信息服务。"④"随时随地分享身边事儿"和"记录美好生活"等媒体口号，旨在通过连接实现"时空一体化"传播以及重视个人实时体验的个性化创作与分享。而今天的媒介竞争策略也从"内容取胜"转向"场景融合"。

二、场景连接打破了信息封锁

"信息茧房"从本质上来说是一种信息封锁，或者说是信息"绑架"，其根源在于人们对于技术的负面影响的忧思。今天的内容生产主要包括三个方

---

① 约书亚·梅罗维茨.消失的地域：电子媒介对社会行为的影响[M].肖志军，译.北京：清华大学出版社，2002.
② 邵培仁.传播学（修订版）[M].北京：高等教育出版社，2007：221.
③ 刘新传.场景、关系与算法：媒体融合创新的三重维度[J].新闻战线，2018（12）：62-64.
④ 刘新传.场景、关系与算法：媒体融合创新的三重维度[J].新闻战线，2018（12）：62-64.

面：一是职业化生产内容（PGC），即由专业的媒体机构和从业者进行职业化的内容生产和创作；二是用户生产内容（UGC），即由用户进行内容的个性化生产和分享，它们构成了当今互联网上的绝大多数的内容；三是算法生产内容（AGC），即以用户为中心，根据用户数据库进行数据分析，根据用户需求生产内容并实现精准推送。后两者因为把关机制的缺失和过度适配，成为用户"锁定"和信息"封闭"的始作俑者。2017年7月6日，《人民日报》发表评论文章《新闻莫被算法"绑架"》，谴责了某些新闻客户端利用算法匹配技术，对个人造成的信息"绑架"。"一些痴迷于技术和算法的新闻客户端越来越'简单粗暴'了，用大量相似内容刷屏，用户连拒绝的权利都没有。一些客户端仅靠揣摩人们的点击量，反复推荐低质量内容，甚至将这一算法上升到人工智能的高度上，认为这代表媒体的未来。而实际上只能让媒体成为算法和技术的奴隶，使客户端推荐内容越来越单一，内容创造者越来越偏激，媒体格局越来越狭小。"[①]这段话犀利地指出了"信息茧房"的危害。

这种负面作用是真实存在且无法否认的，但是，我们也可以从技术中寻求有效的"破茧"之道。

（一）社会关系重塑——"弱连接"发挥"强作用"

"弱连接"最早是由美国社会学家马克·格拉诺维特（Mark Granovetter）在1983年发表的论文中提出。在论文中，格拉诺维特针对人与人之间的关系提出"强""弱"及"桥梁"的概念，发现与一个人的工作和事业关系最密切的社会关系并不是"强连接"，而常常是"弱连接"。"弱连接"虽然不如"强连接"那样坚固，但传播速度快、效率高、成本低。[②]当前互联网环境下的智能传播、社交传播将"弱连接"的"威力"充分体现出来，"弱连接"有效地把社会上本没有联系的诸多个体、团体整合起来，增强了社会流动性，形成"蛛网式"的信息传播结构。

---

① 吕洪. 新闻莫被算法"绑架"[N]. 人民日报，2017-07-06.
② Granovetter M S. The Strength of Weak Ties: A Network Theory Revisited[J]. Sociological Theory, 1983(6): 201-233.

团体或"圈子"是人际关系网络中的常见模式，不同圈子中的人很难相互结识、相互沟通。关系密切的朋友，其生活圈子通常是类似的，他们关注的新闻以及个人的知识面、工作领域也倾向于重叠。而那些关系疏远的点头之交，却往往掌握许多你并不了解的其他资讯。正是通过这些"弱关系"，信息才能顺利地在不同的圈子中间流通，这就是弱关系的威力。借助微博、微信等社交媒体，用户可以和旅途中偶遇的"驴友"、网购时认识的淘宝店家、直播平台上关注的"网红"产生交集。由此可见，弱关系可以在陌生人的人际网络中创造出交流的可能性，突破了"熟人社会"中频繁的同质化互动。也正因此，"弱连带、强社交"①的新型交往模式成为异质性的个体、社团和群体之间沟通的桥梁。

"弱关系"是人们与外界沟通的桥梁，职业、地域、信仰及兴趣爱好不同的人能够通过弱关系获取尽可能多样的讯息。早在 20 世纪初，德国社会学家乔治·齐美尔（Geory Simmel）就曾提出，人类处于"团结—合作之网"中，由形成模式的信息传播所连接。1992 年，美国社会学家罗纳德·伯特（Ronald Burt）在《结构洞：竞争的社会结构》一书中首次提出了"结构洞"（structural holes）理论，描述的就是圈子之间存在"洞穴"的现象。而要填补这些"洞穴"，就需要"弱连接"，即那些处于信息网络中的关键节点、能将不同社交圈子连接起来的人，如微博"大V"、明星网红、官方微博等意见领袖。弱关系使得信息的传播成本变得低廉，由此把社会上不同个体及团体有效地联系起来，相互之间联结成为一张巨大的"信息蛛网"。同时，强关系传达的内容更多的是情感、观点、意见等感性资源，弱关系传达的内容更多的是信息、知识等理性资源。借助人与人之间的社会关系网络搭建起来的社会传播网络，信息、知识和情感得以传播、扩散和共振。

（二）想象的在场——虚拟化连接催化场景交融

所谓"在场"，是指身体在场。身体在场意味着可以对在场的人或事产生

---

① 范红霞. 微信中的信息流动与新型社会关系的生产 [J]. 现代传播（中国传媒大学学报），2016（10）：53-59.

影响，如会议桌上领导在场的威慑作用，课堂上校长旁听对听课的学生甚至在上课的老师都施加了额外的压力。①但是，在互联网环境中，许多时候虚拟化在场比实体性在场更加重要。例如，通过浏览好友在朋友圈发布的旅行照片或小视频，你也可以欣赏他们身边的美食美景，感受他们的愉悦心情；通过查看好友发布的社交媒体动态，你能够了解他们的近况和态度，还可以通过点赞、评论来与他们互动和交流，形成信息上的连接和情感的互动。又如，父母通过视频电话与远在他乡的孩子进行沟通和交流，身体虽不在场，但是通过视频影像，双方似乎也能实现"面对面交流"，达到想象的"在场"。尤其是当一些重大事件发生，我们无法身临其境时，借助媒体的镜头呈现，我们的缺憾得到弥补。2019 年 10 月 1 日，在庆祝中华人民共和国成立 70 周年阅兵式上，全国十几亿人通过电视画面、网络平台、手机屏幕等不同媒介渠道观看了这场盛典，即使不在仪式现场，也依然能够产生扬眉吐气、国富民强的自豪感和自信心。此外，在一些重大政治场合，如全国两会等，主流媒体平台都会进行现场直播，给了民众"围观"两会的权利，并且民众可以通过网络平台为国家发展建言献策，增强了主人翁意识。

（三）协同创新——数字经济消融社会边界

"互联网+"新经济兴起，带动了分享式的资讯服务的涌现，也使得企业的发展目标从推广增值服务转向众筹式生产和协同式创新，如 IP 产品开发、共享单车、移动支付、滴滴打车、网红带货、互联网农业、云养殖、互联网金融、数字地图、美团外卖等等。这些新名词、新观念和新产业不断刷新人们的认知版图，并将人们带进兼容并包、跨界多元，各有分工又相互协同的新兴产业经济圈。

在 Web 3.0 时代，以智能手机为代表的移动设备，有效地沟通了个人体验、生活场景、社群文化和大数据等不同的文化与技术单元，实现了身体、信息、知识、技术和场景的互联互通。在去中心化的社会化传播体系下，数

---

① 赵建国. 身体在场与不在场的传播意义 [J]. 现代传播（中国传媒大学学报），2015（8）：58-62.

据产生是全方位的、实时的、海量的，媒体产业链上的协作必须像互联网要求的那样，网状地、并发地、实时地协同。这种开放性的场景连接使固有的边界不断被打破以至于逐渐消融，基于个人偏好、路径依赖等形成的信息壁垒、知识壁垒也不断被打破，"信息茧房"局面注定无法持久，取而代之的是"蛛网式"的传播结构。

三、话题引爆推动议程融合

马尔科姆·格拉德威尔（Malcolm Gladwell）在《引爆点》一书中指出，思想、行为、信息以及产品常常会像传染病暴发一样，迅速传播蔓延；正如一个病人就能引起一场全城流感，一位满意而归的顾客就能让新开张的餐馆座无虚席，这些现象均属"社会流行潮"。①现代网络的开放性、互动性、无边界性给社会话题的引爆提供了强有力的技术支撑。即使每个人都有自己喜爱和热衷的知识领域及话题类别，在社交媒体日益普及的当下，出于对社群关系的重视以及维护和积累社会资本的考量，绝大多数的社会个体都会关注所处群体、职业领域和外部环境发生的新变动。社交媒体上出现的当日热搜、微博热议等，因为流量巨大而成为所谓的爆款。在内容算法的强力驱使下，只要人们使用媒介，这些内容就不可避免地"跳"到或被"推"到用户眼前。出于好奇，或者出于"共同体"意识，用户浏览了这些内容，并在群体氛围的感染下，主动或被动地参与相关社会活动。

加拿大学者哈罗德·伊尼斯（Harold A. Innis）认为，传播和传播媒介都有偏向，"传播媒介的性质往往在文明中产生一种偏向，这种偏向或有利于时间观念，或有利于空间观念。只有在很罕见的间歇期，另一种媒介的影响才能抵消其偏向，从而达到平衡"②。因此，他将媒介分为两类：具有时间偏向的媒介和具有空间偏向的媒介。不同传播偏向的媒介也会催生与之相关的社会权力、文化和价值思想。有些媒介更加适合知识在时间上的纵向传递，这些媒

---

① 马尔科姆·格拉德威尔. 引爆点 [M]. 钱清，覃爱冬，译. 北京：中信出版社，2006：37.
② 哈罗德·伊尼斯. 传播的偏向 [M]. 何道宽，译. 北京：中国人民大学出版社，2003：53-54.

介是时间媒介，如石刻、碑文、泥版文字等，由此催生了中心—边缘式的垄断性权力；而有些媒介更加适合知识在空间中的横向传播，这些媒介是空间媒介，如莎草纸、纸张、广播电台等，这些媒介的发展推动了社会变革和朝代兴替。伊尼斯认为，西方文明偏重空间扩张，强调地域扩张，个人主义盛行，宗教体制薄弱，科学技术突飞猛进；而包括中国在内的很多亚洲国家更多地倚重时间媒介，固守传统，强调传统的延续，突出社会的黏合力，谨守神圣的信仰和道德传统。①而电视、互联网则开启了一种全新的媒介偏向——时空合一。电子媒介既可以进行空间上的信息传播，也可以进行时间上的信息更替。此外，笔者认为，在时间和空间尺度之外，还可以再加上另一个尺度——情感。网络时代重新发现了人际传播的作用，借助"陌生人的连接"，通过情感互动，建立社会关系网络。传播的目标从"塑造权威"走向"建构关系"。

有例子可以证明这一点。2019 年 7 月，香港暴力事件逐步升级，全国人民及全球华人迅速团结起来，共同呼吁维护中国领土完整。在这个过程中，互联网起到了沟通信息、传递真相、凝聚舆情人心、联结各社会阶层和群众团体的作用。如在微博上发起"#五星红旗有 14 亿护旗手#""#我们都有一个爱豆叫阿中#""#我也支持香港警察#"等话题讨论。截至 2019 年 8 月 15 日，这 3 个话题的微博讨论量分别达到 56 亿人次、10.5 亿人次和 46.6 亿人次。在相关话题的激烈讨论中，全国人民的爱国情绪被极大地调动，全社会共同抵制分裂势力，达成爱国人士关于国家共同体的想象，国民群体归属感增强。网民在微信、微博、Facebook 等平台进行互动，共同的传播话题讨论打破了传播隔阂。国庆前夕，"#'饭圈'女孩应援阿中哥哥#"的网络行动也得到了广泛关注，连《新闻联播》也报道了此事，"帝吧"也加以声援。"饭圈"女孩利用特有的"饭圈"文化、斗图和表情包等表达爱国热情。比起官方媒体的严肃和权威性，"饭圈"女孩以"平民百姓"的身份传递爱国热情，更能让国人感受到这种爱国情感的自然流露。"饭圈"女孩的加入，也让平民爱国活

① 哈罗德·伊尼斯. 传播的偏向 [M]. 何道宽，译. 北京：中国人民大学出版社，2003：9.

动和官方宣传结合起来，共同增强了话题的影响力。在社交媒体平台上，关于该事件的热点话题频繁引爆网络，热度持续不退，流量聚集也引发了各方力量的关注。在相关话题的讨论过程中，各个社会团体的议题逐步走向融合，并且在一些重大事项上形成基本一致的价值观。我们可以观察到，一种"蛛网式"的信息连接正在逐步形成。

同时，意见领袖在议程融合的过程中发挥了重要作用，社会各界名人纷纷在微博上响应《中国日报》发起的"#五星红旗有14亿护旗手#"的号召。来自不同行业、不同领域的意见领袖加入相关议题讨论，并影响自己的追随者，在横、纵两个方向把公众联系在一起。如图8-1所示，A、B、C、D、E、F、G、H代表各群体纵向的话题讨论，意见领袖往往在垂直化领域引领话题的深入讨论；而a、b、c、d代表不同的热点话题，热点话题把各个团体联结在一起，此时不同的社会团体就某一共同的热点话题展开讨论。横向的话题连接，纵向的意见领袖的引导，织成了一张巨大的"信息蛛网"，把不同的组织、团体紧密联系在一起。

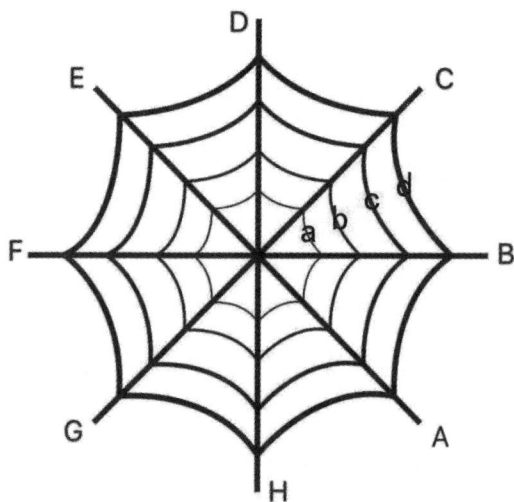

图8-1 "信息蛛网"示意

四、认知盈余时代的知识流动

人类的好奇心和挑战未知的本能从未消失，这是形成"蛛网式"信息结构的内在驱动力。当下，个人身份日益多元化，"斜杠青年"潮流带来身份转换、混融和跨界发展，这促使人们不断学习新知识，扩大社会交往的人际圈和行动圈。这种社交"圈层"和知识边界的突破、交融，使得昔日"躲进小楼成一统"的封闭式信息环境难以为继，人们必须不断更新知识储备，确保自己能在所熟悉或热爱的领域保持活跃和先进的状态。

在戈夫曼看来，人们的日常交往活动是一种表演，人们根据各自的"剧本"（角色期待），在社会交往的"舞台"上扮演各自的社会角色。而在网络世界的虚拟社会互动中，用户的表演欲被大大激发，分享展示行为得到空前的鼓励。在社交媒体所营造的"熟人社会"幻象中，用户也乐于通过网络分享自拍、感悟、体验等。如在知乎上，用户自发提问、邀请回答、分享知识、组成网络社区便于交流。这是构成知识经济或知识型社会的一种新型知识景观，即"认知盈余"。"认知盈余"是美国作家克莱·舍基（Clay Shirky）在《认知盈余：自由时间的力量》一书中提出的概念。他指出，"认知盈余"就是社会上存在一群拥有自由支配时间的人，他们有丰富的知识背景，同时有强烈的分享欲望，这些人的时间聚合起来，就能产生巨大的社会效应。[1]在他看来，"认知盈余"是一个指向创造的短语，人们可以成为时间、智慧、创造力和慷慨之心等方面的盈余的集合体，可以经由技术手段提升生产力，实现创造和分享。

以维基百科为例，它是目前全球网络上最大且最受大众欢迎的参考工具，其最大特点是自由编辑，允许访问网站的用户自由阅览和修改绝大部分页面的内容，整个网站的总编辑次数已超过 10 亿次。维基百科有效地建构了一个平台。在这个平台上，各个领域的用户自由地贡献自己的"认知盈余"，并且相互间形成协作关系，共同生产相关内容。舍基表示："我们以前一直坐在沙

---

① 克莱·舍基. 认知盈余：自由时间的力量 [M]. 胡泳，哈丽丝，译. 北京：中国人民大学出版社，2011：43.

发上开发方形眼镜（指电视），而现在我们都忙着创造，通过协作，我们可以从画廊讨论到维基百科再到国家运动。"①而这一切都是在以互联网为基础的虚拟社区中发生的。这也代表着人们的信息消费模式和目的逐渐由线下功利性、单向的媒介消费转向了线上共享性、个性化的知识消费。今天的移动互联网技术也使得媒介使用场景更加多元化，工作（学习）场所、公共交通工具、餐馆、街道、影院、卧室等等，都成为媒介使用场景，工作时间、通勤时间和休闲时间都与媒介使用不可分割。作为网络时代的信息"福利"，免费原则大行其道，文艺作品与科学成果的在线发表、文档分享、开源软件，以及维基百科、知乎、得到 App 和百词斩等，这些在线知识生产与分享行为及应用都是以网络协作生产与分享为特征，以平等、互惠和互融为目的的社会分工 3.0 模式的体现。作为一种新型的社会建构方式，"它突破了传统的'熟人社交'封闭的、单向度的、自利性的传播和交往模式，创造了一种基于互动、分享以至于共享的传播文化，以及立足于馈赠、反馈、交流与分享的新经济模式。与此同时，人们通过社交媒体来创造共享资源和扩大社会资本，松散的网络社区和'陌生人社交'的建立，也建构了新型的社会关系"②。恰恰是得益于"蛛网式"的传播结构，这种新型社会关系的建立最大限度地实现了不同社会场景的互联、互通和互融。网络社区中的交流与互动虽然不如现实交往来得真实可感，但是在知识、情感和价值交换上具有等量齐观的作用。用户在分享和协作的过程中，就某一个特定的主题、对象或事件各自发表观点、分享知识。在这个过程中，信息在不同的个体间流动，社会沟通得以实现，用户在不同的话题上达成社会共识。如此一来，彼此间的情感距离拉近，"人们的生活彼此相融，在此期间本来已经被混同的人和物，又走出各自的圈子再相互混融"③。这正是莫斯所谓的"混融"社会的理想状态，也是本书所构想的智能化社会中场景融合的理想境界。

① 克莱·舍基.认知盈余：自由时间的力量 [M].胡泳，哈丽丝，译.北京：中国人民大学出版社，2011：75-77.
② 范红霞.微信中的信息流动与新型社会关系的生产 [J].现代传播（中国传媒大学学报），2016（10）：53-59.
③ 马塞尔·莫斯.礼物：古式社会中交换的形式与理由 [M].汲喆，译.上海：上海人民出版社，2005：5.

结　语

在信息泛滥的时代，出于个人兴趣需求和欣赏口味的差别，以及为了提高信息处理效率，我们有必要屏蔽部分相对冗余或者过杂过滥的信息，但这并不意味着自我封闭，而是说要根据个人需要建起一个信息"保护舱"和"舒适带"，待在这个"保护舱"或者"舒适带"里，能让我们游刃有余地处理各种信息，使之沉淀为个人知识、阅历和思想，这些专业知识、个人智慧有望成为社会文化和文明的一部分。

但是，人是社会动物，其本质又是一切社会关系的总和。从事社会交往是人的生存、实践与发展的必要活动。在社会交往过程中，我们构建起一张张复杂的社会关系网络，这种关系随之也被复制和搬迁到社会传播网络中。对于社会个体而言，每个人都居于个性化传播网络的中心，同时其本身亦成为社会传播网络的节点之一。

在一个强调和重视"场景"的时代，媒介技术的演变最终是为了实现从技术连接走向情感连接。而伴随着场景连接与场景混融，人际交往和信息交往的边界被不断拓宽。技术和时代变迁带来观念上的变迁，在知识社会里，终身学习理念深入人心并见诸实践；在共享经济时代，人们的社会身份从单一走向多元；在场景时代，多元场景的互动、互联和共融，让公众实现了自我的重塑，造就多元化身份认同并引发实时协作的潮流。

互联网凭借天生的技术优势把个体及社会通过"弱连接"联系起来，在"时空一体化"中实现了场景的多元互动、交叉与混融；话题引爆社群，并使各团体间议程交融，用户在贡献"认知盈余"的同时推动知识在全社会范围内流动，从而有助于形成"蛛网式"的传播结构，达成"和声共振"的共同体想象。

第九章
数据之道：
从算法伦理到数据素养

第一节　大数据时代的算法伦理

当前，信息时代的特征表现为大数据技术在社会各个领域的普及和运用，尤其在新闻传播领域，对海量信息和数据的处理需求催生了算法新闻，它使新闻生产过程更加精细化、可视化和数字化，实现了对数据的多次开发和利用，满足了多元化平台的信息发布需求。因此，数据新闻也被称为"数据驱动新闻"，对数据的分析、挖掘和可视化呈现渗透于新闻生产环节，大数据技术贯穿于新闻生产流程。因此，在当下关于大数据和交叉学科的研究中，这些新闻领域内的创新也被描述为"新闻业的算法转向"。[1]

算法技术不仅贯穿于信息和新闻的生产与分发过程的始终，也在用户的认知和价值理性层面日益凸显其建构作用。但是，鉴于其在数据采集、数据分析与挖掘、信息协同过滤和信息排序及推荐等方面的威力和效果，它也有可能造成一种悖论。一方面，算法新闻有助于推进数据开放运动，形成"鱼缸效应"，降低了人们获取信息的成本，加快透明型政府、透明型社会的建设进程。另一方面，算法排序、筛选和过滤机制的运用，也有可能形成"信息茧房"效应，最终它可能与开放、包容、分享、融合的信息化初衷背道而驰，成为阻碍民主、钳制理性、丧失互信的弊端渊薮。本节试图就这一悖论现象进行深度剖析，并找出"破茧"之道。

---

[1] 张淑玲. 破解黑箱：智媒时代的算法权力规制与透明实现机制 [J]. 中国出版，2018（7）：49-53.

一、"信息茧房"的伦理风险与社会反思

网络虽然能够提供丰富的信息，但未必提供无限开放的社交平台。"信息茧房"效应，带来的可能是开放与多元的反面，即自我封闭、信息偏见以及算法专制。

首先，"信息茧房"对个人与社会均有影响。对个人而言，"信息茧房"虽然迎合了用户的需求，但是，它将用户的注意力与时间局限于虚拟空间，使其沉溺于个人趣味和信息选择，以至于出现越来越多的"孤独的自我"。选择性理解和选择性记忆机制则会强化用户的先入之见，加深用户固有的偏见，使用户形成偏激与极端的观点、言论或行为，导致自我认知的偏差和非理性的膨胀。对社会而言，"信息茧房"限制了公众的交往理性，容易制造群体极化现象。公民虚高的自我认同度降低了其对于不同观点的包容度，也在一定程度上堵塞了社会信息流通，不利于社会和谐和稳定。[1]"信息茧房"也无助于集体协商和社会协作体系的形成，由此加深了社会的分裂而非实现社会整合。这一危害性是显而易见的。

新闻的"私人定制"，意味着个人获得的信息内容建立在其过去搜索内容的基础上，建立在他们浏览网站的历史以及他们在微博上所写下的内容的基础上。这样，个人就陷入了一个包裹自己的信息气泡里，被算法贴上某种标签、归入某个类别。一方面，单凭个人喜好而进行的机器推送，由于缺少对基本价值的守望和主流价值的引导，在价值导向和质量上难以保证。另一方面，"人以群分，物以类聚"的设定，看起来是平等的，实则让个人除了和兴趣相投的人互相交流之外，跟其他人并不相连。"数字化信息可以扩展发起人的影响面，同时限制接受方的认知，因此能造成某种错觉，为本来不成气候的零碎运动推波助澜，创造浩大的声势，而且在很大程度上扭曲事情的真相。极端主义者可以随时创建一个聊天室，只吸收与他相同的声音，而排除所有与他矛盾的新闻。"[2]个人和群体因此而容易走向极端，社会变得分裂而危机四

---

[1] 贾瑞. 新媒体时代"信息茧房"现象的思考 [J]. 新闻研究导刊，2016（7）：214-215.
[2] 安德鲁·V·爱德华. 数字法则：机器人、大数据和算法如何重塑未来 [M]. 鲜于静，宋长来，译. 北京：机械工业出版社，2016：88.

伏，即所谓的网络"巴尔干化"（碎片化）。

其次，搜索引擎催生新的社会规范。我们依靠它提供事实——却从不怀疑为什么是这些事实而不是那些事实。"过滤气泡"的搜索算法，一方面取悦了我们的个人主义观念，另一方面也加强了我们对某些问题的"既有看法"，排斥那些与我们格格不入的观点，加深了社会中隐晦的歧视行为。①而且，算法专制也使我们无法摆脱算法设定中的各种偏见和意识形态的影响。"正如议程设置带有浓厚的政治意味和意识形态色彩一样，新闻挖掘和分析算法在回答特定问题时，也会带有某种偏见。当我们搜索某个人的信息时，如果算法提供不友善的搜索项后，本来对他不了解的用户在搜索他的信息时可能会被引入某个特定方向。因此，算法不仅仅是在预测，还有助于控制用户的行为。"②它将特定选项呈现于用户面前，用户只能从中做出选择，从而影响到其决策行为和后果。

此外，算法还能够被赋予舆论引导的作用。过去，能够影响舆论的主要是大众媒体，它们发挥着维持公共生活和实现社会整合的作用。同时，它们也在传播和强化社会中的各种标准、模式和规范，通过制造舆论的方式塑造社会共识。伴随着传播权的下放和公众参与程度的提高、网络社群的聚集、信息规模的巨量增长、社交媒体的高度市场化等，以往深受大众媒体新闻选择原则所影响的议程环境，不仅不再为大众媒体所主导权受到制衡，而且将受到更多复杂因素的干扰。我们从基于"算法"的社交媒体信息筛选机制中可窥见端倪。社交媒体的话题和热搜榜取代了传统的议程设置。舆论中心由媒体转移到了社交平台上，而话题的引爆和引流，真正操纵其"开关"的是算法的程序设定，而非用户。如微博基于单向投票的排序算法，优点在于充分释放用户的传播权，使信息的价值高度依赖于用户的态度和行为，从而提高了用户对待信息的主动性和自组织性；而且，该机制在与传统媒体议程的互动中产生融合，呈现出快循环、强互动、高时效的显著特征。但单向投票机制的弊端也同样明显，即反对者的态度和意见在单向投票的排序机制中难以体现和表达，导致微博上明星

① 卢克·多梅尔. 算法时代：新经济的新引擎 [M]. 胡小锐，钟毅，译. 北京：中信出版社，2016：38.
② 范红霞，孙金波. 数据新闻的算法革命与未来趋向 [J]. 现代传播（中国传媒大学学报），2018（5）：131-135.

八卦、娱乐类信息、各类段子长期占据热门排行榜，"标题党"横行。在网络上，人们只是随意地发言，漫无目的地聊天，而不会真正面对面坐在一起深入地展开讨论、对话，寻求解决之道，这体现的是"更多的分享，更少的责任"；政治议题只是网络社交中的谈资，而非迫切需要面对的现实问题。如此一来，事关公共福祉的问题在网络议程中长期缺位，或完全被移出公众视野。

二、数字圆形监狱与算法魔咒

圆形监狱由英国哲学家杰里米·边沁（Jeremy Bentham）于 1785 年提出，他认为这种建筑构想可以为实现权力提供一种简单而有效的手段。这种建筑的设计原则是这样的："一个像圆环一样的环形建筑。在中央造一座塔楼，上面开很大的窗子，面对圆环的内侧。外面的建筑划分成一间间的囚室，每一间都横穿外面的建筑。这些囚室有两扇窗户，一扇朝内开，面对中央塔楼的窗户，另一扇朝外开，可以让阳光照进来。"[1]这样的设计使得只要有一个监视者就可以监视所有的犯人，而犯人却无法确定他们是否受到监视。

而在福柯看来，到 19 世纪中期，圆形监狱机制扩散到整个社会，社会中遍布"圆形监狱"，整个社会在某种程度上成了"监狱社会"。福柯曾把新闻界的作用描述为"观看的政治"。在"监狱社会"中，所有人都落入了规训的技术网络不能自拔，所有人都不可避免地成为现代监狱社会的一部分。在这里，媒介技术沦为社会监控的工具，比如有线电视或闭路电视，以及卫星定位手段等，都可以让我们体验到那种控制与监督的关系。随着互联网和大数据技术的广泛运用，圆形监狱模型或隐喻体现在更多方面，如无处不在的监控探头、麦克风、GPS、LBS、传感器设备等等，将我们的一举一动尽收眼底，甚至包括我们在浴室和卧室里的私密情形；只要我们使用网络和智能手机，后台设定的数据收集技术，可以不经过我们允许，在我们毫不知情或者有意降低风险性而让我们乐意配合的情况下，收集我们的地理位置、IP 地址、浏览

---

① 包亚明. 权力的眼睛：福柯访谈录 [M]. 严锋，译. 上海：上海人民出版社，1997：151.

习惯和历史记录等等，甚至能预测我们的购物清单和生活事件，对我们的恋爱、婚姻甚至将来所生孩子的长相、血型等进行速配和分析。我们深陷数字化网络，受到严密监控而不自知，也可以说无能为力；我们的个人信息在监控者眼中一览无余，毫无隐私可言……种种情形，堪称"数字圆形监狱"。

"信息茧房""巴尔干化"和"圆形监狱"等名词，都是空间政治的隐喻。事实上，空间也是一种权力形式，而上述这些"想象的空间"更是实施权力的一种途径和模式。借用福柯的说法，它们表达了权力与知识之间的关系。知识权力在具体运作中，可以借助空间技术加以强化。"信息茧房"和"圆形监狱"呈现了一种隐喻，即信息传播技术加强了对个人的控制，个人主义的崛起导致社会的碎片化；与此同时，资本和权力借助技术手段强化了少数人对多数人的监视，个体已经丧失了个人隐私和个人自由（如信息选择的自由）。而且权力的实现只需要花费最小的代价，"一种监视的目光，每一个人都在这种目光的压力之下，都会逐渐自觉地变成自己的监视者，这样就可以实现自我监禁"①。在今天，算法通过对数据的占有与处理，演变成为资源、商品、财产、中介甚至社会建构力量。②算法权力的扩张，也驱动了监视资本主义的兴起。监视资本主义是新型的信息资本主义，它的逻辑和运行方式是通过对用户数据的萃取、分析，以及个性化、持续性的实验等用户个人难以辨别的单向监视，产生巨大的商业监视效能，继而由算法预测和调整人类行为，产生收益和控制市场。③监视资本主义将用户嵌入数据生产链条，用户变成了被算法支配和调控的客体。平台算法对用户的商业监视，相比政府的监控更具有持续性、普遍性和反复性。这也造成了算法与人类关系的异化——人的价值在于生产数据，累积行为剩余。用户行为数据的剩余价值，成为监视资本主义所构建的新的生产体系的重要原料和商品。④技术强权带来的封闭与专制，对于我们所倡导建立的开放型社会造成了极大破坏。

---

① 包亚明.权力的眼睛：福柯访谈录 [M]. 严锋，译.上海：上海人民出版社，1997：165.
② Barman S. Change of State: Information, Policy, and Power[M]. Cambridge: The MIT Press, 2006: 11-12.
③ Zuboff S. Big Other: Surveillance Capitalism and the Prospects of an Informal Civilization[J]. Journal of Information Technology, 2015: 30, 75-89.
④ 张凌寒.权力之治：人工智能时代的算法规制 [M]. 上海：上海人民出版社，2021：44-46.

算法推送是互联网技术发展到今天的一个必然结果，算法推送的下一个阶段就是人工智能。在大数据样本不断累积的情况下，人工智能在新闻生产以及分发推送中会扮演更加重要的角色，给受众的画像也会更加精准。与此同时，传统新闻价值观受到的冲击也会更大。我们要努力避免数字化对人性的异化，真实与虚幻之间、欲望的合法与非法之间、信息生产者与所有者之间边界的消失可能导致的思想"巴尔干化"、信息不平等以及商业强权对公民自由权利的侵害。

三、"茧房"突围——精准匹配、深度学习、多元场景转换与自我的重塑

（一）下一代新闻：匹配比供给重要

在信息爆炸的时代，碎片化的时间和被割裂的注意力，以及对于速度和效率的极致追求，使得在最短时间内获得自身需要的信息，不仅是对个人能力的要求，更是未来媒体的使命。仇勇提出了"在线新闻"这一概念，并给出定义："在线时代，新闻是你看到的、与你相关的被传播事实的呈现。"[①]在这个定义里，突出和强调的是"你"也即受众所关注的、所认知的事实。这一事实颠覆了所谓新闻客观性的原则，因为受众关注的仅仅是事实的呈现——不拘形式的呈现，它可能是文字、图像、声音或视频，也可能是一个虚拟场景，甚至是一串数字密码。如此一来，新闻不一定要由记者来报道，个人也能成为新闻的发布者，我们迎来了"人人都是记者"的平民化时代。个人间的信息交换与共享变得方便快捷且成本低廉，而随着"个性化新闻"潮流的兴起，信息资源实现了增值。自媒体的兴起、数据开放运动和政府信息公开制度的推进，使得与公共权力相关的信息的保密程度逐渐降低，权力的面纱逐渐被揭开，执法透明度不断增加。这使得过去政府部门和主流媒体所垄断的信息资源/权力逐渐贬值。当新闻由垄断走向开放，信息的匹配性对于个人而言，在重要性上远远超过了信息的供给。

最重要的是，"与你相关"。新闻信息的价值越来越体现为与日常生活和

---

① 仇勇. 新媒体革命 2.0：算法时代的媒介、公关与传播 [M]. 北京：电子工业出版社，2018：10.

个人利益相关。早期的新闻依赖人与人之间的口口相传，不仅传递信息，而且包含情感和观点的交换。到了大众媒体时代，现代通信技术和媒介技术的普及，让信息变成了一种有利可图、可以进行买卖的商品。为了增加噱头，报纸上充斥着奇闻逸事、明星八卦、励志神话以及暴力、色情内容等，它们填满了人们的闲暇时间，但是却让人们的注意力淹没在与己无关的信息中。直到今天，因为信息泛滥和情感匮乏，人们对于社交的需要居然超过了对信息的需要。而且，互联网重新让新闻变得与每个人相关。我们更倾向于选择那些与自己相关的信息。因此，在崇尚个性化和精确匹配的算法时代，我们对于新闻的需求，表现为"匹配比供给更重要"。与其说"信息茧房"造成了个人的封闭，毋宁说，今天的受众，更需要与自己兴趣和需求相匹配的信息，而主动过滤掉与己无关的"无效"信息。

（二）深度学习和"连接一切"

在笔者看来，桑斯坦对于"信息茧房"的断言不无夸大的成分，它透射出一种对"技术决定论"的忧思。但无论如何，关于"信息茧房"的预言，仅仅说明了一种可能性，而它可能忽略了人作为社会行动者的主动性。这种主动性体现在至少三个方面。其一，个人主义抬头以及社会流动性增加带来的兴趣多样化。如同安东尼·吉登斯（Anthony Giddens）在《现代性与自我认同：晚期现代中的自我与社会》一书中所思考的："个人主义无疑是现代城市生活的基本特征，其后果便是公共场域的消解和日益增加的流动性。然而，现代城市又使一种公共的、大都市的生活得以发展，而这在更加传统的社区中是无法实现的。……这是因为，现代城市场景为个体提供了多样化的机会以寻找趣味相投者并与之建立关系，同时也为个体培养普遍的多样化兴趣提供了更多机会。"[①]今天，我们更多地强调"跨界"。所谓跨界，就是不断打破自己的"舒适区"，去探索未知领域，寻找新的兴趣、知识、工作机会、人脉资源和事业空间。而要做到这一点，必须打破封闭，以开放心态拥抱外部世界，以海纳百川的精

---

① 安东尼·吉登斯. 现代性与自我认同：晚期现代中的自我与社会 [M]. 夏璐，译. 北京：中国人民大学出版社，2016：162.

神，以及深度学习、终身学习的理念，不断丰富个人的知识储备和信息仓库。其二，"连接一切"的互联网精神旨在打破封闭，扩大个体参与，从而有助于实现自我的重塑。吉登斯认为，现代社会对个体自我认同造成的两难困境之一就是"统一与破碎"，但是他也乐观地指出，在后传统秩序中，无限多的可能性不仅体现了行为选择的多样性，而且体现了世界对于个体的开放性。这种开放性正好处于封闭的对立面。在社会学家的眼里，封闭是容易被打破的，而打破它的力量，恰恰来自个体的主动性。一项针对美国硅谷工人的恋爱、婚姻、生活和工作等亲属关系的变迁的研究表明，随着现代性的发展，在传统家庭模式解体的过程中，即便存在大量随变迁而来的各种危险或威胁，人们也会主动去开发新的社会领域并建构新型家庭关系。①这一发现表明，个体并不是完全屈从于外部世界的变化，只会退缩不前，相反，人们会迎接这种变化并勇敢地参与其中。互联网的本质是"连接一切"，在技术上实现万物连接，同时实现信息在最大范围上的流通与交互。这种网络关系与现实生活中人们的社会关系以及社会行动也会彼此投射，个体会积极投身于社会变化，通过努力学习和行为改变来适应环境，实现自我的重塑。其三，互动场景多元化和社会分工 3.0 模式出现，造就个体多元的身份认同和身兼数职、实时协作的"斜杠"潮流。现代社会的一个突出特征是互动场景的多元化，数字化时代赋予人们不同的数字身份，而场景的多元化有可能促进自我的整合，即为了消除差异和适应环境变化，人们更有可能发挥个人的积极性和主动性，把不同的场景元素整合为一个整体性的自我叙事。人们待在家里足不出户，却能通过主动寻求信息，从不同场景中获取信息、知识和力量，利用这种多元化创造独特的自我身份认同，如此，"斜杠青年"成为一种主动追求。

在以互联网为代表的信息技术推动下，过去的专业化分工现在可以以众建、众包、众创的方式完成。个人的职业身份在过去是固定和单一的契约化身份，如今逐渐叠加了更多的维度，一个人可以身兼数职，如程序员、钢琴师、健身

---

① 安东尼·吉登斯. 现代性与自我认同：晚期现代中的自我与社会 [M]. 夏璐，译. 北京：中国人民大学出版社，2016：162，164.

教练、创业讲师等，我们形象化地称之为"斜杠青年"。[①]互联网让人和组织的关系变得更加自由灵活，个人获得了极大的自由和较多的时间自主权，个体也能够成为新的、独立的经济单元。这就是社会分工 3.0 范式。与农业社会以自给自足、分散经营的社会分工 1.0 范式，以及工业社会以专业化和标准化生产、资源集中化配置的社会分工 2.0 范式相比，社会分工 3.0 范式带来了新分工、新身份、新观念和新关系。它的本质是去雇佣化，旨在建立更加平等和自由的关系模式。如此一来，个人拥有了更多的主动权和决策权，而对组织的依赖性越来越弱。出于社会分工和职业需要，人们会更加主动地寻求新信息、新知识，学习新技能，重塑新观念，如此，就能从狭隘的"信息茧房"中挣脱出来。

（三）技术结构不等于社会系统

麦克卢汉认为，媒介即讯息。在他看来，能够改变世界和观念方式的，是媒介的形式而不是传播的内容。从本质上来说，这也是一种"技术决定论"。"技术决定论"的线性思维，不仅体现在技术乐观主义者身上，也体现在技术悲观主义者的论调中。无论是过度赞美技术带来的变革和进步，还是针对技术给社会秩序和传统文化、观念造成的颠覆与破坏发出"盛世危言"，都只看到了技术的单面作用。事实上，社会变化（进步或倒退）是各种复杂因素和过程叠加的后果。"历史发展的逻辑不是技术决定论。技术工具的发展水平影响到信息的产生，但本身也只是合作产生信息的要素。……媒介提供了一个信息传播的技术条件，但不能决定什么信息是应该被传播的。媒介本身并不能禁锢人的思想或者使社会文化自动走向民主，而是整个社会、政治和经济生态中的一部分。技术工具和社会应用的关系是一个适应关系，体现了社会和政治的选择。"[②]互联网、社交网络和算法技术的推广普及，让信息生产、筛选、共享和推荐变得方便快捷，让用户拥有了一个数字化、大容量、即时性、多元交互和精准匹配的信息交流平台，所有人都潜在地与所有人发生关系，个人的身体、心智、想象力和行动力在连续延伸中产生了一种新的社会中介。互联网正是提

---

① 吕廷杰，刘涛，宋超营，等.从雇佣人到自由人：新经济模式下的分工 3.0 革命 [M]. 北京：电子工业出版社，2017：40.
② 陈卫星 . 传播的观念 [M]. 北京：人民出版社，2004：20.

供了实现这种"连接一切"的工具，成为打通各个领域的信息平台。蜂拥而至的信息资源和个性化、共享式的用户经济，其目的和效果是解放人、增加个人的选择，而不是减少或限制用户选择。个体从技术革新和社会系统中吸收养分，反过来又给系统输送养分，从而在个人—社会之间形成一个以社会关系网络为特征的循环系统。如此一来，在这个系统内外，信息和资源都处于流动、交换和循环的状态之中，所谓的"信息茧房"也就不攻自破了。

未来，在大数据样本不断累积的情况下，人工智能在新闻生产以及分发推送中会扮演更加重要的角色，对"用户画像"的分析也会更加精准。与此同时，为克服机器学习过程中的机械单调和信息推送的高度同质化，媒体内部的数字新闻中心以及各个内容平台都在努力探索和改进人工智能深度学习开发框架，并辅之以人工干预，进行内容过滤和自我审查，力求在传统新闻价值观与算法推送之间加以矫正和平衡，以降低算法专制的风险。再回到互联网本身，"互联网消除了信息的不对称，不仅大大弱化了企业的组织结构，而且建立了广泛的连接，任意一个人，都可以通过互联网连接到它所需要的资源。社会分工 3.0 最终的体现是激活每一个个体本身，自身成为一个具有价值转换能力的专业生产单位，更多地参与到越来越细化的社会分工中去"[①]。因此，无论是从技术、理念的层面还是从技术产生的实际结果的层面来看，算法偏见、"信息茧房"和"数字圆形监狱"可能造成的"创新性破坏"，都可以在人工干预、自主调整的情况下得到规避和改观，我们不必为此过于忧心，以至于矫枉过正。

四、小结

现代性的话题是一个充满了矛盾和反思性的话题。早在工业时代，赫伯特·马尔库塞（Herbert Marcuse）就批判过社会化大生产对社会的全面管控，以及对人的身份束缚，他用"单向度的人"这个概念来批判工业流水线和社会化大生产对人的自主性的束缚和身份的异化与物化。而在信息时代和人工智能兴

---

① 吕廷杰，刘涛，宋超营，等．从雇佣人到自由人：新经济模式下的分工 3.0 革命 [M].北京：电子工业出版社，2017：41.

起的算法时代，我们所担忧的"信息茧房"和数字化魔咒，固然在哲学和社会学层面有一定的反思价值，但它们都过分夸大了技术的力量，而忽视了人的主动性和创造性。"信息茧房"始于技术，也必然终结于技术。社会行动者的本质，就是即使面临现代社会对人的异化，也能同时对压抑性的外部环境进行不懈的抵抗。因此，我们有理由相信，人类必然有足够的行动力和创造性来防御"信息茧房"和算法专制的后果，破解数字魔咒的密钥就掌握在人类手中。

第二节　警惕数字陷阱

一、统计数据会"说谎"

在制作数据新闻时，我们免不了要登录各种网站去搜索自己所需要的数据。而无论是政府的统计网站还是商业网站，当你不假思索地使用网站发布的数据或表格时，要特别当心其中可能存在一些数据陷阱。在这里，我们列举出其中的一些问题，作为提醒和警惕。

（一）统计样本偏差

首先，我们在抽样调查汇总数据时，必须清楚地了解这次调查的抽样规则、样本总量和抽样方法。抽样是统计学的核心内容。抽样数量一般是根据概率来计算的。如果样本带有偏差，无法满足随机原则，则样本不具有群体代表性，最终抽样的结果必然也是带有偏差的。

检验随机样本的方式是：在一个总体中，每个人或每件事被抽中的概率是相等的。纯粹的随机抽样是唯一可以精确地利用统计学方法进行检验的抽样方法。但是，使用这个方法获取样本的难度大、费用高，使用范围有限，仅仅成本这一项都难以负担。所以我们更多使用的是分层随机抽样的方法，该方法广泛地应用于民意测验和市场调查等领域。

要获得这种分层样本，需要把总体分成若干部分，每一部分都要与其普遍性程度成比例。比如，在高校内对大学生群体进行调查，需要根据高校男女的性别比例确定抽样中的性别数量。另外，还要考虑年级、专业、生源地、家庭年收入、父母亲的职业等等，保证样本分布足够均匀和平衡，以及每一项调查的人员的比例符合要求。在抽样和进行调查的过程中，还可能会遗漏其中的某些人，即使他们都填好了问卷，但也有可能因为填答不规范而使问卷作废。所以，抽样过程中的样本偏差几乎是不可避免的，只能尽可能减少偏差，使之不过分偏离事实。

（二）平均数偏差

每到年底，各地都会发布平均年收入和平均工资表，这时，你是不是有一种"拖后腿"的感觉？这种"被平均"的数字，有时和实际情况相去甚远。把一个低收入人士和一个年收入 100 万元的人放在一起，两人一平均，年收入各 50 万元，这个数字对他们来说毫无意义。所以，平均数的误导性，就在于它不考虑实际差异，而刻意把数字"拉平补齐"。这种时候，就要引入中位数和众数等数据来加以参照和对比了。

在处理数据时，理想的数据要符合正态分布的特点。所谓正态分布，又叫常态分布，是数学、统计学和物理学中用来描述概率分布的专有名词。如果用图形来表示，在一个由 X 轴和 Y 轴合围起来的二维空间中，根据概率分布画出来的正态曲线像一口倒扣的大钟，它两头低，中间高，左右对称，因其形状而得名为"钟形曲线"。在正态分布中，平均数、中位数和众数一般是落在同一点上。无论是收入、成绩、身高还是房价、物价等，分值最高的数据和最低的数据，总量一般都是比较少的，大多数的统计数据是落在一个区别不大的相邻区间内。

（三）有限的样本

我们仍然以高校的大学生就业意愿调查为例，对于这个调查主题，理想情况当然是把全国的高校内的大学生都列入统计，才有可能得到符合实际的结果。但我们知道出于调查成本和难度的考虑，这种做法是不可行的。我们只能选择某个地区的高校，而且很大程度上也不可能跑遍地区内的所有高校，而只能根据办学性质和规模确定其中的几所展开调查，甚至有可能把调查范围再进一步缩减到一所高校内部。总之，如果样本极其有限，数据不够全面充分，最终得出的调查结论可能脱离现实。但是，对于一心想要得到"理想"数据的调查人员来说，样本越是有限，越有可能对统计数据进行操控，也就越有可能得到期望中的结论。这和在实验室里做一个严密控制的实验没什么区别。最终，调查人员得到预期结果，这种"巧合"的概率至少能达到50%，甚至更高。

（四）幸存者偏差

所谓"幸存者偏差"，在心理学和统计学中都是一个被反复提及的名词。它是指在统计分析的过程中，只计算经过特殊筛选而产生的那一部分样本，而主观地忽略了样本筛选的整个过程，进而造成统计中关键因素流失，导致研究成果不精确甚至与实际情况相反。[1] 在进行样本统计时，如果我们只看到显性样本，而忽略了隐性样本，就很有可能导致统计结果出错。在算法开发和使用过程中，算法设计者如果只看到数据统计的结果，而忽视了数据挖掘过程中遗漏有效数据或者关键数据导致的偏差，或使用了带有偏见的数据集，就会导致算法结果偏离客观事实。[2] 在机器学习中，向算法"投喂"大量文字或图片包进行训练时，如果这些数据带有一定的偏差，或者在打标签时隐含一定的价值评判和意识形态偏向，就很有可能导致算法歧视或者算法偏见。2018年，卡内基梅隆大学通过广告钓鱼软件（Ad Fisher）分析了谷歌的广告定位服务，发现它更倾向于向男性用户展示高薪管理职位的广告。如果给机器学习的训练样本是带有性别刻板印象的人类语言、文本，则其中潜藏的性别歧视难免被纳入关联逻辑。在波士顿大学的一项针对人工智能的研究中，研究人员向软件提问："男性是程序员，那么女性是什么？"它的回答是"家庭主妇"。[3] 通过机器学习，社会性别偏见和固有歧视被算法以代码形式重新包装打扮，进一步放大或植入新的社会偏见，无形中让女性的利益受损，这势必会加剧社会既有的性别歧视和就业不公，甚至会出现更严重的社会问题。

---

① 宋亮亮. 幸存者偏差理论下的传播学研究反思 [J]. 戏剧之家，2015（24）：263.
② 范红霞，孙金波. 房间里的"大象"：算法中的性别歧视 [J]. 新闻爱好者，2021（10）：29-32.
③ 汪怀君. 人工智能消费场景中的女性性别歧视 [J]. 自然辩证法通讯，2020（5）：45-51.

（五）相关关系不等于因果关系

因果关系是我们所熟知的哲学范畴内的一种逻辑关系。两个事物之间要具备因果关系，需满足三个条件：两者之间存在相互关联；A事件发生在B事件之前，且在一定条件下，由A事件可以推导出B事件，那么A为因、B为果；排除其他干扰项。我们习惯于给任何事物都寻找某种原因。但是如果把所有的相关性都归结为因果关系，则可能会出现归因谬误。比如，人们的观念里认为"抽烟有害健康"，而长寿的人往往身体比较健康。但是这是否能推导出"长寿的人一定不抽烟"或者说"抽烟的人一定不会长寿"呢？答案显然是否定的。不抽烟仅仅是保持健康的条件之一，而并非长寿的唯一条件。同理，一个人某次喝水被呛到了，导致咳嗽不已。如果认为是喝水导致了咳嗽，显然是很荒谬的。但我们在使用数据来证明某个事实时，常常会犯这种常识性的错误。

比如，连花清瘟胶囊对于治疗呼吸道疾病有一定效果，在新冠疫情的防治过程中，连花清瘟胶囊也被视作对症的"灵药"，被大量地使用，居民纷纷囤积备用。这种药能够治疗其他呼吸道疾病，有消炎化痰的作用，但并无足够的权威数据证明它同样对治疗新冠有效。忽略了这个事实，片面地在医疗救治过程中大量使用该药品，或者将其列入保供药品的目录中，这样的决策及行为多少有点考虑不周，还容易诱发舆论批评乃至导致公共舆论危机。所以，用具有相关关系的因素、案例或者数据，来推断事物之间的因果关系，这种归因谬误有可能导致似是而非的结论，其结果与事实相去甚远，被报道以后难以服众，从而可能损害媒体或政府的公信力。而如果因为归因谬误，使数据或算法出现偏差，就有可能对个人或者社会造成更大的伤害。

为了避免陷入这种归因谬误，我们需要严格检验和核实各种与相关性有关的因素、事实和数据。例如，人们往往通过一些令人信服的数据来证明两件事情之间的因果关系，但是，这种相关性有时"纯属巧合"。牛顿被苹果砸中，这引发了他对于万有引力的思考和推理，但被苹果砸中脑袋并非发现万有引力的必然因素。事实上，如果样本规模过小，你总是能够在所能想到的两个事物之间建立起显著的相关性。

还有一种归因谬误源于"协变关系"。[①] 所谓协变关系，是指两个变量之间虽然存在相关关系，但无法确定哪个是因、哪个是果。在某些情况下，因与果可能会交换位置，或者两个变量之间互为因果。以奋斗和成功的关系为例，一个人可能因为奋斗而成功，但是也可能因为自身的成功而更加努力地奋斗。又如财富和投资，一个人越有钱，就越有可能积极地投资；而投资越成功，积累的财富就越多。这属于互为因果的关系。

最为普遍的情形，是两者之间存在某种相关性，但是却难说一定有因果关系。比如媒介暴力与现实暴力，不少的研究和数据表明，媒介暴力能够在一定程度上引起个体的攻击性行为，但是，媒介暴力是否为现实暴力的真正原因，依然无法证实。研究者只是承认，二者之间存在一定的相关性，但引发暴力的原因可能是多方面的，如家庭因素、环境因素、个人心理因素等。所以，如果存在第三方因素，那么二者之间就不是确凿无疑的因果关系了。

考虑到我们所获得的信息（数据）会影响到我们最终的决策和行为，对于相关关系和因果关系，我们必须有明确的界定和判断，而不能混为一谈。

大数据是社会的镜像，能够折射出人类社会中或隐或显的社会偏见，而基于大数据的算法也将在结果中展现这种偏见。在商业领域，算法可以利用对用户数据的收集与计算攫取高额利润，挤压用户意思自治的空间。如"大数据杀熟"和美团、饿了么等平台对外卖骑手的时间榨取。而当算法权力嵌入公权力时，可以借助代码优势架构社会监管体系，甚至在某些领域成为独立的决策者而取代公权力。算法如果出现偏差，就有可能损害个体利益。如在身份识别、人群分析、犯罪预测、灾难预警等场景中，决策失误无疑会造成社会混乱或恐慌等。算法领域有个术语——"垃圾进，垃圾出"，意为错误的数据输入会导致错误的计算结果输出。尤其是当"算法黑箱"在社会治理中大行其道时，传统上限制公权力的正当制度对算法权力约束乏力，而算法权力缺乏透明性，算法错误无法在短期内被识别、纠正，为恶性连锁反应埋下了隐患。

---

① 达莱尔·哈夫. 统计数据会说谎：让你远离数据陷阱 [M]. 靳琰，武钰璟，译. 北京：中信出版社，2018：101.

二、数据垄断与数据隐私权

（一）数据垄断

除了要警惕统计数据中的陷阱，在社会的中观和宏观层面，我们还要格外警惕数据垄断和"数字暴政"的问题。根据第六届数字中国建设峰会发布的《数字中国发展报告（2022 年）》，2022 年我国数字经济规模达 50.2 万亿元，总量稳居世界第二，占 GDP 比重提升至 41.5%，数字经济成为稳增长促转型的重要引擎。[①] 习近平总书记指出："数据作为新型生产要素，是数字化、网络化、智能化的基础，已快速融入生产、分配、流通、消费和社会服务管理等各个环节，深刻改变着生产方式、生活方式和社会治理方式。"[②] 数据被称为 21 世纪的"新石油"或"新货币"。一些互联网平台企业借助技术服务优势，收集了大量的用户数据，并以之形成了独霸一方的竞争优势。数据作为新的生产要素，与传统的要素具有明显区别：具有非竞争性和部分可排他性、与相关技术和其他数据具有强协同性、收益递增与递减并存、使用的外部性等。[③] 数据要素的这些特征使得数据在使用过程中容易出现垄断，大量的数据被掌握在大型互联网平台企业手中，并被其用于加强平台的垄断地位。[④] 大型平台企业通过对数据的垄断，形成了强大的市场地位，这是数字时代垄断的一个重要特征。[⑤]

大型平台企业掌控了巨量的用户数据，并制定了相应的使用规则，这些用户数据还可能在平台企业与政府、第三方机构合作时被用来共享、传送、开发利用，或者用于社会治理场景中。如此一来，数据和算法借由私营平台和社会公共部门，深度嵌入社会运行，实现了无孔不入的构建、干预、引导和改造。算法正在接管人们让渡的决策权。[⑥] 而这种利用算法和大数据做出的自动决策，

① 董建国，王思北 . 2022 年我国数字经济规模达 50.2 万亿元 [EB/OL]. （2023-04-28）[2023-05-01].http://www.gov.cn/yaowen/2023-04/28/content_5753561.htm.

② 习近平主持召开中央全面深化改革委员会第二十六次会议 [EB/OL]. （2022-07-04）[2022-12-30]. http://www. cxjw. gov. cn/cms/static/resource/s1/c9/content/3702. html.

③ 李勇坚 . 数据要素的经济学含义及相关政策建议 [J]. 江西社会科学，2022（3）：50-63.

④ 孙晋 . 数字平台的反垄断监管 [J]. 中国社会科学，2021（5）：101-127.

⑤ 胡东兰，夏杰长 . 数据作为核心要素的理论逻辑和政策框架 [J]. 西安交通大学学报（社会科学版），2023（2）：107-118.

⑥ 张凌寒 . 权力之治：人工智能时代的算法规制 [M]. 上海：上海人民出版社，2021：30.

涉及公民的一系列财产权利和人身权利。一旦发生决策失误，如果缺乏有效的救济渠道，就有可能出现"算法暴政"。[①]2022 年 6 月，部分网友发帖称他们想前往河南郑州沟通处理村镇银行取款难问题时被赋"红码"，导致行动受限，无法亲身跟进相关财产处置情况。[②]在舆论的强烈关注下，郑州市纪委监委启动了对赋红码问题的调查问责程序。将近 1 个月后，郑州市大数据管理局通过"郑州发布"官方微信公众号回应：因健康码系统数据接口升级过程中出现技术问题，导致部分健康码异常；经紧急处置，（被赋红码）已全部恢复正常。这一事件足以引起我们的反思。"黑箱效应"有时难以被人察觉，但倘若公民合法权利和社会公共福祉遭受损害，如何中止、如何追责？如何给受害人提供纠正和申辩的机会？从技术的角度来说，如何规避算法歧视、算法偏见和自动化决策的不公？应该采取何种措施来弥补技术和管理的漏洞？这些"远虑"和"近忧"，是我们回避不了的。2022 年 6 月修订颁布的《中华人民共和国反垄断法》，首次从法律层面明确规定："经营者不得利用数据和算法、技术、资本优势以及平台规则等从事本法禁止的垄断行为。"（第九条）由此，对平台数据垄断的监管在《中华人民共和国反垄断法》的推动下全面展开。[③]

（二）数据隐私权

从 2007 年的"人肉搜索第一案"到现在频频发生的网络暴力事件，侵犯个人数据隐私权的问题引起越来越多的关注。2010—2020 年，我国网络侵权案件数量呈现大幅上升趋势，在 2019 年达到高峰，案件数量超过 2100 件。[④]数据隐私权的概念由隐私权引申而来。所谓隐私权，是指公民个人的"生命权利、享受生活的权利、不受干涉的权利"[⑤]。王利明将隐私权界定为一项人格权利，即"自然人所享有的其私人生活安宁不被打扰和个人秘密信息不被非

① Lepri B, Staiano J, Sangokoya D. The Tyranny of Data? The Bright and Dark Sides of Data-Driven Decision-Making for Social Good, Transparent Data Mining for Big and Small Data[M]. Cham: Springer International Publishing, 2017: 3-24.
② 储户维权无果还被赋红码？起底河南村镇银行案背后细节 [EB/OL]. （2022-06-18）[2022-12-30]. https: // baijiahao. baidu. com/s?id=1735964881459133977&wfr=spider&for=pc.
③ 苏宇. 平台数据垄断的监管限度 [J]. 国家检察官学院学报，2022（6）：128-144.
④ 陈曦子，张嘉珑. 数字信息时代的公民隐私权探究 [J]. 新闻传播，2022（19）：4-6.
⑤ 阿丽塔·L. 艾伦，理查德·G. 托克音顿. 美国隐私法、学说、判例与立法[M]. 冯建妹，石宏，郝倩，等编译. 北京：中国民主法制出版社，2004：136.

法利用的权利"①。关于网络时代的隐私权，赵华明的界定值得参考："自然人对私人生活安宁和私人信息在网络环境中不受他人非法侵犯、知悉、收集、复制、利用和公开，依法受到法律保护的一种人格权；同时也是对在网络中随意泄露有关个人的隐秘信息的一种禁止性规定。"②这一解释不仅明确了自然人享有的权利，也强调了其义务所在。2021 年 8 月 20 日，《中华人民共和国个人信息保护法》审议出台，自 2021 年 11 月 1 日起施行。这标志着我国进入了更高水平的个人信息保护的法治时代。《中华人民共和国个人信息保护法》对个人信息保护问题作了全面性、基础性的规定，准确把握了网络发展的规律和特点，回应了个人权益保护的迫切需求。就内容来说，它明确了个人信息保护的调整范围，明确了个人信息处理的基本规则，规定了个人在个人信息处理活动中的权利以及个人信息处理者的义务，确定了履行个人信息保护职责的部门及其职责，并且规定了较为严厉的法律责任。③

在数字经济中，数据作为新型生产要素，合理释放和开发数据价值本身就是新型经济活动的方式之一。而以权利进路为主的个人信息保护，核心要旨是通过明示同意、透明原则、通知和选择等机制，不断赋予个人控制权。④只不过，有时这种"知情同意"仅仅实现了形式上的公正。因为，"大数据和算法的能力已经极大地改变了个人信息处理的性质和影响，挑战公平信息实践准则"⑤。比如，我们使用一项网络服务或者应用软件时，都被要求进行授权，虽然满足了"知情同意"原则，但是我们如果不让渡信息权利，就只能放弃使用该网络服务或应用软件。百度总裁李彦宏更是毫不隐讳地说出了"隐私换便利"的主张。有法学家提出折中方案：在原有法律的基础上，将隐私权的保护作为反垄断法评价考虑的因素；利用区块链技术等更好地保护个人数

---

① 王利明. 隐私权概念的再界定 [J]. 法学家，2012（1）：108-112.
② 赵华明. 论网络隐私权的法律保护 [J]. 北京大学学报（哲学社会科学版），2002（S1）：165-171.
③ 方禹. 个人信息保护法解决广大人民群众最关心最直接最现实的利益问题 [EB/OL].（2021-08-25）[2022-12-30]. http://www.cac.gov.cn/2021-08/25/c_1631491549783065.htm?ivk_sa=1024320u.
④ 王苑. 数据权力视野下个人信息保护的趋向：以个人信息保护与隐私权的分立为中心 [J]. 北京航空航天大学学报（社会科学版），2022（1）：45-57.
⑤ 王苑. 数据权力视野下个人信息保护的趋向：以个人信息保护与隐私权的分立为中心 [J]. 北京航空航天大学学报（社会科学版），2022（1）：45-57.

据。[①]但是这在技术实现中还会遇到其他问题。比如，在《中华人民共和国数据安全法》中规定的删除权和纠正权，有时也会与区块链技术的不可改变性与防篡改性发生矛盾和冲突。[②]还有研究者指出，对个人数据保护的过度强调可能会制约数字经济的发展，造成新的垄断。数字经济的高质量发展，需要充分发挥个人数据的潜在价值。只有不断完善的区块链技术和反垄断法等法律的组合，才能实现保护数据隐私权、提高经济效率、促进竞争和创新的平衡。[③]社会各界，包括消费者、立法者、执法者等，要通过多种渠道，共同促成对数据隐私权的保护。就消费者而言，应该深化对数据潜在价值的了解，培养数据保护的法律意识，避免因小失大。就政府部门而言，要对平台企业的数据收集、开发、利用和共享行为进行合理的规制，从算法开发到算法应用，再到算法损害后果等，进行全过程的归责和追责。[④]此外，要避免数字平台利用数据收集优势而"赢家通吃"，合理降低市场主体获取数据的门槛，增强数据要素的共享性、普惠性，激励"创新创业创造"，强化反垄断和反不正当竞争，形成依法规范、共同参与、各取所需、共享红利的发展模式。同时，在执法过程中要充分发挥《中华人民共和国反垄断法》《中华人民共和国消费者权益保护法》《中华人民共和国数据安全法》等法律的保障作用，为保护数据隐私权提供法律屏障。

2022年12月2日，中共中央、国务院印发《关于构建数据基础制度更好发挥数据要素作用的意见》，从数据产权、流通交易、收益分配、安全治理等4个方面提出20条政策举措，加快构建我国数据基础制度体系。这将促进数据高效流通使用，激活数据要素潜能，对推动数字经济发展产生深远影响。发展数字经济是把握新一轮科技革命和产业变革新机遇的战略选择。数据日益成为数字经济时代不可缺少的新型生产要素，是重要的国家战略性资源，蕴藏着巨大的价值。一方面，数据是数字化、网络化、智能化的基础，且已

① Geoffrey A M, Sperry R B. The Problems and Perils of Bootstrapping Privacy and Data into an Antitrust Framework[J]. CPI Antitrust Chronicle, 2015(2).

② 李振利. 数字经济高质量发展下数据隐私权保护新途径的研究 [J]. 宏观质量研究，2022（1）：107-126.

③ 李振利. 数字经济高质量发展下数据隐私权保护新途径的研究 [J]. 宏观质量研究，2022（1）：107-126.

④ 凯伦·杨，马丁·洛奇. 驯服算法：数字歧视与算法规制 [M]. 林少伟，唐林垚，译. 上海：上海人民出版社，2020：12.

融入生产、分配、流通、消费和社会服务管理等各个环节。另一方面，数据只有流动起来，才会产生更多的可能性、更大的生产力。因此，构建数据基础制度体系，既是推动数字经济发展的关键举措，也是促进经济社会高质量发展、推动国家治理体系和治理能力现代化的重要一环。

数字社会的本质是规则之治。数字社会的架构，无论是微观的个人数据保护，还是宏观的社会治理和国家决策、数字经济产业布局等，都需要技术规则和契约规则的强力保障。

三、从数据保护到算法规制

数据保护不是数字社会治理的终点。数据是算法的基本材料，算法促进了数据价值的开发。算法已经成为一种新的社会建构力量，无论是政治学家、法律学者还是社会大众，都开始关注算法规制的问题。

"算法规制"这一概念由美国硅谷企业家蒂姆·奥莱利（Tim O'Reilly）首先提出。2009 年，阿尼什·阿尼什（Aneesh Aneesh）提出了"算法治理"这一术语。他认为面对计算机行业的全球化分工调度，是通过软件编程任务实现的，这与传统的官僚组织形式迥然有异。他将之命名为"算法治理"。另有学者认为，算法规制指向一种以算法决策为手段的治理体系。算法决策是指利用算法生成的知识系统来执行或做出相关决定。[1]凯伦·杨（Karen Yeung）和马丁·洛奇（Martin Lodge）的定义更具有包容性："算法规制是规制某一领域行为的决策系统，利用从无数与受规制环境相关的动态组件中（实时和持续）产生和直接收集的数据，实现知识的计算生成，借此达到以下三个目标：（1）管控风险；（2）改变行为；（3）确认和自动优化（或提示优化）系统操作，以便实现预定目标。"[2]

算法规制的目标是约束算法权力的无序扩张，为之建立一套规制算法权力、预防算法权力异化风险、消除算法权力异化后果的制度体系。张凌寒从

---

[1] Yeung K. Algorithmic Regulation: A Critical Interrogation[J]. Regulation & Governance, 2018(4): 505-523.
[2] Yeung K. Algorithmic Regulation: A Critical Interrogation[J]. Regulation & Governance, 2018(4): 505-523.

三个方面探讨了算法权力的规制。[①]第一，从数据保护到算法规制。过去的数据法律过于偏重数据保护而忽视了对算法的规制。在机器学习和人工智能兴起的时代，算法权力带来的风险远远超越了个人数据保护的意义。因此，法律规制的重点应转为对算法的规制，尤其是算法的正当程序原则、算法的道德评价和算法问责等。

第二，从技术规制到权力制约。今天的算法不仅是一种技术，还是社会治理的手段和工具，甚至成为自动化决策者。因此，对算法权力的规制，既能保证充分利用数据资源，也能保证制度的整体性和相关性，还能使权力制约下的责任主体划分更加合理。负责算法开发的程序员、应用算法的平台企业以及通过技术合作或者业务外包方式与平台企业发生利益勾连的政府和社会第三方机构等，都应作为算法权力的责任主体，根据法律规定承担相应的责任。

第三，从公私二元到突破界限。在人工智能时代，借由算法算力的连接，商业领域和公共部门的权力不能只做简单的公私二元划分。因为两者的界限已经日益模糊，公民在政治身份、法律身份之外，还获得了一种数字身份。与个人相关的一切权利，身体、行为、感觉以及资产的流动都处于持续不断的算法监控之下。[②]算法正在重塑我们的社会，"微粒社会"（高度数字化的社会）中的民主和公正被以程序算法为基础的预测机制加以改造。算法与数据在公私主体之间流动，让原本泾渭分明的公私领域逐渐模糊边界，其中的一部分甚至已经融合。因此，对于算法进行规制，可以更好地处理公私部门算法权力交织的局面。同时，为了保护过于弱小的个体权力，对算法权力进行监控和及时纠偏，可以引入第三方治理等规制力量。

总体而言，既要从权力范围、正当程序和问责机制等多个方面对算法进行合理限制，又要赋予个人数据权利和事后获得救济的权利、加强行业自律、引入第三方治理等规制力量、对责任主体的行为进行分层制约和监管，如此才能有效地化解算法风险，让数据和算法更好地服务人类和社会的发展。

---

① 张凌寒.权力之治：人工智能时代的算法规制 [M].上海：上海人民出版社，2021：53-58.
② 克里斯多夫·库克里克.微粒社会：数字化时代的社会模式 [M].黄昆，夏柯，译.北京：中信出版社，2018：101.

第三节　数据新闻教育的创新探索

在新闻教育和实践领域，关于人才培养观念变革的呼声从未停止。而在顶层设计方面的制度变革，更是为这种转变提供了理论支撑和方向指引。2019 年，教育部、中宣部联合发布了《关于提高高校新闻传播人才培养能力 实施卓越新闻传播人才教育培养计划 2.0 的意见》，提出要促进跨学科、跨专业、跨院系横向交叉融合。2020 年 11 月，教育部牵头主办了新文科建设工作会议，并发布了《新文科建设宣言》。该宣言对新文科建设做出全面部署，明确提出新文科建设的方向是"知识整合、融合发展"，而改革的路径就是"进一步打破学科专业壁垒，推动文科专业之间深度融通、文科与理工农医交叉融合，融入现代信息技术赋能文科教育，实现自我的革故鼎新"。数据新闻作为一种基于数据的抓取、挖掘、统计、分析和可视化呈现的新型新闻报道方式，同时也作为一种新闻品类[1]，不仅在业界备受关注，成为新闻创新的突破点之一，更成为新闻教育近年来积极探索的改革方向。在本节中，笔者将结合个人教学实践，从专业创新、课程设计、教学模式和培养导向等方面具体分析当前数据新闻教育模式中的探索与创新。

一、应运而生：数据新闻教学视野的开拓

截至 2019 年，全国大约有 14 所高校开设了与数据新闻相关的课程，或者将其列入教学任务。[2]实际情况当然不限于此。另外，培育数据新闻人才的方式除了课堂授课，还有数据新闻工作坊、数据新闻大赛、中国数据可视化创作大赛、慕课和出国进修等。

① 方洁.数据新闻概论：操作理念与案例解析 [M].2 版.北京：中国人民大学出版社，2019：3.
② 余根芳，吴小坤.数据新闻教育研究报告 [M]//王琼，徐园.中国数据新闻发展报告（2018—2019）.北京：社会科学文献出版社，2020：142.

在新媒体时代，培养跨媒体、全能型人才是必然选择。从其素养来说，需要具备跨越各种媒体的整合性思维、在专业媒体与社会化媒体之间的穿越能力、内容与产品的贯通能力。[1]面对业界数据新闻人才的巨大缺口，传统新闻教育明显供应不足，由此也影响到毕业生的就业择业。开展数据新闻教育势在必行。2014 年，中国传媒大学新闻学院在全国范围内首次开设数据新闻报道实验班。2015 年，正式设立"数据新闻报道"专业方向，并列入本科招生专业，这也是全国首个与数据新闻相关的本科专业。2016 年，经教育部批准，该专业方向实行自主招生。中国人民大学新闻学院于 2015 年开设了"数据新闻基础"作为新闻学专业的选修课，以讲授数据新闻报道的基本规律和方法为主，实践操作为辅，多采用案例教学与课后作业相结合的教学模式。[2]2016 年，浙江省首个面向新闻专业本科生开设的"数据新闻基础"课程在浙大城市学院开班，经过数年摸索实践后，形成了几门相关课程相辅相成的教学模块。2022 年，浙大城市学院开设了"数据新闻"专业方向。这也是浙大城市学院践行新文科建设的创新之举。

开设数据新闻课程的目的主要有两个。一方面，通过新闻课程改革，培养学生的跨学科能力和数据思维能力，使学生更好地适应时代变化和业界需求，从而解决新闻人才培养中的供求不平衡问题。另一方面，拓宽数据素养教育的视野，培养融合型人才。新闻教育和新闻实践看起来似乎是"上下游"的关系，新闻教育位于上游，为媒体培养新闻人才，新闻实践处于下游，为毕业生提供就业出路和工作岗位。但是，当这种供求关系处于不平衡状态时，高校和业界之间就会"宾主易位"，甚至会"反客为主"。市场是瞬息万变的，其对于劳动力的数量需求和技能需求更是随时在变，而新闻教育的"市场响应"速度相对迟缓。以本科为例，培养方案每四年调整一次，每年进行微调。这种微调和响应速度，很难与市场变化同步。此外，开展数据新闻教育，更重要的是培养学生的科学思维、人文情怀和审美能力，这就不是一蹴

① 彭兰.融合时代新媒体教育向何方 [J].新闻与写作，2015（3）：5-7.
② 汤天甜，冉桢.新闻传播人才培养模式创新与教学改革研究：基于大数据背景 [J].西南交通大学学报（社会科学版），2017（3）：32-35.

而就的事情了。笔者认为，数据新闻教学的重点，应当落在对学生的知识视野、数据思维和产品观念的培养与拓展。

二、教化合一：专业知识的融会贯通

数据新闻课程主要面向新闻专业高年级学生。在此之前，学生已经修读了新闻学概论、全媒体新闻采写、全媒体新闻编辑、深度报道采写等新闻理论和业务类课程，还有Python程序设计基础与实验、数字媒体制作等计算机类课程，在理论与技能等方面打下了一定的专业基础。浙大城市学院在大三上学期开设"数据挖掘与可视化设计"课程，作为技术先导类课程，让学生熟练掌握Python编程技术与新闻数据挖掘相融合的能力，搭建数据挖掘与分析的新闻场景。在这门课程的学习中，学生能通过对社会生活各个领域的数据搜集与分析，发现新闻价值，改变传统以文本叙事为主的表达方式，建立"数据驱动"的思维框架，并能通过梳理数据间的关系，发掘社会各个因素之间的关联，从而理解和诠释个人与物质世界之间的互动关系。大三下学期开设"数据新闻"课程，要求学生把上学期所学到的软件知识和技术方法应用于新闻报道中，独立进行数据新闻的制作、呈现与发布，并参与课堂讨论、研究报告撰写等，实现理论、实操与观念层面的融会贯通。表 9-1 展示了浙大城市学院数据新闻教学的课程体系设计。

表 9-1　浙大城市学院 2022 学年数据新闻教学的课程体系设计

课程名称	课程性质	开设学期	学分
大学计算机应用基础	通识课	1	5.0
Python 语言设计基础	通识课	2	3.0
全媒体新闻采写	专业必修课	3	3.0
全媒体新闻编辑实务	专业必修课	3	3.0
数字媒体制作技术	专业选修课	4	3.0
数据挖掘与可视化设计	专业必修课	5	3.0
智能媒体创意思维	专业选修课	5	3.0
数据新闻	专业必修课	6	3.0

浙大城市学院数据新闻教学的宗旨，就是培养学生的数据思维，提高学生的数据素养。

在课程设计中，我们将数据新闻作为一个高阶的教学模块来组织。这个模块包括"数据挖掘与可视化设计""数据新闻""智能媒体创意思维"三门课程，各有侧重（在制定2022年培养方案时，依托课程体系开设了"数据新闻"专业方向）。"数据挖掘与可视化设计"重在传授数据挖掘与数据分析方面的知识和技能，以及图表设计与制作方面的基础知识。在课程内容结构设计上，一方面，进行系统化的知识讲授；另一方面，结合数据库查找软件以及SQLite等数据库系统讲授数据库构建和电子表格制作，使用Python、Excel、Pyecharts、Tableau等软件讲授数据分析和可视化设计等。课程教学以"知识和技能"为主线，在多媒体实验室进行授课，一人一机；将课堂讲授与作业训练相结合，要求学生结合课上的理论知识进行有针对性的场景项目练习，实现融会贯通。

数据新闻课程的教学目标是塑造学生的数据思维。"数据素养在实践中体现在两个方面：数据意识和数据处理能力。"[1]数据意识类似于新闻敏感性，即从数据中发现新闻价值的直觉与能力；数据处理能力包括获取数据、分析数据、整合数据和对数据进行可视化呈现的能力。数据新闻课程在教学设计上强调过程与方法。教学过程的每个环节都是精心设计的。在课堂上，教师先介绍数据新闻的起源、发展过程和实践进展，再通过案例分析、软件学习、项目训练和研究交流等方式，向学生讲述新闻理念的变革、新闻业态的变化以及数据新闻叙事策略的变化；在课后的训练项目中，由浅入深、由易到难，培养学生综合运用数据挖掘和分析软件的能力、"数据驱动"式的故事能力以及数据可视化设计制作的能力。采取多种形式检验学习成果，如鼓励学生开展课堂分享交流，指导学生撰写研究论文，组队参加中国数据新闻大赛，实地进行无人机航拍等，还积极借助"外脑"，通过举办国际教学周活动，邀请密苏里大学新闻学院的教授讲解Tableau等可视化软件的应用知识，指导学生团队完成可视化新闻作品等。这些方式新颖有趣，塑造了学生的成就感，建

---

① 徐向东.对中美数据新闻人才培养模式的比较与思考[J].国际新闻界，2016（10）：100-110.

立了积极反馈，也带动了其他学生的学习热情。

"智能媒体创意思维"课程注重培养学生的思维灵性。我们知道，传播的终极使命，除了传递信息和知识，还在于建构社会、教化民众、启发民智、传承文明。每一个时代的知识，最终都会沉淀为一种文化智慧，而媒介在其中厥功至伟。在媒介化社会，将大数据技术、可视化设计与传统的内容生产三者结合在一起，撞击出的是灿烂无比而且承载当代人无数希望的"数字文明"。"智能媒体创意思维"课程的目标就在于培养学生的智能媒体思维，使他们能够更好地适应"万物皆媒"时代智能传播的要求。

三、"鱼""渔"兼得：基于SMART原则的目标教学法

教育者常常挂在嘴边的一句话是："授人以鱼，不如授人以渔。"言下之意，就是与其对学生进行知识灌输，不如培养他们的实际动手能力。浙大城市学院的数据新闻教学，强调培养和提高学生的技术运用能力。在授课过程中，通行的做法是将案例分析、实训模拟、实践教学三个方面相结合，给学生提供上手操作的机会，并通过作业训练促使学生掌握数据搜集、数据整理及可视化应用的能力。比如，多次开展"无人机新闻/视频制作""VR新闻制作"和"数据可视化"的实践教学周活动，通过创设应用场景，鼓励学生以小组合作的方式操作无人机航拍，掌握编程软件及可视化软件的实用技能。又如，以项目制的方式，要求学生在规定时间内完成一部数据新闻作品。这种方法的优点是集中学习、强化训练、结果导向，而且时间紧凑、衔接顺畅、立竿见影，学生可以在短时间内迅速掌握一个软件工具或一项实用技术。它的缺点是忽视了学生的个体差异。有些学生对知识的理解不够，技能掌握有限，因而容易产生畏难和逃避心理，不利于后续学习。另外，学生的理解水平和制作水平参差不齐，部分学生在团队合作中"搭便车"，这样就不利于教师准确了解每个学生的实际水平，教学过程中的短板和瓶颈问题也就难以得到彻底解决。

在8年的教学实践探索中，笔者总结出了一套基于SMART原则的目标教学法。

目标管理中的SMART原则五要素分别是：（1）具体的（specific，S）；（2）可量化的（measurable，M）；（3）可实现性（attainable，A）；（4）相关性（relevant，R）；（5）有时限的（time-bound，T）。笔者将SMART原则移植到数据新闻教学中，将学生的数据知识、数据能力和数据素养的培养目标，细化为具体的指标，对每个指标、每个要素都予以阐述（见表9-2）。

表9-2　SMART教学目标及指标分解

目标五要素	能力体系	知识目标	技能目标	数据思维训练
S（specific）	知识与技能	掌握数据挖掘、数据处理和统计分析等知识	学会一个数据处理软件，制作一个数据新闻作品，参加一次数据新闻大赛，获得（至少）一个奖项，撰写一篇研究报告或论文	发展思维
M（measurable）	量化管理体系	过程分解和细化目标	统计学习时长、作业量（按次数计）、研究报告字数、调查问卷题目、有效回收率、教师团队交流次数、试卷分析、成绩区间分布等方面的数据	量化思维
A（attainable）	实践动手能力	学以致用	单人单机操作；独立作业与小组作业相结合	数据决策
R（relevant）	知识拓展交流	宽视善知	了解与大数据时代有关的新技术和新理念，如大数据、云计算、物联网以及AR/VR技术、无人机、传感器新闻等，能够动手操作无人机和实地体验VR技术	关联思维
T（time-bound）	时间管理意识	高效应用	展示作业成果，学生互评与教师评分相结合	批判性思维

将SMART原则引入教学的全程管理和课程设计，效果非常明显。从实际情况来看，每一轮的教学都取得了较好的成绩。笔者所在的新闻与传播学

院连续 5 年组队参加中国数据新闻大赛，多次荣获一、二、三等奖。举办过 2 次"美国密苏里教学周"活动，学生在一周时间内集中学习无人机理论与无人机操作，并完成了无人机新闻作品。学生还掌握了前沿数据分析软件 Tableau 的使用，并能用该软件制作数据新闻。师生每年都有数据新闻研究论文成功发表，并成功申请省市级的科研课题立项。新闻与传播学院和计算机学院的老师积极开展跨学科、跨专业联合授课，并组成稳定的教研共同体，在新文科、新工科研究领域开展更多的合作。

为了了解教学效果，我们通过发放课程调查问卷、情境访谈等方式，及时发现学生学习过程中存在的疑问或问题，从而有针对性地调整或改进教学方案和授课方式等。2022 年秋冬学期的"数据挖掘与可视化设计"课程结课后，我们开展了一次问卷调查，发现学生普遍认为数据新闻课程对他们很有帮助，尤其是在知识拓展和技能提升方面，这基本上与我们的预期目标相吻合。不过，学生也指出，数据新闻课程在"解决实际问题"和"满足个人求知欲"方面不尽如人意，今后的教学中需要加以改进。

四、术道融合：手段与目的的统一

数据新闻作为一个相对"高级"的新闻工作方式和新闻产品，在前期学习中，学生要具备丰富的新闻理论知识和扎实的报道技能，这样才能在进阶学习中将数据挖掘与分析、图表可视化和智能媒体设计等方面的知识打通，实现"术"与"道"的融合。

（一）技术先导

数据新闻教学对学生的软件知识和运用能力要求较高。尤其在数据处理方面，需要学生熟练掌握编程知识，会使用 Python、Execl、Tableau、Pyecharts、Illustrator 等数据挖掘、数据分析和可视化制作软件，以及具备多媒体制作、网页制作和视觉设计方面的技能。针对新闻专业本科生的培养方案设置了相关课程作为必修课，并要求学生完成相应的学分。学生对这些知识是否融会贯通，在数据新闻课程中可以得到检验。"数据挖掘与可视化设计"课程由两位来自新闻与传播学院和计算机学院的专业老师进行跨学科合作授课。在课程内容设计方面，从撰写教学大纲到课程进度安排，两位老师全程协商，统一行动，互相听课跟进，因而能做到对彼此的教学内容和环节设计了然于心，从而在个人负责的教学环节中，做到内容上互相衔接、呼应和补充。比如，负责理论讲授的 F 老师讲解数据新闻的叙事逻辑从"讲故事"转变为"可视化"，并以 2020 年以来的新冠疫情报道为例进行案例分析，如媒体报道中普遍使用的疫情地图、疫情走势图以及疫情流调中感染者的行动轨迹图和确诊病例分布散点图，让学生认识到：用这种可视化的形式呈现新冠疫情数据和蔓延形势，有助于直观表达事实，并强化和塑造"人类命运共同体"的意识。接下来则是由负责技术讲解的 X 老师向学生介绍这些数据可以从何处获得，用什么软件进行数据挖掘和分析，使用哪种可视化技术来呈现数据和事实等。新闻场景和技术分析完美地结合在一起，将数据分析的教学融入内容制作和传播过程中，让理论有针对性地"落地"，真正做到了"因势利导""学以致用"。课后，教师及时布置相关作业，督促学生巩固知识要点，锻炼学生的实际操作能力，并通过作业讲解为学生释疑解惑。同时，在思维层面，教师引导学生探索数据可视化的内涵与特征，发掘数据新闻的实践意义，从而培养和强化学生的数据思维。

（二）跨界合作

经历了最初的"单兵作战""摸着石头过河"，浙大城市学院的数据新闻教学逐渐走向跨专业、跨学科甚至跨校的合作授课。"数据挖掘与可视化设计"课程强调数据技术运用，由传媒专业老师和计算机学院的老师组成固定搭档，共同讲授。在教学内容方面，教学团队成员之间既有明确分工，又注重教学内容的交叉和衔接，将理论学习和技术训练融合起来。在实地训练环节，邀请实验室老师和业界人员参与教学，比如无人机新闻和 VR 新闻制作等，真正实现了跨专业、跨学科、跨领域合作，互相配合补位，让学生吸收多方面的理论知识，掌握实用的软件工具和操作技巧。"数据挖掘与可视化设计"课程的平时作业则包括电子表格/数据库构建、数据分析报告、抽样调查问卷设计、可视化新闻报道、无人机新闻、众包项目策划书、交互式新闻网页制作等多种形式。这样的教学安排，贯彻落实了《新文科建设宣言》提出的"学生中心、产出导向"方针，有利于教学质量的提升。

（三）项目实训

项目实训包括两个方面：一是实地操作练习；二是参加学科竞赛，以赛促学、以赛促教、以赛促研。在实地操作方面，我们分别在2017年、2018年开展了2次无人机新闻的实践教学，设备是租借的大疆公司"御"型号无人机，公司派出2名技术人员现场指导，教师团队包括主讲教师和实验室老师。将学生分成8组，每组5~8人，配1架无人机，现场完成画面采制、数据收集，后期再进行脚本设计、画面剪辑、配音和字幕制作等工作，完成了8组无人机新闻作品，并通过展示和打分评比，最终评选出了一、二、三等奖共4组作品。实践教学效果非常好，学生参与热情高涨，最终完成的作品在画面质量、故事结构、流畅度和数据处理方面都有很好的表现。有个别学生利用这次无人机学习的机会，通过自学和训练，拿到了无人机飞手的资质和国际合作课程结业证书，并由此完成了毕业设计——用无人机和相机拍摄了一部时长15分钟的微纪录片。凭借这部作品，该生在知名的文化制作公司找到了理想的工作。

（四）终身学习

数据新闻教育涉及很多跨学科的新知识和新工具，它们打开了新文科建设的学科视野，同时也对教师与学生的学习能力提出了挑战。在创新数据新闻教学形式与内容的同时，师生都要树立终身学习的理念，及时掌握前沿的技术知识和手段，完善个人的知识结构。教师要加强自身学习，更新个人的知识结构和技术能力，跨越知识壁垒，在进行跨专业、跨学科合作时，能够和团队其他专业背景，尤其是理工科背景的教师进行有效沟通，并在深层次领域开展科研合作和交流。对于学生来说，要提升计算机软件应用能力，掌握编程知识，完善知识结构，力争成为文理兼容的复合型人才。

数据新闻的主要目的是实现理论与实践的结合、"术"与"道"的并轨。关于新媒体时代传媒的"术"与"道"的关系，彭兰认为："新闻院系里涉及的技术课程，也是思维方式、思维能力的培养过程，虽然在教学过程中要从'术'的层面入手，但理想的目标是，为他们提供思维上、'道'的层面的训练与启发。"[①]笔者深以为然。数据思维是一种"内化于心、外化于行"的综合能力，数据新闻教学最重要的目的是培养学生的数据思维。一般说来，数据思维包含量化思维、关联思维、数据决策思维和批判性思维。[②]整体来看，它既注重解决具体问题的量化处理能力，也强调"宽视善知"。同时，数据思维能让人保持质疑和批判的科学精神，避免落入"数据陷阱"。所以，所谓术道融合，就是将知识与技能转化为解决问题的实际技能。落实到教育目标上，则是既要努力培养专精于术、懂数据、会分析的文理融合型人才，也要在传播思维和观念更新层面引导学生提高科学素养，洞察从数据到智慧的本质与逻辑，探索大数据时代的"立身之道"。

五、能力变现：注重产品思维的培养

在数据新闻崛起的时代，数据新闻更多地强调数据与技术的完美结合，强调可视化的力量。在经历了2016—2017年的快速扩张后，这个糅合了内容、技术与艺术三者优点的新型新闻品类，发展速度明显放缓，并且有向融合新闻发展的势头。面对这种变化，我们更加需要思考：数据新闻思维中最核心的是什么？笔者认为，最核心的是产品思维。首先，将可视化技术引入新闻报道中，首要目的仍然是增加信息的供给，而不是单纯地炫技。其次，数据新闻强调宏观视角、多元表达、感官体验，"所见即所得"，能够有效拉近媒介用户与新闻现场、事实与真相之间的时空距离，优化了新闻阅读体验。最后，以算法为统领的新一代数字信息技术，不是仅仅投注在内容重建和可

① 彭兰.新媒体教育要培养跨媒体的思维方式[J].新闻论坛，2015（3）：106.
② 惠恭健，曾磊.智能时代的数据素养：模型构建、指标体系与培养路径——基于国内外模型的比较分析[J].远程教育杂志，2021（4）：52-61.

视化呈现方面，而是旨在实现技术与人文的融合、内容交互与服务创新，即实现智能化、个性化和社会化，让数据、信息与社会、个人连接起来，生产"数字自我"和"数字社会"。而其中的连接物就是产品。技术要真正落地，则必须为人们的衣食住行、工作生活和自我发展服务。数据新闻也是如此，要转化成"日常之物"，让新闻内容真正服务于人们的信息需求、社会交往和行为决策。例如，针对疫情封城期间居民物资供应问题和急难病人救助问题，腾讯迅速开发了"互助地图"小程序，帮助居民自救互助，缓解困境。这个例子就是"新闻—数据—服务"链条式开发的好思路。

目前，仅有少数媒体如财新将数据新闻打包进"财新通"这样的付费内容产品中，或者提供咨询报告、研究报告以及自有数据库等收费服务，另外，一些自媒体账号通过会员制来锁定订户，增强用户黏性。随着数字互动场景的开拓，内容平台型企业会越来越多，这为数据新闻的投放、分发、转发、聚类和数据资源的开发再利用提供了广阔的市场。高校培养的数据新闻人才，可以在这片蓝海中大显身手。

参考文献

外文文献

Ahval S S. Theories of Journalism in a Digital Age: An Exploration and Introduction[J]. Digital Journalism, 2015(1): 1-18.

Appelgren E, Lindén C, van Dalen A. Data Journalism Research: Studying a Maturing Field Across Journalistic Cultures, Media Markets and Political Environments[J]. Digital Journalism, 2019(9): 1191-1199.

Appelgren E, Lindén C. Data Journalism as a Service: Digital Native Data Journalism Expertise and Product Development[J]. Media and Communication, 2020(2): 62-72.

Baack S. Practically Engaged: The Entanglements Between Data Journalism and Civic Tech[J]. Digital Journalism, 2018(6):673-692.

Bakke P. Mr. Gates Returns: Curation, Community Management and Other New Roles for Journalists[J]. Journalism Studies, 2014(5): 596-606.

Bakker P. Aggregation, Content Farms and Huffinization: The Rise of Low-Pay and No-Pay Journalism[J]. Journalism Practice, 2012(5-6): 1-9.

Barman S. Change of State: Information, Policy, and Power[M]. Cambridge: The MIT Press, 2006.

Beckett C. New Powers, New Responsibilities: A Global Survey of Journalism and Artificial Intelligence[M]. London: The London School of Economics and Political Science, 2019.

Carlson M. Automating Judgment? Algorithmic Judgment, News Knowledge, and Journalistic Professionalism[J]. New Media & Society, 2018(4): 1755-1772.

Carlson M. The Robotic Reporter Automated Journalism and the Redefinition of Labor, Compositional Forms, and Journalistic Authority[J]. Digital Journalism, 2015(3): 416-431.

Clerwall C. Enter the Robot Journalist: Users' Perceptions of Automated Content[J]. Journalism Practice, 2014(5): 519-531.

Cohen J E. Configuring the Networked Self: Law, Code, and the Play of Everyday Practice [M]. New Haven and London: Yale University Press, 2012.

Dimitropoulos G. The Law of Blockchain[J]. Washington Law Review, 2020(3): 1117-1192.

Dörr K N, Hollnbuchner K. Ethical Challenges of Algorithmic Journalism[J]. Digital Journalism, 2017(4): 404-419.

Dorr K. Mapping the Field of Algorithmic Journalism [J]. Digital Journalism, 2016(6): 700-722.

Eldridge S A, Hess K, Tandoc E C, et al. Navigating the Scholarly Terrain: Introducing the Digital Journalism Studies Compass[J]. Digital Journalism, 2019(3): 386-403.

Fischer C. To Dwell Among Friends[M]. Berkeley: University of California Press, 1982.

Franklin B. The Future of Journalism:In an Age of Digital Media and Economic Uncertainty[J]. Digital Journalism, 2014(3): 254-272.

Geoffrey A M, Sperry R B. The Problems and Perils of Bootstrapping Privacy and Data into an Antitrust Framework[J]. CPI Antitrust Chronicle, 2015(2).

Gibson J. The Theories of Affordances[M]. Hillsdale: Lawrence Erlbaum, 1977.

Granovetter M S. The Strength of Weak Ties: A Network Theory Revisited[J]. Sociological Theory, 1983(6): 201-233.

Gray J, Bounegru L, Chambers L. The Data Journalism Handbook: How Journalism Can Use Data to Improve the News[M]. Sebastopol: O'Reilly Media, Inc., 2012.

Gynnild A. Journalism Innovation Leads to Innovation Journalism: The Impact of Computational Exploration on Changing Mindsets[J]. Journalism, 2013(6): 713-730.

Heravi B R. 3Ws of Data Journalism Education[J]. Journalism Practice, 2019(3): 349-366.

Heravi B. Teaching Data Journalism[M]//Mair J, Keeble R L, Lucero M, et al. Data Journalism: Past, Present and Future. Suffolk: Abramis Academic Publishing, 2017.

Hogan B. The Presentation of Self in the Age of Social Media: Distinguishing Performances and Exhibitions Online[J]. Bulletin of Science, Technology & Society, 2010(6): 377-386.

Lepri B, Staiano J, Sangokoya D. The Tyranny of Data? The Bright and Dark Sides of Data-Driven Decision-Making for Social Good, Transparent Data Mining for Big and Small Data[M]. Cham: Springer International Publishing, 2017.

Lewis S C, Guzman A L, Schmidt T R. Automation, Journalism, and Human-Machine Communication: Rethinking Roles and Relationships of Humans and Machines in News[J]. Digital Journalism, 2019(2): 1-19.

Li Y, Zhou Y, Zhu X. Investigation of a Coupling Model of Coordination Between Urbanization and the Environment[J]. Journal of Environmental Management, 2012(1): 127-133.

Lindén C, Lehtisaari K, Villi M, et al. Helping Hand? It's Google's World of Media and Journalism Now[R]. Washington: The Rise of Platforms: Individual, Institutional, and Governance Questions for Communication Research Conference, 2019.

Megan K. Data Journalism in the UK: A Preliminary Analysis of Form and Content[J]. Journal of Media Practice, 2015(1): 55-72.

Meyer P. Precision Journalism: A Reporter's Introduction to Social Science Methods[M]. Bloomington: Indiana University Press, 1973.

Miller E. How Not to Sort by Average Rating [EB/OL]. [2022-12-30]. http://www. evanmiller. org/how-not-to-sort-by-average-rating. html.

Moon J. A Study on the Concept of Personal Data[J]. Public Law, 2014(3): 53-77.

Musfira A F, Ibrahim N, Harun H. A Thematic Review on Digital Storytelling(DST) in Social Media[J]. The Qualitative Report , 2022(8): 1590-1620.

Ovide S. TikTok(Yes, TikTok) Is the Future[N]. New York Times, 2020-06-03.

Tomasula S. Introduction to Focus: 00. 0 Machine Writing[J]. American Book Review, 2014(2): 3-7.

Venturini T, Rogers R. "API-Based Research" or How Can Digital Sociology and Journalism Studies Learn from the Facebook and Cambridge Analytica Data Breach[J]. Digital Journalism, 2019(4): 532-540.

Yeung K. Algorithmic Regulation: A Critical Interrogation[J]. Regulation & Governance, 2018(4): 505-523.

Zelizer B. Why Journalism Is About More Than Digital Technology[J]. Digital Journalism, 2019(3): 343-350.

Zuboff S. Big Other: Surveillance Capitalism and the Prospects of an Informal Civilization[J]. Journal of Information Technology, 2015, 30 (1): 75-89.

中文文献

阿丽塔·L. 艾伦，理查德·G. 托克音顿. 美国隐私法、学说、判例与立法 [M]. 冯建妹，石宏，郝倩，等编译. 北京：中国民主法制出版社，2004.

安德鲁·V. 爱德华. 数字法则：机器人、大数据和算法如何塑造未来 [M]. 鲜于静，宋长来，译. 北京：机械工业出版社，2015.

安东尼·吉登斯. 现代性与自我认同：晚期现代中的自我与社会 [M]. 夏璐，译. 北京：中国人民大学出版社，2016.

包亚明. 权力的眼睛：福柯访谈录 [M]. 严锋，译. 上海：上海人民出版社，1997.

比尔·科瓦奇，汤姆·罗森斯蒂尔．真相 [M].陆佳怡，孙志刚，译．北京：中国人民大学出版社，2014.

毕瑾．基于数据生态系统的我国开放政府数据可持续发展研究 [D].太原：山西大学，2019.

边馥苓．时空大数据的技术与方法 [M].北京：测绘出版社，2016.

曹保印．变数据为艺术 赋图表以灵魂[M]//新京报传媒研究院．新京报传媒研究（第4卷）.北京：新世界出版社，2014：4.

常江，田浩．论数字时代新闻学体系的"三大转向"[J].山西大学学报（哲学社会科学版），2021（4）：44-50.

常江．数字时代的新闻业：文化视角与欧美经验 [M].开封：河南大学出版社，2021.

常江．数字新闻学：一种理论体系的想象与建构 [J].新闻记者，2020（2）：12-30，31.

陈昌凤，师文．智能算法运用于新闻策展的技术逻辑与伦理风险 [J].新闻界，2019（1）：20-26.

陈红波，刘顺祥，等．数据分析：从入门到进阶 [M].北京：机械工业出版社，2019.

CLAUDE. 2013 世界报业创新报告 [M].张志佑，王锐俊，译．北京：中国书籍出版社，2014.

陈力丹．精神交往论：马克思恩格斯的传播观 [M]. 1 版．北京：开明出版社，1993.

陈鹏宇．从创新探索到立法规范：浙江公共数据发展实践解析 [J].中国信息化，2022（4）：32-35.

陈卫星．传播的观念 [M].北京：人民出版社，2004.

陈为，沈则潜，陶煜波，等．数据可视化 [M]. 2 版．北京：电子工业出版社，2019.

陈曦子，张熹珑．数字信息时代的公民隐私权探究 [J].新闻传播，2022（19）：4-6.

陈昱彤，丁家友．数据叙事的运行模型与关键问题 [J].图书馆论坛，2023（4）：109-119.

仇勇．新媒体革命 2. 0：算法时代的媒介、公关与传播 [M].北京：电子工业出版社，2018.

达莱尔·哈夫．统计数据会说谎：让你远离数据陷阱 [M].靳琰，武钰璟，译．北京：中信出版社，2018.

德弗勒鲍尔·洛基奇．大众传播学绪论 [M].杜力平，译．北京：新华出版社，1990.

邓建国．筛选与呈现：信息疲劳背景下的移动内容传播新趋势——以雅虎新闻摘要与 NYT Now 为例的分析 [J].新闻记者，2015（6）：16-24.

邓胜利，荣鑫雨．数据要素市场化治理的关键问题 [J]．数字图书馆论坛，2022（10）：32-34．

邓忻忻．网络新闻编辑 [M]．北京：电视广播影视出版社，2016．

丁晓蔚，王雪莹，胡菡菡．论"信息茧房"矫治：兼及大数据人工智能 2.0 和"探索—开发"模式 [J]．中国地质大学学报（社会科学版），2018（1）：164-171．

董静怡．爆火出圈的 ChatGPT 和它背后的万亿商业化狂想 [N]．21 世纪经济报道，2022-12-12．

董雯．英国广播公司 BBC 数据新闻研究 [D]．保定：河北大学，2014．

范红霞，孙金波．大数据时代算法偏见与数字魔咒：兼谈"信息茧房"的破局 [J]．中国出版，2019（10）：60-63．

范红霞，孙金波．房间里的"大象"：算法中的性别歧视 [J]．新闻爱好者，2021（10）：29-32．

范红霞，孙金波．数据新闻的算法革命与未来趋向 [J]．现代传播（中国传媒大学学报），2018（5）：131-135．

范红霞，叶君浩．基于算法主导下的议程设置功能反思 [J]．当代传播，2018（4）：28-32．

范红霞．微信中的信息流动与新型社会关系的生产 [J]．现代传播（中国传媒大学学报），2016（10）：53-59．

范文仲．完善数据要素基本制度 加快数据要素市场建设 [J]．中国金融，2022（S1）：14-17．

方洁，高璐．数据新闻：一个亟待确立专业规范的领域——基于国内五个数据新闻栏目的定量研究 [J]．国际新闻界，2015（3）：105-124．

方洁，胡文嘉．数据新闻教育的全球实践：特点、掣肘与趋势 [M]// 武汉大学数据新闻研究中心．中国数据新闻发展报告（2016—2017）．北京：中国社会科学文献出版社，2018：187．

方洁，胡杨，范迪．媒体人眼中的数据新闻实践：价值、路径与前景——一项基于七位媒体人的深度访谈的研究 [J]．新闻大学，2016（2）：13-19．

方洁．数据新闻概论：操作理念与案例解析 [M]．2 版．北京：中国人民大学出版社，2019．

方洁．数据新闻概论：操作理念与案例解析 [M]．北京：中国人民大学出版社，2015．

方军，张国祥．国内数字政府研究进展与展望：基于 CNKI 的文献计量分析 [J]．成都大学学报（社会科学版），2022（4）：36-46．

方师师 . 算法如何重塑新闻业：现状、问题与规制 [J]. 新闻与写作，2018（9）：11-19.

傅居正，喻国明 . 数据新闻的学科建构：演进逻辑、知识图谱与前沿热点——基于美国核心期刊数据库 Web of Science（1992—2018）的文献分析 [J]. 新闻记者，2018（10）：57-69.

高丰 . 开放数据：概念、现状与机遇 [J]. 大数据，2015（2）：9-18.

耿磊 . 机器人写稿的现状与前景 [J]. 新闻战线，2018（1）：43-46.

郭传凯 . 互联网平台企业封禁行为的反垄断规制路径 [J]. 法学论坛，2021（4）：81-89.

郭嘉良，倪方 . 转向与重塑：数据驱动语境下数据新闻的叙事机制研究 [J]. 东岳论丛，2021（10）：110-120.

郭全中，黄武锋 . AI 能力：虚拟主播的演进、关键与趋势 [J]. 新闻爱好者，2022（7）：7-10.

郭晓科 . 大数据 [M]. 北京：清华大学出版社，2013.

哈罗德·伊尼斯 . 传播的偏向 [M]. 何道宽，译 . 北京：中国人民大学出版社，2003.

郝自飞 . 跨平台获取数据与信息孤岛、数据信息安全、资源共享问题的探讨 [J]. 信息与电脑（理论版），2018（1）：197-199.

何纯 . 新闻叙事学 [M]. 长沙：岳麓书社，2006.

何苑，张洪忠 . 原理、现状与局限：机器写作在传媒业中的应用 [J]. 新闻界，2018（3）：21-25.

胡翼青，马新瑶 . 作为媒介的可供性：基于媒介本体论的考察 [J]. 新闻记者，2022（1）：66-76.

胡泽鹏 . 数据价值化、全要素生产率和经济增长：基于 14 家大数据交易中心的分析 [J]. 工业技术经济，2022（12）：10-19.

黄慧敏 . 最简单的图形与最复杂的信息 [M]. 杭州：浙江人民出版社，2013.

黄贤英，熊李媛，李沁东 . 基于改进协同过滤算法的个性化新闻推荐技术 [J]. 四川大学学报（自然科学版），2018（1）：49-55.

黄峥 . 国际一流媒体的大数据竞争策略 [J]. 对外传播，2017（3）：58-60.

黄志敏，王敏，李薇 . 数据新闻教育调查报告 [J]. 新闻与写作，2017（9）：17-24.

黄志敏 . 程序员获新闻奖，你怎么看？——解读财新网可视化数据新闻 [J]. 中国记者，2015（1）：89-91.

惠恭健，曾磊 . 智能时代的数据素养：模型构建、指标体系与培养路径——基于国内外模型的比较分析 [J]. 远程教育杂志，2021（4）：52-61.

贾瑞 . 新媒体时代"信息茧房"现象的思考 [J]. 新闻研究导刊，2016（7）：214-215.

江根源，季靖 . 网络社区中的身份认同与网民社会结构间的关联性 [J]. 新闻大学，2014
（2）：83-92.

杰米·萨默坎德 . 算法的力量：人类如何共同生存？[M]. 李大白，译 . 北京：北京日报社
出版社，2022.

凯伦·杨，马丁·洛奇 . 驯服算法：数字歧视与算法规制 [M]. 林少伟，唐林垚，译 . 上海：
上海人民出版社，2020.

凯斯·桑斯坦 . 信息乌托邦：众人如何生产知识 [M]. 毕竞悦，译 . 北京：法律出版社，
2008.

科尔·努斯鲍默·纳福利克 . 用数据讲故事 [M]. 陆昊，吴梦颖，译 . 北京：人民邮电出版社，
2017.

克莱·舍基 . 认知盈余：自由时间的力量 [M]. 胡泳，哈丽丝，译 . 北京：中国人民大学出
版社，2011.

克里斯多夫·库克里克 . 微粒社会：数字化时代的社会模式 [M]. 黄昆，夏柯，译 . 北京：
中信出版社，2018.

雷刚，王梦珂，陈为龙 . 实时数据新闻的生成逻辑：知识挖掘与可视化设计 [J]. 装饰，
2019（3）：88-90.

李白杨，白云，詹希旎，等 . 人工智能生成内容（AIGC）的技术特征与形态演进 [J]. 图
书情报知识，2023（1）：66-74.

李兵兵 . 我国数据市场发展的理论基础与路径 [J]. 社会科学动态，2022（11）：34-37.

李春葆，李石君，李筱驰 . 数据仓库与数据挖掘实践 [M]. 北京：电子工业出版社，2014.

李琮，袁方，刘宇，等 . 基于 LDA 模型和 T-OPTICS 算法的中文新闻话题检测 [J]. 河北
大学学报（自然科学版），2016（1）：106-112.

李佳，潘卫华 . 人机传播与新闻自动化的研究 [J]. 新闻前哨，2020（11）：99-100.

李君婷 . 人工智能写作发展前景探析 [J]. 新闻研究导刊，2019（13）：68.

李岩 . 传播与文化 [M]. 杭州：浙江大学出版社，2009.

李勇坚 . 数据要素的经济学含义及相关政策建议 [J]. 江西社会科学，2022（3）：50-63.

李月，曹海军 . 省级政府数字治理影响因素与实施路径：基于 30 省健康码应用的定性比
较分析 [J]. 电子政务，2020（10）：39-48.

李振利 . 数字经济高质量发展下数据隐私权保护新途径的研究 [J]. 宏观质量研究，2022

（1）：107–126.

林溪声. 数据新闻生产的常态化趋势及其限度 [J]. 新闻爱好者，2018（2）：35–38.

刘斌，邹欣. 数据新闻时代的公共服务与用户本位：以 BBC 数据新闻为例 [J]. 传媒，2016（14）：28–31.

刘波，欧阳恩剑. 职业教育产教融合的本质、特征与价值取向：基于耦合理论的视角 [J]. 职教论坛，2021（8）：60–67.

刘凡平. 大数据时代的算法：机器学习，人工智能机器典型实例 [M]. 北京：电子工业出版社，2017.

刘海龙. 大众传播理论：范式与流派 [M]. 北京：中国人民大学出版社，2008.

刘华栋. 社交媒体"信息茧房"的隐忧与对策 [J]. 中国广播电视学刊，2017（4）：54–57.

刘佳伦. 财新网、《纽约时报》与《卫报》的数据新闻内容研究 [D]. 广州：暨南大学，2021.

刘建. 数据新闻合作作品著作权归属的困境及其破解 [J]. 出版发行研究，2018（9）：80–83.

刘沫潇. 约翰·基恩."后真相时代"的媒体与民主：访著名政治学家约翰·基恩教授 [J]. 国际新闻界，2018（6）：162–172.

刘素宏，丁艺. 议程融合、媒介社区化和自我赋权：公民新闻与社会整合的分析框架 [J]. 电子政务，2013（7）：66–73.

刘晓琳，曹付元，梁吉业. 面向新闻评论的短文本增量聚类算法 [J]. 计算机科学与探索，2018（6）：950–960.

刘新传. 场景、关系与算法：媒体融合创新的三重维度 [J]. 新闻战线，2018（12）：62–64.

卢克·多梅尔. 算法时代：新经济的新引擎 [M]. 胡小锐，钟毅，译. 北京：中信出版社，2016.

卢黎歌，李婷. 我国数据要素统一大市场构建目标、存在问题与对策分析 [J]. 理论探讨，2022（5）：163–167.

卢西亚诺·弗洛里迪. 第四次革命：人工智能如何重塑人类现实 [M]. 王文革，译. 杭州：浙江人民出版社，2016.

陆朦朦. 数据新闻互动叙事策略研究：基于 2014—2018 年全球数据新闻奖获奖作品的分析 [J]. 出版科学，2019（1）：92–98.

罗伯特·哈桑. 注意力分散时代：高速网络经济中的阅读、书写与政治 [M]. 张宁，译. 上海：复旦大学出版社，2020.

吕洪. 新闻莫被算法"绑架" [N]. 人民日报，2017–07–06.

吕廷杰，刘涛，宋超营，等 . 从雇佣人到自由人：新经济模式下的分工 3.0 革命 [M]. 北京：电子工业出版社，2017.

吕宇翔，王嘉旖，苏亚 . 2017 年数据新闻媒体发展报告 [M]// 王琼，苏宏元 . 中国数据新闻发展报告（2016—2017）. 北京：社会科学文献出版社，2018：54.

马尔科姆·格拉德威尔 . 引爆点 [M]. 钱清，覃爱冬，译 . 北京：中信出版社，2006.

马塞尔·莫斯 . 礼物：古式社会中交换的形式与理由 [M]. 汲喆，译 . 上海：上海人民出版社，2005.

马轶群，杨艾艾 . 用数据传递独特新闻价值：新华网数据新闻可持续发展报告 [M]// 王琼，徐园 . 中国数据新闻发展报告（2018—2019）. 北京：社会科学文献出版社，2020：165.

迈克尔·舒德森，李思雪 . 新闻专业主义的伟大重塑：从客观性 1.0 到客观性 2.0[J]. 新闻界，2021（2）：5-13.

麦克卢汉 . 理解媒介：论人的延伸 [M]. 何道宽，译 . 北京：商务印书馆，2000.

麦正阳 . 虚拟技术在电视新闻直播及突发事件报道中的应用 [J]. 科技传播，2019（11）：72-73.

梅夏英 . 数据交易的法律范畴界定与实现路径 [J]. 比较法研究，2022（6）：13-27.

孟笛 . 媒介融合背景下的数据新闻生产研究 [M]. 上海：上海大学出版社，2018.

欧文·戈夫曼 . 日常生活中的自我呈现 [M]. 冯钢，译 . 北京：北京大学出版社，2008.

欧阳霞 . 机器无法替代人新闻写作的心理依据 [J]. 青年记者，2017（9）：54-55.

潘忠党，刘于思 . 以何为"新"？"新媒体"话语中的权力陷阱与研究者的力量自省：潘忠党教授访谈录 [J]. 新闻与传播评论，2017（1）：2-19.

彭兰 . 假象、算法因徒与权利让渡：数据与算法时代的新风险 [J]. 西北师大学报（社会科学版），2018（5）：20-29.

彭兰 . 融合时代新媒体教育向何方 [J]. 新闻与写作，2015（3）：5-7.

彭兰 . 数字时代新闻生态的"破壁"与重构 [J]. 现代出版，2021（3）：17-25.

彭兰 . 新媒体教育要培养跨媒体的思维方式 [J]. 新闻论坛，2015（3）：106.

钱进，周俊 . 从出现到扩散：社会实践视野下的数据新闻 [J]. 新闻记者，2015（2）：60-66.

钱进 . 作为开源的数据新闻 [J]. 新闻大学，2016（2）：6-12，19，146.

秦兰珺 . 城市数字地图：POI 数据体制与"流动空间"生产 [J]. 探索与争鸣，2022（2）：74-83.

任瑞娟.预测与发现：数据新闻的理论与实践[M].北京：科学出版社，2019.

任晓宁.互联互通下一步：边界和未来在哪里[N].经济观察报，2021-10-25.

塞巴斯蒂安·洛塞，等.数据交易：法律·政策·工具[M].曹博，译.上海：上海人民出版社，
2021.

邵培仁.传播学（修订版）[M].北京：高等教育出版社，2007.

邵鹏.媒介记忆理论：人类一切记忆研究的核心与纽带[M].杭州：浙江大学出版社，
2016.

申琦，赵鹿鸣.审慎前行：美国数据新闻人才培养现状研究——基于美国新闻和大众传播
教育认证委员会（ACEJMC）100所新闻院校的实证分析[J].新闻记者，2018（2）：
39-45.

史安斌，龙亦凡.新闻机器人溯源、现状与前景[J].青年记者，2016（22）：77-79.

书红，许英剑.《新京报》的新闻可视化探索[M]//新京报传媒研究院.新京报传媒研究（第
4卷）.北京：新世界出版社，2014.

帅俊全.AR技术在电视新闻报道中的应用[J].中国出版，2018（14）：58-60.

宋亮亮.幸存者偏差理论下的传播学研究反思[J].戏剧之家，2015（24）：263.

宋擒豹，沈钧毅.神经网络挖掘方法中的数据准备问题[J].计算机工程与应用，2000（12）：
102-104.

苏宏元，陈娟.从计算到数据新闻：计算机辅助报道的起源、发展、现状[J].新闻与传播研究，
2014（10）：78-92，127-128.

苏宇.平台数据垄断的监管限度[J].国家检察官学院学报，2022（6）：128-144.

孙晋.数字平台的反垄断监管[J].中国社会科学，2021（5）：101-127.

孙玮.交流者的身体：传播与在场——意识主体，身体—主体，智能主体的演变[J].国际
新闻界，2018（12）：83-103.

孙莹.澎湃新闻"美术课"栏目的数据新闻研究[D].兰州：兰州大学，2017.

塔娜，唐铮.算法新闻[M].北京：中国人民大学出版社，2019.

汤天甜，冉桢.新闻传播人才培养模式创新与教学改革研究：基于大数据背景[J].西南交
通大学学报（社会科学版），2017（3）：32-35.

陶艺音.试论互联网时代"守门人"的角色变异[J].探索思考，2011（12）：23-26.

陶永才，李俊艳，石磊，等.基于地理位置的个性化新闻混合推荐研究[J].小型微型计算
机系统，2016（5）：943-947.

童云峰 . 应用区块链技术开放政府数据的原则和规则 [J]. 行政法学研究，2023（1）：154-165.

汪怀君 . 人工智能消费场景中的女性性别歧视 [J]. 自然辩证法通讯，2020（5）：45-51.

王国平 . Tableau 数据可视化从入门到精通：视频教学版 [M]. 北京：清华大学出版社，2020.

王海燕，范吉琛 . 数字新闻的时间可供性：一个研究框架的提出 [J]. 国际新闻界，2021（9）：116-135.

王金礼，魏文秀 . 微博的超议程设置：微博、媒介与公众的议程互动——以"随手拍解救乞讨儿童"事件为例 [J]. 当代传播，2011（5）：68-70，74.

王军，王鑫 . 国内外对失实新闻的核查机制初探 [J]. 新闻爱好者，2019（2）：42-45.

王利明 . 隐私权概念的再界定 [J]. 法学家，2012（1）：108-112.

王溥，张超 . 故事深耕与数据再植：数据新闻可视化的管窥与发展——基于现代图式理论视角 [J]. 宁夏社会科学，2021（4）：210-216.

王维佳 . 什么是真相？谁的真相？——理解"后真相时代"的社会化媒体恐惧 [J]. 新闻记者，2018（5）：17-22.

王晓培 . 数字新闻生产的视觉化：技术变迁与文化逻辑 [J]. 新闻界，2022（2）：12-20.

王新明，桓德铭，邹敏，等 . 我国公共数据开放现状及对策研究 [J]. 江苏科技信息，2021（25）：40-43.

王怡溪，许向东 . 数据新闻的人文关怀与数据透明：对新冠疫情报道中数据可视化报道的实践与思考 [J]. 编辑之友，2020（12）：69-75.

王妤彬，罗书俊，周文彪 . 财经数据新闻传播力的实证分析 [M]// 王琼，苏宏元 . 中国数据新闻发展报告（2016—2017）. 北京：社会科学文献出版社，2018：120.

王苑 . 数据权力视野下个人信息保护的趋向：以个人信息保护与隐私权的分立为中心 [J]. 北京航空航天大学学报（社会科学版），2022（1）：45-57.

网信办提出网站履行主体责任八项要求 [J]. 中国质量万里行，2016（12）：6.

维克托·迈尔-舍恩伯格 . 删除：大数据取舍之道 [M]. 袁杰，译 . 杭州：浙江人民出版社，2013.

文卫华，李冰 . 大数据时代的数据新闻报道：以英国《卫报》为例 [J]. 现代传播（中国传媒大学学报），2013（5）：139-142.

吴锋 . 规制与革新：2018 年传媒政策的逻辑主线及趋势前瞻 [J]. 编辑之友，2019（1）：5-9.

吴娟 . 《纽约时报》数据新闻可视化研究 [D]. 广州：广东外语外贸大学，2017.

吴小坤，夏晓晓．数据新闻理论发展报告 [M]// 武汉大学数据新闻研究中心．中国数据新闻
　　发展报告（2016—2017）．北京：中国社会科学文献出版社，2018：20-21.

吴小坤．数据新闻制作简明教程 [M]．上海：复旦大学出版社，2018.

吴彦文，齐旻，杨锐．一种基于改进型协同过滤算法的新闻推荐系统 [J]．计算机工程与科学，
　　2017（6）：1179-1185.

武金鑫．简析元宇宙热潮下主流媒体的应对之道 [J]．中国广播电视学刊，2022（6）：33-
　　37.

西蒙·罗杰斯．数据新闻大趋势：释放可视化报道的力量 [M]．岳跃，译．北京：中国人民
　　大学出版社，2015.

徐玖玖．从"数据"到"可交易数据"：数据交易法律治理范式的转向及其实现 [J]．电子政务，
　　2022（12）：80-89.

徐向东．对中美数据新闻人才培养模式的比较与思考 [J]．国际新闻界，2016（10）：100-
　　110.

许洁．双 11 电商平台新观察：淡化成交额，回归经营本质助力中小企业转型 [N]．证券日报，
　　2022-11-14.

许伟，刘新海．中国数据市场发展的主要障碍与对策 [J]．发展研究，2022（7）：45-52.

许向东．对中美数据新闻人才培养模式的比较与思考 [J]．国际新闻界，2016（10）：100-
　　110.

许向东．数据新闻：新闻报道新模式 [M]．北京：中国人民大学出版社，2017.

杨保军，李泓江．新闻学的范式转换：从职业性到社会性 [J]．新闻与传播研究，2020（8）：
　　5-25.

杨旦修，王茜芮．人工智能船舶自动化问题的机制探究 [J]．青年记者，2022（7）：92-94.

杨溟．黑森林的诱惑：作为理念和方法的传感技术传媒应用探索 [M]// 弗格斯·皮特．传感
　　器与新闻．章于炎，等编译．北京：北京大学出版社，2017：16-17.

杨文正，许秋璇．融入"大概念"的 STEAM 跨学科教研：模式构建与实践案例 [J]．远程
　　教育杂志，2021（2）：103-112.

姚皓韵，李培铣．论增强现实技术对电视视觉语言的丰富 [J]．现代传播（中国传媒大学学
　　报），2012（9）：149-150.

殷继国，唐渊明．论互联网平台互联互通的法治保障 [J]．竞争政策研究，2022（4）：17-
　　33.

殷继国.大数据经营者滥用市场支配地位的法律规制 [J]. 法商研究，2020（4）：73-87.

殷继国.互联网平台封禁行为的反垄断法规制 [J]. 现代法学，2021（4）：145-148.

尤瓦尔·赫拉利.人类简史：从动物到上帝 [M]. 林俊宏，译.北京：中信出版社，2014.

余根芳，吴小坤.数据新闻教育研究报告 [M]// 王琼，徐园.中国数据新闻发展报告（2018—2019）.北京：社会科学文献出版社，2020.

余浩.基于大数据的数据存储及数据筛选问题研究 [D]. 哈尔滨：黑龙江大学，2015.

禹卫华，吴湛微.数据新闻生产规范化的关键问题与进路 [J]. 编辑之友，2017（8）：72-75.

喻国明，李彪，等.新闻传播的大数据时代 [M]. 北京：中国人民大学出版社，2014.

喻国明，王斌，李彪，等.传播学研究：大数据时代的新范式 [J]. 新闻记者，2013（6）：22-27.

喻国明，赵睿.媒体可供性视角下"四全媒体"产业格局与增长空间 [J]. 学术界，2019（7）：37-44.

袁帆.中国网络新闻传播领域算法伦理研究：基于"三视角"理论框架 [M]. 北京：中国书籍出版社，2021.

袁汉宁，王树良，程永，等.数据仓库与数据挖掘 [M]. 北京：人民邮电出版社，2015.

约书亚·梅罗维茨.消失的地域：电子媒介对社会行为的影响 [M]. 肖志军，译.北京：清华大学出版社，2002.

臧国仁，蔡琰.数位时代的"叙事传播"：兼论新科技对传播学术思潮的可能影响 [J]. 新闻学研究，2017（4）：1-48

曾莹.守门人、前锋与中场：试论网络时代守门人角色的嬗变 [J]. 福建师范大学福清分校学报，2007（2）：63-66.

战迪.新闻可视化生产的叙事类型考察：基于对新浪网和新华网可视化报道的分析 [J]. 新闻大学，2018（1）：9-17.

张帆.生产、演进与传播：算法新闻学的知识图景 [J]. 暨南学报（哲学社会科学版），2022（2）：11-21.

张健，张深源，等.AI+5G！人民日报"智能创作机器人"亮相两会 [N]. 人民日报，2021-03-06.

张军辉.从"数字化"到"数据化"：数据新闻叙事模式解构与重构 [J]. 中国出版，2016（8）：39-43.

张莉.人工智能时代 AI 主播发展探究 [J]. 中国地市报人，2022（8）：40-41.

张凌寒 . 权力之治：人工智能时代的算法规制 [M]. 上海：上海人民出版社，2021.

张龙，曹晔阳 . 数据主权、数字基础设施与元宇宙：平台化视域下的国际传播 [J]. 社会科学战线，2022（6）.

张平文，邱泽奇 . 数据要素五论：信息、权属、价值、安全、交易 [M]. 北京：北京大学出版社，2022.

张淑玲 . 破解黑箱：智媒时代的算法权力规制与透明实现机制 [J]. 中国出版，2018（7）：49-53.

张微，彭兰 . 示能、转译与黑箱：智能机器如何颠覆与再建内容生产网络 [J]. 新闻与写作，2022（12）：75-85.

张晓娟，莫富传，王意 . 政府数据开放生态系统的理论、要素与模型探究 [J]. 情报理论与实践，2022（12）：42-49.

赵华明 . 论网络隐私权的法律保护 [J]. 北京大学学报（哲学社会科学版），2002（S1）：165-171.

赵建国 . 身体在场与不在场的传播意义 [J]. 现代传播（中国传媒大学学报），2015（8）：58-62.

赵萍 . 增强现实技术在电视新闻报道中的应用 [J]. 科技传播，2019（9）：78-79.

赵伟 . 人工智能对新闻采编的影响和对策研究 [J]. 中国地市报人，2022（8）：86-87.

赵需要，侯晓丽，徐堂杰，等 . 政府开放数据生态链：概念、本质与类型 [J]. 情报理论与实践，2019（6）：22-28.

赵瑜 . 人工智能时代新闻伦理研究重点及其趋向 [J]. 浙江大学学报（人文社会科学版），2019（2）：100-114.

周海晏 . "通航革命"：无人机媒介对城市传播网络的数字化建构 [J]. 华东理工大学学报（社会科学版），2017（6）：101-105.

周文泓，吴琼，田欣，等 . 美国联邦政府数据治理的实践框架研究：基于政策的分析及启示 [J]. 现代情报，2022（8）：127-135.

朱迪塔·多尔赞 . 数据交易：一个政策的视角 [M]// 塞巴斯蒂安·洛塞，等 . 数据交易：法律·政策·工具 . 曹博，译 . 上海：上海人民出版社，2021：265.

后 记

　　2015 年，我从媒体转行进入高校，开设的第一门课就是"数据新闻基础"。彼时，"数据新闻"的概念刚刚进入中国，数据新闻实践尚处于小心翼翼的试水阶段。因为工作的关系，我大概在 2012 年接触这个概念，觉得十分新鲜。当时无论是业界也好、学界也罢，对这个新方向都抱有很大期望，希望这抹亮色能够在新闻实践和理论创新中大放异彩。

　　初次备课时，我所能找到的参考书极其有限，当时选择了中国人民大学方洁的《数据新闻概论：操作理念与案例解析》作为教材。授课时，特别焦虑的事情就是自己的知识储备和数据分析软件技能不足。一晃 8 年过去，对这门课的教学我也逐渐驾轻就熟、收放自如。都说教学相长，我的确是和自己每一届的学生共同成长，一起探索"数据新闻"这个陌生而颇有挑战性的知识领域。尤其幸运的是，借助学院的资源支持，我们和密苏里大学新闻学院举办了两次与数据新闻有关的国际教学周活动，用一周的时间，跟随密苏里大学新闻学院的比尔·艾伦（Bill Allen）教授和戴维·赫佐格（David Herzog）教授分别学习了"无人机新闻制作"和"数据可视化/数据新闻制作"的操作知识。在教学周的最后一天，各个学习小组都成功地制作了堪称精巧的无人机新闻作品或数据可视化作品。我和学生都从教学周活动中获益匪浅。有事实为证：2018 年以来，我校新闻专业学生的毕业设计中，出现了越来越多的数据新闻作品。而我所指导的学生团队，在迄今已举办 7 届的中国数据新闻大赛中屡屡斩获一、二、三等奖,以及"最佳数据驱动奖""最具传播力奖"等奖项。我所指导的本科生、研究生也多次在国内核心期刊上发表学术论文。在数据新闻教学上的多年耕耘,虽然不能说是硕果累累,但是我和我的学生从未停下创新的脚步。

2020 年,我获得国家留学基金委资助,赴美国密苏里大学新闻学院访学一年,研究方向就是数据新闻。能够到自己心仪已久的新闻学术殿堂取经学习,开阔国际视野,这让我欣喜不已。这次访学让我眼界大开,也由此加深了对数据新闻研究的热爱。在密苏里大学新闻学院,我和章于炎老师、戴维·赫佐格教授、比尔·艾伦教授、艾莉森(Alison)教授以及萨拉·亨德瑞森(Sara Hendrison)教授等人时有课堂交流互动和邮件往来,他们的启发和教导令我茅塞顿开,收获满满。做学问,有时就像求道一样,遍访名山,遍求名师,然后在消长之间有所得、有所获,最后自成一家。海纳百川的气度胸襟,不是朝夕之间养成的,也不是拘泥于一时一地、坐井观天就能豁然开悟,而是要走出去,见识天高地厚,见识人外有人,和国际同行切磋交流。当你们能够平等对话时,个人的格局度量也就真正形成了,百般寻觅的学问之道也能了然于心。

古人说:读万卷书,不如行万里路。我将这"读万卷书、行万里路"的漫漫征程走下来,最大的心得就是:学无止境,功不唐捐。最初涉猎数据新闻研究和教学,不过是权宜之计;但是 8 年下来,越做越有兴趣。对于一个文科出身、毫无统计学基础的人来说,学习各种数学统计软件,掌握各种数据库语言、Python编程语言和各类可视化软件有很大的难度,并且到现在为止,我仍然不擅长写代码和使用Adobe Illustrator等制图软件,但越是深入了解数据新闻,越能感受到数据、算法和人工智能技术所带来的"认知革命"。我常常把数据科学中的DIKW模型与心理学中的邓宁-克鲁格效应拿来互相对照,前者的金字塔结构与后者的V形曲线看似风马牛不相及,但是如果你将二者在二维坐标系中进行叠加,会发现一个有趣的现象:当你从无知之巅滑落到绝望之谷,恰恰对应于那个智慧的顶峰。这也启示了我:当我处于对数据新闻自认"无知"的时候，也正是打开了"开悟"之门，向着智慧高原攀登。在技术方面的匮乏和无知，不应是限制个人思考以至于画地为牢的桎梏。承认自己的无知，进而开始以"学无止境"的信念钻研攀登，这种亲手拓荒的感觉真是太好了。荀子曾说："无冥冥之志者，无昭昭之明；无惛惛之事者，无赫赫之功。"这几年来，在这个新领域我发表的论文不算多，成果也并不算耀眼，但是我自认为做到了"日拱一卒，功不唐捐"，在自己力所能及的范围内，全力以赴，力争交出最努力的答卷。

如今，这份答卷摆在了诸位读者老师的面前，作为一个阶段性工作的成果，等候大家的审视、检阅和评估。此书得以顺利出版，衷心感谢本人所在的浙大城市学院新闻与传播学院和浙江大学出版社多年来的大力支持。在本书写作过程中，也得到了好友兼工作搭档谢红霞老师和新华社融媒体研究院前员工王勇博士的专业指导和建议，他们贡献了各自的学术智慧。特此感谢。由于本人水平有限，书中尚有疏漏之处，盼望得到诸位方家批评指正，帮助我开悟和进步。

勉之期不止，多获由力耘。学无止境，道阻且长，愿与诸君同行，求其友声。

范红霞

2023 年 3 月